LE GUIDE PRATIQUE de MON BÉBÉ

de 0 à 1 an

Soin, hygiène, alimentation, développement

EDITIONS ESI

LE GUIDE PRATIQUE de MON BÉBÉ

de 0 à 1 an

Soin, hygiène, alimentation, développement

EDITIONS ESI

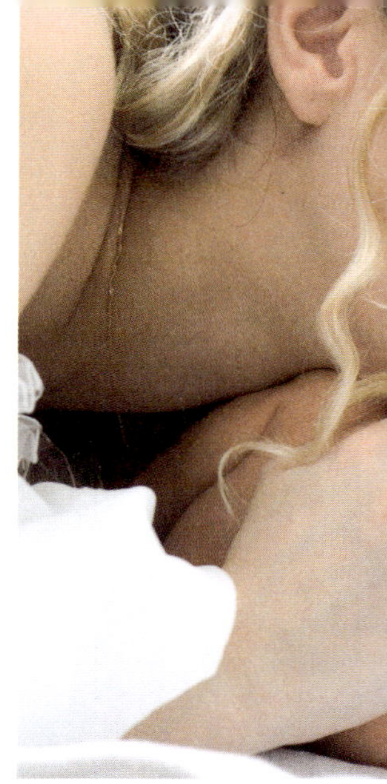

SOMMAIRE

© NiDerLander - Fotolia.com

© Renee Jansoa - Fotolia.com

© Eric Isselée - Fotolia.com

INTR

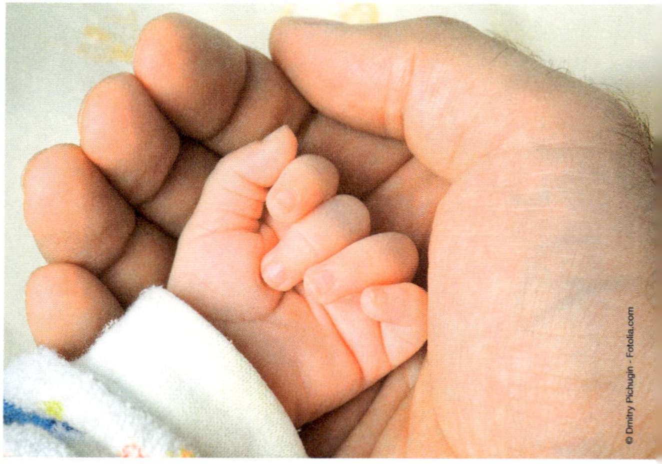

© Dmitry Pichugin - Fotolia.com

© muro - Fotolia.com

© Anatoliy Samara - Fotolia.com

© john lee - Fotolia.com

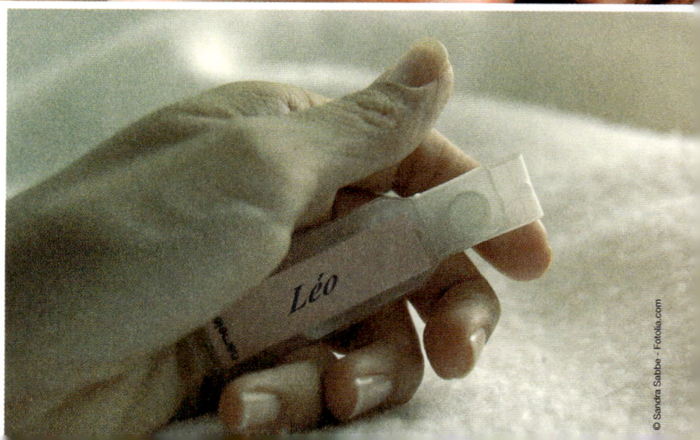

© Sandra Sebbe - Fotolia.com

ODUCTION

Au cours de sa première année, bébé va vivre de nombreuses étapes, toutes plus importantes les unes que les autres. Faisons un point sur son planning.

La première dent qui perce, les débuts du quatre-pattes, les premiers morceaux de viande dans la purée… Tout jeune parent s'attend à vivre ces événements importants pendant la première année. Oui, mais quand exactement, et dans quel ordre ?

Mois après mois, ce guide vous accompagne. Il est en quelque sorte le premier agenda de bébé et il est aussi rempli que celui d'un ministre. Chaque quinzaine ou presque vous apportera son lot de nouveautés, toujours fascinantes à observer.

D'autres articles vous aideront à vous positionner en tant que parents, en évoquant le rôle du père dans les premiers mois ou encore les bienfaits, aujourd'hui unanimement reconnus, du peau à peau.

À ce propos, saviez-vous que vos mains peuvent réellement soulager votre enfant ? Il ne s'agit là ni de magie ni même d'une quelconque médecine expérimentale, mais bien de « trucs » testés et approuvés par des générations de mamans pour aider bébé à traverser une poussée dentaire douloureuse ou le calmer lorsqu'il souffre de coliques.

À cette fin, nous vous expliquerons comment identifier un reflux gastro-œsophagien, ou encore comment faire face à une crise abdominale. Et comme la santé de bébé se travaille sur le long terme, notre guide vous servira de pense-bête pour ne pas oublier les grandes règles de l'équilibre alimentaire et les incontournables rendez-vous médicaux de la première année : visites obligatoires et vaccins.

À chaque « anniversaire » mensuel, notre guide fait le point sur les nouveaux acquis de bébé et sur son développement psychomoteur. Il s'attarde aussi sur les nombreuses étapes obligées de cette première année, des coliques du troisième mois aux angoisses du huitième, des débuts du biberon à l'entrée à la crèche.

L'année promet d'être chargée !

Lorsque bébé naît avant l'heure

Véritable traumatisme pour les parents comme pour l'enfant, la naissance prématurée est de mieux en mieux accompagnée. Même après la sortie de l'hôpital, l'enfant devra bénéficier d'un suivi adapté afin de veiller à son bon développement.

Les naissances prématurées sont en augmentation constante et représentent aujourd'hui environ 8 % des naissances. Les causes sont multiples : pathologie de la mère, anomalie du placenta, décision médicale… Certains facteurs favorisants ont également été identifiés : les naissances multiples, mais aussi l'âge de la maman (moins de 18 ans ou plus de 35 ans).

Un enfant est prématuré dès lors qu'il naît avant 37 semaines d'aménorrhée. Bébé sera considéré comme un grand prématuré en deçà de 33 semaines d'aménorrhée.

Les chances de survie de l'enfant, comme sa capacité à bien se développer sans conserver de séquelles, sont directement corrélées à son âge gestationnel. Un enfant sur deux nés à 25 semaines de grossesse pourra être sauvé. Cette proportion passe à 97 % pour les bébés nés à 32 semaines.

Pour parvenir à de tels résultats, les soins, en constante amélioration, sont naturellement importants. Ils répondent à la caractéristique principale du bébé prématuré : son immaturité.

Un bébé immature

Cœur, poumons, système nerveux, reins, système digestif, foie : tous ces organes ne sont pas assez développés pour fonctionner si tôt de façon optimale. Le rythme cardiaque et la respiration du nouveau-né sont donc surveillés en permanence. Une assistance respiratoire plus ou moins lourde est souvent nécessaire. Encore trop petit pour téter, bébé sera d'abord placé sous perfusion. Petit à petit, il découvrira les vertus du lait maternel, qu'il ingérera grâce à une sonde gastrique, à une dose homéopathique progressivement augmentée. La couveuse, avec son jeu de tubes et d'électrodes, est difficile à supporter pour les parents. Sa principale ambition est pourtant de reproduire, aussi finement que possible, le ventre maternel. Dans ce cocon sécurisant où température et degré d'humidité sont parfaitement maîtrisés, bébé grandit à l'abri des infections auxquelles il est naturellement plus vulnérable. On parle même « d'élevage » pour caractériser la période pendant laquelle il se trouve dans ce milieu protégé.

De plus en plus, l'équipe médicale, consciente du profond stress et de la frustration alors vécus par les parents, les

> Les parents sont d'excellents coéquipiers qui relaient véritablement l'équipe médicale.

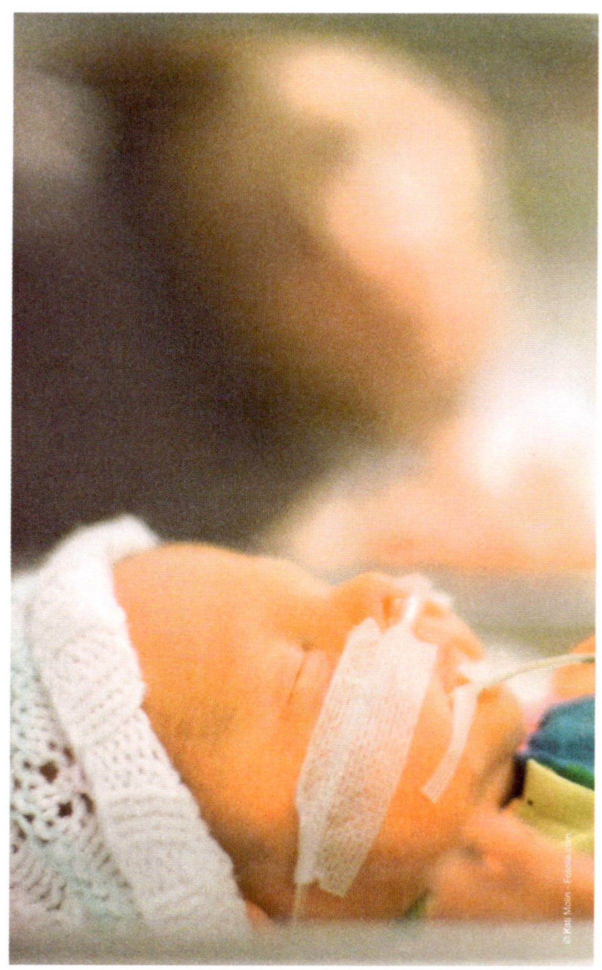

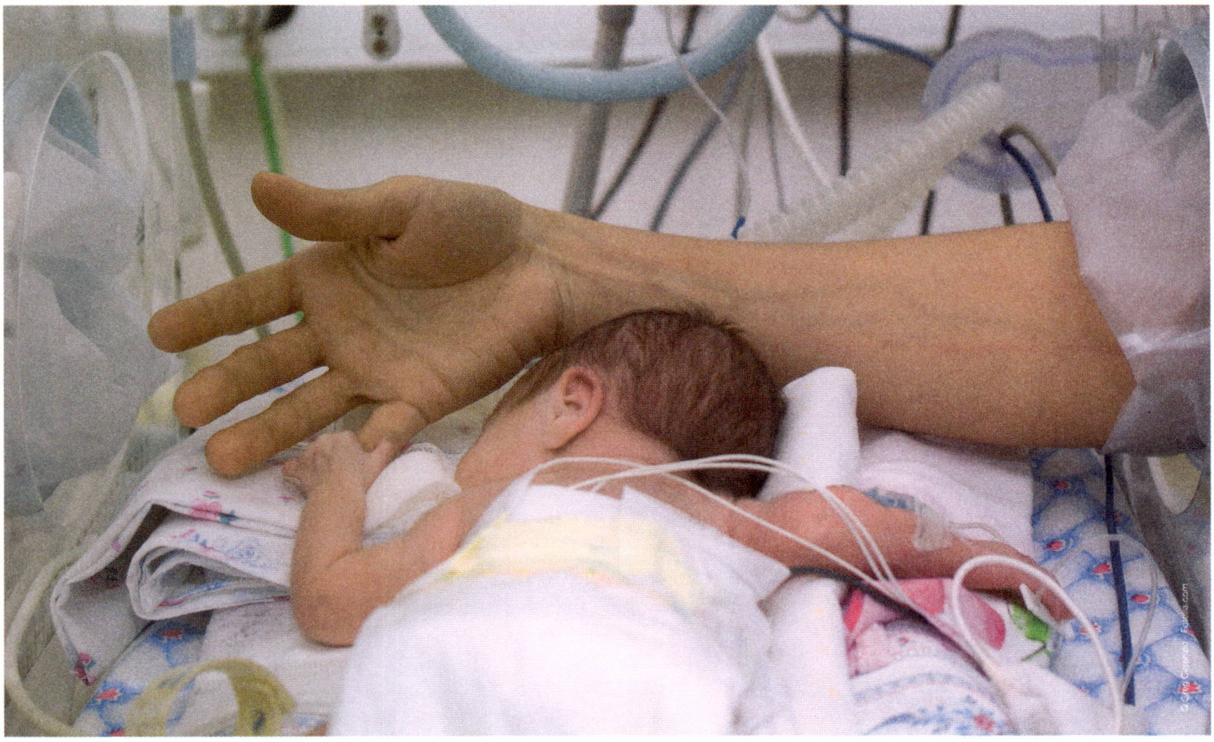

implique dans le quotidien de leur enfant. Pendant plusieurs semaines, s'ils ont l'impression de ne pas pouvoir entrer dans leur rôle de parents, ils constituent néanmoins d'irremplaçables coéquipiers, offrant à bébé ce que la médecine ne peut pas remplacer : une présence rassurante et quelques caresses.

Par ici, la sortie

Le poids du bébé n'est pas le seul critère pris en compte pour déterminer sa date de sortie. La capacité de l'enfant à s'alimenter sans assistance est déterminante. Une fois sorti de l'hôpital, ce bébé pas comme les autres fera l'objet d'un suivi rapproché jusqu'à ses 6 ans. Plus vulnérable, il devra éviter les modes de garde collectifs pendant la première année. Toute maladie, et plus particulièrement celles qui occasionnent des difficultés respiratoires, sera prise au sérieux et nécessitera un avis médical, pour éviter que bébé ne repasse par la case hôpital. Même lorsque bébé ne souffre d'aucune affection, les visites régulières chez le médecin permettront de diagnostiquer un éventuel problème dans son développement : la prématurité peut en effet causer des difficultés à voir, entendre ou parler. Des troubles du comportement peuvent aussi survenir. Mais que les parents se rassurent : certains bébés nés un peu trop tôt, loin d'être en retard, ont toujours conservé une bonne longueur d'avance sur les autres. Einstein et Darwin étaient, par exemple, des enfants prématurés.

Le bébé prématuré

- **Un enfant est prématuré s'il naît à moins de 37 semaines d'aménorrhée.**
- **Un enfant est grand prématuré s'il naît à moins de 33 semaines d'aménorrhée.**
- **Environ 8 % des bébés naissent prématurément.**
- **97 % des bébés nés à plus de 32 semaines ont de grandes chances de survivre.**
- **Les principaux organes du bébé prématuré sont immatures.**
- **Dans un premier temps, l'enfant n'est pas capable de téter.**
- **Cette capacité à s'alimenter conditionne sa sortie de l'hôpital.**
- **Un bébé prématuré reste pendant plusieurs mois plus fragile que les autres.**
- **À la moindre infection, il faut consulter un médecin.**
- **À long terme, la prématurité peut occasionner des troubles visuels, auditifs, comportementaux...**

Bébé montre le bout de son nez

La maternité est un univers impressionnant pour les nouveaux parents. Rien n'y est laissé au hasard. Bébé est pesé, mesuré, examiné des orteils à la tête… Tout est fait pour s'assurer qu'il regagnera la maison en pleine santé.

Quel immense bonheur que d'entendre ce cri, et quel soulagement, aussi !
Cette première manifestation du tout-petit est pour lui l'occasion de mettre en route la précieuse fonction respiratoire. Séché et enveloppé dans une serviette chaude pour préserver sa température, le nouveau-né est posé contre sa mère. Rapidement, le cordon ombilical est « clampé » au moyen de deux pinces, puis coupé.

Bébé a tout juste une minute lorsque des mains expertes lui font vivre son premier examen : l'évaluation du score Apgar. Rythme cardiaque, respiration, couleur de la peau, tonus et réactivité : chacun de ces critères est noté de 0 à 2 et réévalué cinq minutes plus tard. Cette « première note » sur 10 sera reportée sur le carnet de santé.

La suite est un peu moins agréable. Heureusement, tout va très vite : au moyen d'une sonde, on aspire le mucus nasal pour qu'il respire mieux. C'est également grâce à une sonde que l'on vérifie la perméabilité de l'œsophage et de l'anus.

Une pince stérile (pince de Bar) est posée sur le cordon contre le ventre de l'enfant avant qu'il ne soit recoupé, et soigné ; bébé reçoit en prime quelques gouttes de collyre dans les yeux et de vitamine K1 dans la bouche (pour une meilleure coagulation). Le nouveau-né reçoit également son bracelet d'identification, portant entre autres ses nom et prénom.

Pesé, mesuré, ausculté, lavé, l'enfant goûte enfin quelques minutes de calme.

Pendant ce temps-là, l'équipe soignante s'occupe aussi de la maman : après la délivrance, c'est-à-dire l'expulsion du placenta, l'épisiotomie (pratiquée pour 70 % des premiers accouchements) est recousue.

Enfin seuls ! (ou presque)

La mère et l'enfant sont gardés sous surveillance pendant deux heures, au minimum, à l'issue desquelles, quand tout va bien, la petite famille retrouve sa chambre. Voici venu le moment de souffler, de faire connaissance avec bébé, et de manger, lorsqu'une petite faim se fait sentir.

Le séjour à la maternité dure de 3 à 7 jours, en fonction du suivi nécessaire (plus long pour une césarienne, par exemple), mais aussi de la politique de l'établissement. Certaines mamans trépignent d'impatience à l'idée de retrouver leur maison. D'autres peuvent juger ce temps trop limité pour

[Quelques jours pour découvrir un tout nouveau métier : parents.

apprendre tous les gestes du quotidien. Dans un cas comme dans l'autre, il est vital de communiquer avec l'équipe soignante, même quand celle-ci semble faire preuve de peu de disponibilité. C'est en effet durant ces quelques jours que peuvent être posées toutes les questions qui viennent à l'esprit. Les auxiliaires de puériculture sont là pour accompagner les premiers instants d'intimité avec le nouveau-né : premier allaitement, premier bain également, qui sera souvent donné avec le père.

Priorité au repos

Médecin ou sage-femme examinent quotidiennement les mamans confrontées aux suites, parfois éprouvantes, de l'accouchement : douleurs consécutives à l'épisiotomie, tranchées (contractions utérines), lochies (pertes), hémorroïdes, constipation (fréquente pendant trois jours), seins douloureux et bien sûr grosse fatigue.

En fonction des établissements, le nouveau-né est installé, pour ses premières nuits, dans la chambre avec sa mère, ou en nurserie. Il ne faut pas hésiter à exprimer son souhait : avoir son enfant près de soi ou prendre une nuit de repos. À la maternité, un aréopage de professionnels est là pour seconder la maman. Malgré l'excitation et l'émerveillement, il faut parvenir à faire des pauses pour « recharger les batteries ». Le peu d'énergie récupéré sera bien utile dans quelques jours, quand il s'agira d'apprivoiser un tout nouveau quotidien.

Un séjour **réussi**

- **Engrangez un maximum d'informations en observant les auxiliaires de puériculture.**
- **Prenez des notes pour ne rien oublier.**
- **Posez aux professionnels toutes les questions qui viennent à l'esprit.**
- **Abordez sans pudeur mal placée toutes les questions intimes sur les suites de l'accouchement.**
- **Faites connaissance en douceur avec bébé.**
- **Faites confiance au papa afin de pouvoir, de temps en temps, relâcher votre vigilance.**
- **Dormez !**
- **Ne vous oubliez pas : le suivi médical de la mère est aussi important que celui du bébé.**
- **Indiquez si vous voulez que bébé dorme dans la chambre ou en nurserie.**
- **Exprimez vos souhaits quant à la durée du séjour.**

Bébé sous toutes ses coutures

Dix orteils, dix doigts, deux oreilles... Oubliées la fatigue et les heures de travail. Juste après la naissance, il ne reste qu'une profonde émotion devant ce tout petit corps qu'il faut à présent apprendre à connaître.

Il a été tellement attendu, rêvé, imaginé dans les moindres détails, cet enfant ! Mais les fantasmes de futures mamans, pourtant non dépourvus d'angoisse, laissent toujours certains petits détails de côté.

Juste après sa naissance, au premier peau à peau avec sa mère, le nouveau-né est couvert d'une substance glissante et blanchâtre : c'est le vernix caseosa. Il a aidé l'enfant à venir au monde et, quand il ne disparaît pas dans l'eau du premier bain, il constitue une protection de la peau naturelle et efficace, jusqu'à ce qu'il soit absorbé.

Petites bizarreries

Il est poilu ! Outre les cheveux, certains nouveau-nés présentent un duvet bien visible sur les épaules, le dos... C'est le lanugo, qui disparaîtra en quelques jours, ou quelques semaines.

Il a la tête en pain de sucre, conséquence logique de l'accouchement qui ne doit pas inquiéter les parents.

Il est un peu jaune : c'est l'ictère, ou jaunisse, du nourrisson. Un tiers des nouveau-nés est touché par cette affection bénigne, le lendemain de la naissance. Elle a pour cause une destruction massive de globules rouges en surnombre, à présent que l'enfant utilise ses poumons.

Il a des petits points blancs et des tâches rouges sur le visage : le milium, qui apparaît sur le front et le nez, et les petits angiomes, sur les paupières ou sous les cheveux, disparaîtront en quelques jours pour le premier, en quelques semaines pour les seconds.

Maintenant que nous avons passé en revue ces particularités, venons-en à l'allure générale de ce nouveau-né.

Sa tête est volumineuse : elle représente le tiers de son corps. Son front est bombé, son nez petit. Bouche, mains et pieds sont étonnamment bien dessinés. Les jambes sont fléchies, peu habituées à tant d'espace. Sous un ventre bien rebondi, les organes génitaux paraissent grands, pour un si petit corps. Quant aux bras, ils sont juste assez longs pour toucher le sommet de la tête.

Avec ses proportions étonnantes et ses petits membres, le nouveau-né respire la fragilité ; combien de fois les jeunes parents s'entendront-ils rappeler la nécessité de bien

> Même fripé, velu ou un peu jaune, il reste le plus beau bébé du monde.

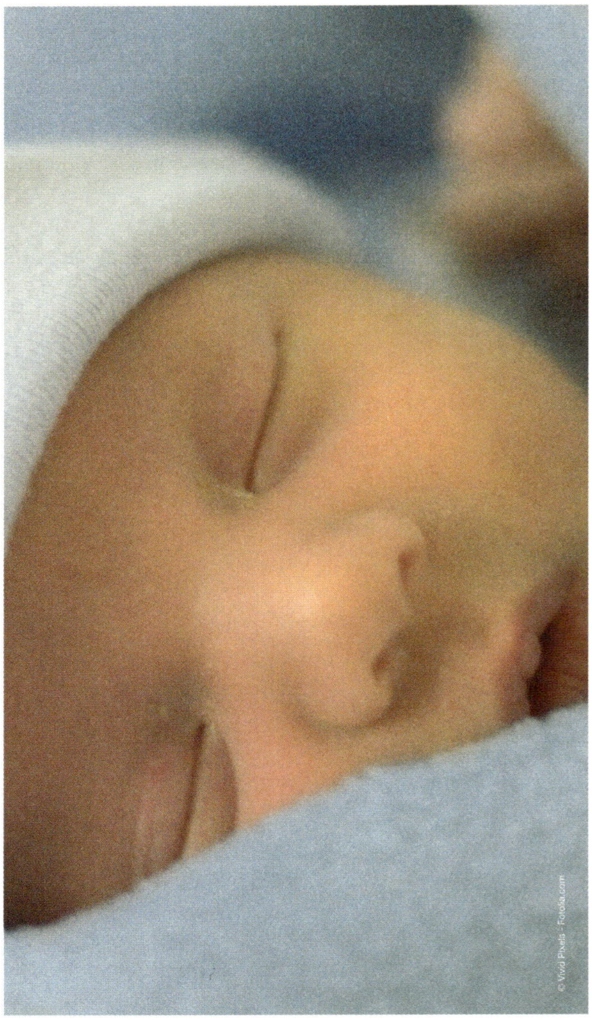

maintenir cette nuque si frêle ! Pourtant, à peine né, cet enfant est déjà capable de surprendre.

Il sait faire des choses étonnantes !

Aucun bébé ne sort de la maternité sans qu'un examen neurologique n'ait été pratiqué. Il met en jeu les cinq sens du nouveau-né et évalue son tonus musculaire et ses capacités de réaction à une série de stimulations.

Classiquement, les médecins cherchent à éprouver les cinq réflexes dits archaïques. Le réflexe des points cardinaux tout d'abord : si l'on caresse la joue de l'enfant, près de ses lèvres, il se tourne instantanément vers le côté effleuré. Un doigt placé au bord des lèvres déclenche un réflexe de succion. Moins agréable : l'enfant, couché sur le dos, est tenu par les poignets et légèrement soulevé, avant d'être brutalement relâché. Il ouvre alors grand les bras, puis les ramène contre son corps en pleurant. Plus étonnant, le réflexe dit de « grasping » que tous les parents perçoivent bien : le nouveau-né s'agrippe de toutes ses forces au doigt qu'on lui tend, avec une telle énergie que l'on peut le soulever de la table d'examen sans qu'il ne lâche prise. Le dernier réflexe testé est celui qui surprend le plus. Le nouveau-né est redressé, maintenu par les aisselles. En contact avec une surface dure, ses jambes se raidissent, et il suffit d'incliner légèrement le petit corps pour que l'enfant se mette à avancer, un pied après l'autre. Cette « marche automatique » se double même d'un réflexe d'évitement puisque s'il butte contre un objet, le nouveau-né esquisse une manœuvre d'enjambement.

Bébé à la loupe

- **Les proportions du corps du nouveau-né contrastent avec celles d'un adulte.**
- **La forme de son nez n'est pas définitive.**
- **Des membres frêles donnent l'impression que le bébé est fragile.**
- **Observer les médecins à l'œuvre est révélateur : les nouveau-nés ne sont pas en sucre.**
- **Leurs réflexes étonnants témoignent de leur vitalité.**
- **Une déformation du crâne après l'accouchement est fréquente.**
- **Il ne faut pas s'inquiéter pour des problèmes de peau ou de pilosité anodins.**
- **La jaunisse du nourrisson est répandue et sans conséquence.**
- **Boutons blancs et petites tâches rouges partiront d'eux-mêmes.**

Bébé arrive : toutes les formalités

Le bouleversement que suppose l'arrivée d'un enfant est si considérable qu'il accapare entièrement l'esprit des jeunes parents. Mais avec l'administration, pas question de perdre le sens des réalités plus d'une journée.

Quand bébé vient au monde, la déclaration de naissance est la première démarche à entreprendre. C'est un acte obligatoire et qui doit être fait dans les trois jours suivant l'accouchement. Est-il nécessaire de le dire, tant les jeunes parents sont pressés d'officialiser la naissance de leur bout de chou ? Compte tenu du délai imparti, c'est souvent le papa qui s'en charge. Il doit pour cela se rendre dans la mairie de la ville de naissance, muni du certificat établi par le médecin ou la sage-femme. Dans certaines villes, vous recevrez la visite d'un officier d'état civil à la maternité, ce qui vous évitera un déplacement. Si le père ne peut se charger de la déclaration, toute personne ayant assisté à l'accouchement, maman, bien sûr, mais aussi personnel soignant, peut accomplir cette démarche. Passé le délai de trois jours, un jugement du tribunal sera nécessaire pour acter administrativement la naissance de votre bébé. Lorsque vous déclarez la naissance de votre enfant, pensez à demander à l'officier d'état civil son carnet de santé. Il vous remettra également gratuitement le livret de famille. Si vous avez déjà eu un enfant, apportez votre livret afin qu'il soit mis à jour.

Ne pas confondre !

Déclaration et reconnaissance sont deux formalités différentes. Pour les couples mariés, l'époux est présumé père de l'enfant ; il n'y a donc pas lieu de reconnaître celui-ci. Dans les autres cas, en revanche, la démarche est nécessaire. Elle peut être entreprise par les deux parents ou un seul, pendant la grossesse, ou à la naissance, en même temps que la déclaration, puisque c'est là encore l'officier d'état civil de la mairie qui s'y colle. La naissance de votre enfant doit être déclarée à la Caisse d'allocations familiales (CAF), mais aussi à la Caisse primaire d'assurance-maladie. Vous devrez adresser à la CPAM soit un extrait d'acte de naissance, soit une copie du livret de famille, accompagné d'une « déclaration en vue du rattachement des membres de la famille ». Jusqu'à ses 16 ans, au minimum, votre enfant sera, en effet, rattaché à l'un de ses deux parents, notamment pour le remboursement des soins. Vous pourrez ultérieurement modifier ce choix, mais pas avant un an. Pensez également à informer votre mutuelle de l'heureux événement, en lui adressant une copie intégrale d'acte de naissance.

> CAF, CPAM, MUTUELLE, PATRONS… TOUS DOIVENT ÊTRE INFORMÉS DE LA NAISSANCE.

© Renee Jansoa - Fotolia.com

Papa, maman et leur employeur

Quant à votre employeur, celui-ci est a priori au courant de l'arrivée de votre enfant. Demandez cependant au service du personnel s'il souhaite recevoir un acte de naissance : certaines entreprises se montrent généreuses avec les jeunes mamans, notamment au travers du comité d'entreprise, et vous récupérerez peut-être une petite enveloppe, un cadeau, ou quelques congés supplémentaires.

Le papa, lui, a tout intérêt à informer son patron : il bénéficiera ainsi, dans le secteur privé, d'un congé rémunéré de trois jours, auquel s'ajoute un congé de paternité de onze jours calendaires, indemnisés par la Caisse primaire d'assurance-maladie, et à prendre avant les quatre mois de bébé.

Les dix semaines de congé maternité qu'il vous reste après la naissance de bébé semblent parfois un peu courtes. Si tel est le cas, vous pouvez demander un Congé parental d'éducation. Ce congé est ouvert aux deux parents. Il est non rémunéré mais peut être partiellement indemnisé. Il a une durée initiale d'un an, renouvelable deux fois jusqu'au troisième anniversaire de bébé. Quand il prendra le chemin de l'école, vous pourrez ainsi reprendre celui du travail. Bon à savoir : si vos finances ne vous permettent pas de cesser toute activité, vous pouvez demander à travailler à temps partiel.

Les démarches

- **Déclarer une naissance et reconnaître un enfant sont deux démarches différentes.**
- **Pas besoin de reconnaître bébé si vous êtes mariés.**
- **La déclaration doit intervenir dans les trois jours.**
- **Elle se fait dans la mairie de la ville de naissance.**
- **Livret de famille et carnet de santé sont remis à cette occasion. Ces documents sont gratuits.**
- **Vous devrez informer la CAF, la CPAM et votre mutuelle.**
- **Le père devra informer son employeur pour bénéficier d'un congé spécifique.**
- **Les entreprises prévoient parfois une dotation pour les jeunes parents.**
- **Pour rester plus longtemps avec bébé, informez-vous sur le Congé parental d'éducation.**

Quelle identité pour mon bébé ?

C'est une question sur laquelle les parents sont rarement d'accord d'emblée. Le prénom idéal est difficile à trouver et, depuis quelques années, le nom de famille est, lui aussi, devenu un sujet de discussion.

Le choix est chargé d'émotion autant que de sens. Le prénom, c'est souvent la première décision que les futurs parents prennent à l'égard de l'enfant à naître. Dans leur esprit, ce pas décisif change tout : dès lors qu'il peut être appelé, l'enfant devient bien réel. Tradition géographique, religieuse, familiale : de nombreux facteurs le déterminent. Au-delà de l'effet de mode, ou de résistance à la mode, le prénom aura donc souvent une histoire que vous pourrez raconter à votre enfant, pour lui montrer à quel point vous l'avez attendu. Parfois, le prénom donné est celui d'une personne que l'on admire. Ce choix en dit plus qu'un long discours sur les valeurs et le sens de la vie : il fait aussi pressentir à l'enfant la trajectoire que vous souhaitez intimement le voir suivre.

Un choix libre, quoique limité

Si le choix du prénom est libre, sachez cependant que l'officier d'état-civil a pour devoir de signaler au procureur de la République tout prénom qui lui semble, pour quelque raison que ce soit, hautement préjudiciable à l'enfant. Celui-ci saisira à son tour le juge aux affaires familiales qui a tout pouvoir pour exiger que vous reveniez sur votre choix. Seront ainsi écartés les prénoms jugés ridicules, ressemblant à une marque, offensants ou grossiers. Votre liberté de parent a donc des limites. Même dans le cadre légal, des fausses notes et des erreurs de jugement sont toujours possibles, que votre enfant pardonnera difficilement. Testez donc le prénom pressenti auprès de vos proches ; leurs oreilles seront précieuses pour vous aider à débusquer tout calembour ou jeu de mots hasardeux qui pourrait devenir un vrai poids dans les cours d'écoles ou même plus tard. Pensez toujours que le prénom que vous donnerez sera celui de toute une vie : bannissez le pseudo de la starlette du moment, ou encore le petit prénom qui va si bien à une frimousse d'enfant, mais paraîtra en total décalage sur un grand gaillard de 1,80 m. De même, votre enfant ne partagera pas nécessairement vos goûts musicaux ou vos convictions politiques : évitez donc les références trop explicites dans lesquelles il risque de ne pas se retrouver une fois adulte.

Un nom de famille à géométrie variable

Des générations de parents se sont arraché les cheveux pour trouver le prénom parfait ; leur « galère »

[Un prénom, c'est pour la vie. Certains sont difficiles à porter à l'âge adulte.

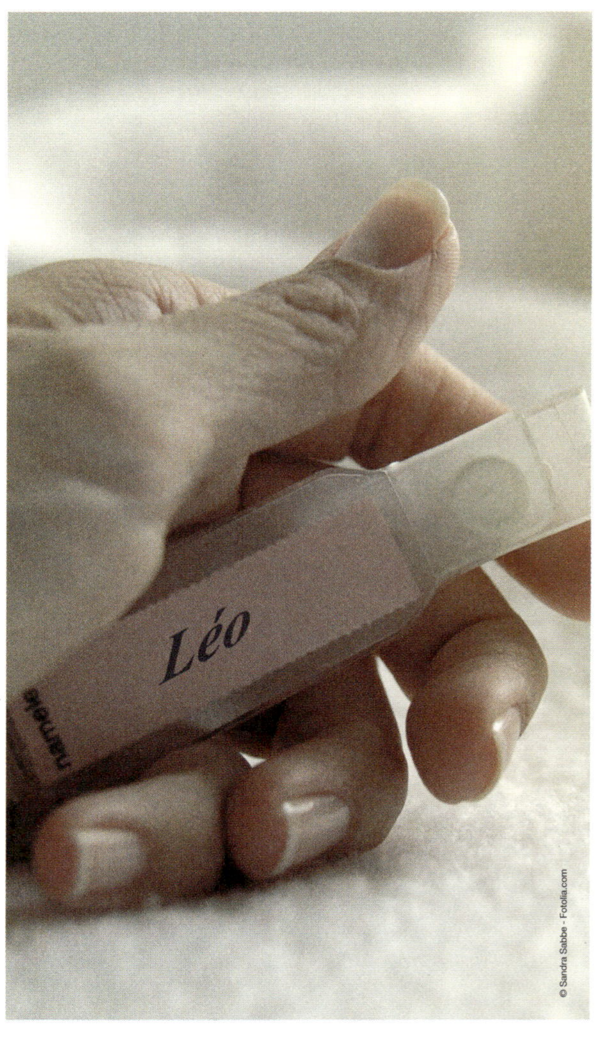

© Sandra Sabbe - Fotolia.com

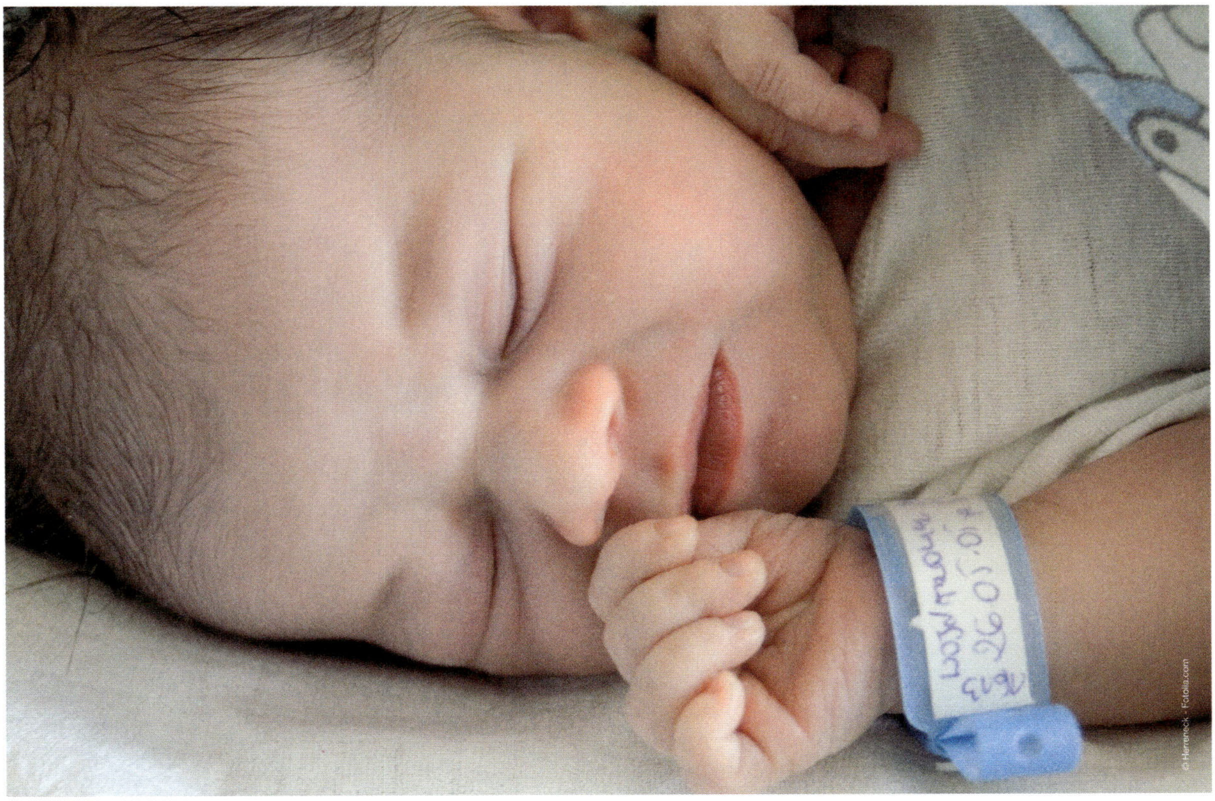

s'arrêtait là. Mutations de la famille et égalité des sexes obligent, le nom de famille est entré, depuis 2005, dans le champ des paramètres sur lesquels les jeunes parents peuvent influer. Aujourd'hui, un nom se choisit aussi, même si les options restent encore limitées. Au moment de la déclaration de naissance, les deux parents peuvent remplir une déclaration conjointe de choix de nom, à retirer en mairie. Par ce document, ils peuvent attribuer, en lieu et place du nom du père, celui de la mère, ou encore combiner leurs deux noms qui seront séparés par un tiret. Si leur propre nom de famille est composé, pour ne pas rallonger outre mesure celui de leur enfant, on leur proposera de n'en conserver qu'une partie. Une fois ce choix arrêté, il est irrévocable et s'appliquera à tous les enfants qui naîtront ultérieurement de la même union.

Si vous ne connaissiez pas cette possibilité, votre enfant aura reçu, par défaut, le nom de celui des deux parents qui l'ont reconnu. Il faudra donc l'accord des deux parents pour remplir une déclaration de changement de nom. Le libre choix ainsi exercé deviendra définitif. Attention : si vous avez tous deux reconnu bébé au moment de la déclaration de naissance, vous ne pouvez plus changer le nom de votre enfant, même si vous n'aviez pas connaissance de ces dispositions.

CHOISIR NOM ET PRÉNOM

- **Le choix du prénom est souvent dicté par la tradition géographique, familiale ou religieuse.**
- **Les prénoms aussi sont sujets à des modes.**
- **Un prénom jugé préjudiciable à l'enfant peut être refusé par les autorités.**
- **Depuis 2005, le nom de famille se choisit aussi.**
- **La déclaration de choix est remplie au moment de la déclaration de naissance.**
- **Vous pouvez opter pour le nom du père ou de la mère.**
- **Vous pouvez également combiner les deux.**
- **Le choix est irrévocable.**
- **Il s'imposera aux enfants à venir.**
- **Si l'un des deux parents n'a pas encore reconnu l'enfant, ce peut être l'occasion de demander un changement.**

Bienvenue à la maison !

C'est enfin le moment tant attendu : celui du retour à la maison. En quelques jours, la donne a bien changé. S'occuper d'un nouveau-né donne beaucoup de travail ; il va falloir plusieurs semaines pour s'y habituer.

La plupart des mamans préparent leur entrée à la maternité dans ses moindres détails : qu'est-ce que je prends comme valise, faut-il que j'apporte des couches ? Il devrait en être de même pour leur sortie. Afin que celle-ci se passe le plus calmement du monde, l'idéal est de demander au conjoint, ou à un proche, de récupérer à la pharmacie les éventuels médicaments prescrits et de remplir le réfrigérateur des petits plats savoureux qui rendront le retour encore plus agréable.

Le jour J, il est indispensable d'être accompagné. La tendance étant au raccourcissement des séjours à la maternité, la jeune maman ne doit pas présumer de ses forces. Trois ou quatre jours après l'accouchement, la fatigue est encore bien présente. La voiture doit se garer au plus près de la maternité ; il est évidemment hors de question que la jeune maman porte ses valises ! Le conjoint devra s'être familiarisé à l'avance avec le mode d'emploi de l'indispensable siège auto, coque ou nacelle, pour éviter la crise de nerf sur le parking.

Apprendre à s'organiser

De retour à la maison, il est possible que le rythme du bébé, comme de la mère, se modifie. De réveil nocturne en tétée, on prend vite conscience qu'une bonne organisation est indispensable pour passer le cap des premières semaines. La meilleure façon de gérer la fatigue est de régler son sommeil sur celui de l'enfant, en se couchant tôt, et en faisant au moins deux siestes chaque jour. Même si le sommeil ne vient pas, une petite heure allongée, rideaux tirés et au calme, permet déjà de décompresser et de récupérer un peu.

L'heure est venue de travailler en équipe. Si le papa ne peut pas allaiter, il peut changer les couches, donner le bain… Souvent, d'ailleurs, il n'attend que ça ! Ces moments d'échange lui permettent de nouer une relation intime avec l'enfant.

Il faut résister au syndrome de la mère dévouée et de la parfaite femme d'intérieur. Objectif : se simplifier la vie au maximum. En ville, on se fera livrer ses courses ou on commandera sur Internet. Pendant quelque temps, il n'y a rien de mal à renoncer au grand ménage et à se concentrer simplement sur l'espace de vie de l'enfant.

Un petit bout de chou, c'est un heureux événement pour

> De retour à la maison, la famille organise le quotidien à son rythme.

toute la famille, les amis, les collègues de travail. Céder à la pression de l'entourage qui veut absolument rendre visite aux jeunes parents ne peut qu'accroître leur fatigue et perturber bébé. Il ne faut pas hésiter à refuser poliment en faisant appel aux souvenirs des proches : après leur premier enfant, n'étaient-ils pas fatigués ?

La famille s'est agrandie

L'arrivée d'un enfant ne perturbe pas que la vie de ses parents. Pour l'aîné, l'arrivée d'un nouveau venu est un profond bouleversement. Il lui était difficile d'appréhender la réalité de la grossesse. À la maternité, les choses ont pris un tour concret, mais ce n'est qu'à la maison qu'il réalise vraiment ce qui lui arrive.

Il faut alors lui expliquer simplement que l'on peut aimer de la même manière un, deux, trois enfants ou plus, et que sa jalousie est parfaitement naturelle, tout en lui posant des limites, pour éviter tout geste agressif envers le bébé.

Ces mots doivent être suivis d'actes :

- éviter de chambouler sa chambre, ses petits coins bien à lui ;

- conserver ses habitudes ou rites qui le rassurent, comme l'histoire avant de s'endormir ;

- se relayer avec le conjoint pour avoir toujours du temps à lui consacrer ;

- l'impliquer dans le quotidien du bébé et en faire un grand frère, ou une grande sœur, fier et protecteur.

Quand bébé arrive

- **Organisez la sortie de l'hôpital.**
- **Exigez de bons petits plats pour oublier plus vite la cantine de la maternité.**
- **Profitez de chaque moment de répit pour faire une sieste.**
- **Sachez décliner les invitations ou mettre fin à une visite lorsque vous êtes fatiguée.**
- **Apprenez à planifier en dressant une liste des choses à faire.**
- **Répartissez-vous les tâches, comptez sur votre conjoint.**
- **Évitez de vouloir trop en faire : ménage, courses, cuisine.**
- **Sollicitez les grands-parents pour passer l'aspirateur, récupérer un paquet à l'autre bout de la ville…**
- **Gardez du temps pour les autres enfants.**
- **Aidez les aînés à faire connaissance avec bébé, responsabilisez-les.**

INSTALLER BÉBÉ DANS SA CHAMBRE DE BÉBÉ

Créer un environnement dans lequel bébé grandira sans souci et en toute sécurité implique de prendre en compte de nombreux paramètres. Voici les points essentiels à respecter pour une arrivée à la maison réussie.

Tout excités à l'idée de préparer la chambre, les parents se laisseraient volontiers aller à acheter tout le magasin. Maîtrisez vos élans : dans quelques mois, plus il y aura d'espace libre dans la chambre de bébé, plus il pourra ramper et gambader, à son aise.
Côté mobilier, achetez esthétique, bien sûr, mais utile avant tout. Dans les premiers temps, vous aurez besoin d'un lit, d'une table à langer, d'une commode où ranger les vêtements et éventuellement d'un fauteuil confortable pour les pauses câlins et l'allaitement.

Privilégiez les meubles faciles à entretenir et portant la marque NF (respect des normes de sécurité), surtout pour le choix de la table à langer et du lit à barreaux, deux espaces où survient une grande partie des accidents domestiques.

Dans les premiers temps de sa vie, bébé se sent perdu dans un grand lit. Il va d'ailleurs avoir le réflexe de se blottir dans un coin. Le berceau pose autour de lui des limites et crée un cocon protecteur. Vous pourrez tout aussi bien utiliser un couffin stable, la nacelle du landau, ou encore un réducteur de lit. Quand bébé aura bien grandi viendra alors l'heure du premier lit.

Le choix du lit

Deux modèles sont traditionnellement proposés : le lit à barreaux et le lit en toile. Le premier a l'avantage de la solidité et de la durabilité, mais bébé peut s'y cogner et les tours de lit restreignent son champ de vision. Les lits en toile, quant à eux, permettent de bien observer les alentours, mais sont moins faciles d'entretien.
Le bon compromis : le lit à paroi en plexiglas. L'horizon est dégagé, pas de risque de se coincer entre les barreaux, on se fait un peu moins mal quand on se cogne et, pour le nettoyage, un coup d'éponge suffit.
Tous les couples sont confrontés à cette inévitable question : bébé doit-il dormir avec nous ou dans sa propre chambre ? À chacun d'apporter la réponse qui lui paraît la plus adaptée en fonction de ses priorités et de la configuration de son logement : souhaite-t-on privilégier l'intimité du couple, y a-t-il un escalier un peu trop dangereux entre chambre des parents et chambre de bébé, etc. ?
Quelle que soit l'option retenue, bébé aura bien besoin, à un moment donné, de sa propre chambre. Celle-ci

[AÉRATION, TEMPÉRATURE ET DEGRÉ D'HUMIDITÉ : TROIS POINTS À SURVEILLER.

© Arn Rideway - Fotolia.com

devrait être à la fois loin des sources de bruit (téléphone, télévision, rue passante) et proche de votre chambre.

L'environnement idéal

Autant que possible, maintenez une température de 19 degrés. On peut d'ailleurs accrocher un thermomètre dans la chambre pour la vérifier. Installez un humidificateur quand vous chauffez la chambre et aérez-la régulièrement, pour que bébé respire bien. Les premières semaines, il ne fait pas la différence entre jour et nuit. Une double paire de rideau peut le mettre sur la voie : les rideaux les plus fins seront tirés pendant la journée, laissant filtrer un peu de lumière pour lui indiquer que le soleil est encore là. Vous remarquerez rapidement que bébé est sensible aux couleurs vives. Il faut résister à l'envie de le surstimuler. Comme les adultes, il a besoin d'un endroit calme pour trouver le sommeil, les tons pastel sont alors à privilégier dans un premier temps. Quand les questions de place vous obligent à faire dormir bébé dans la même chambre que sa grande sœur ou son grand frère, veillez à ce que chacun bénéficie d'un espace bien à lui. Utilisez des artifices (mezzanine, rideaux, étagère, paravent), pour fractionner la pièce.

L'aîné risque déjà de se sentir floué par la perte d'une partie de sa chambre, il doit donc pouvoir continuer à y mener ses différentes activités sans craindre de se faire gronder parce que le petit dernier dort tout à côté.

Aménager la maison

- **N'encombrez pas la chambre de bébé avec trop de meubles.**
- **Achetez des meubles qui respectent les normes de sécurité.**
- **Évitez la surabondance de couleurs vives. Privilégiez les tons pastel.**
- **Ne modifiez pas la décoration, pour laisser à bébé ses repères.**
- **Quand deux enfants partagent une chambre, fractionnez bien l'espace.**
- **Faites en sorte que ni la télévision ni le téléphone ne s'entendent depuis la chambre.**
- **Collez un autocollant sur la porte d'entrée de votre logement pour inciter les visiteurs à frapper et à ne pas utiliser la sonnette.**
- **Maintenez une température de 19 degrés dans la chambre.**
- **Aérez-la tous les jours.**
- **Utilisez un humidificateur si vous chauffez la chambre.**

Se retrouver peau contre peau

Pendant ses premières semaines, le corps maternel est le seul repère de l'enfant. Son univers se limite, pour votre plus grand bonheur, à vos bras qui le bercent, à votre sein qui le nourrit, et à vos yeux qui l'intriguent.

C'est ainsi, vos premiers contacts avec bébé se feront dans un environnement sur lequel vous n'aurez pas vraiment de prise. Malgré les efforts des centres hospitaliers, la peinture aux tons pastel ne suffit pas à gommer l'odeur de « trop propre » et les blouses blanches.

Fort heureusement, vous serez probablement trop absorbée par votre petit bébé pour déplorer le manque d'ambiance. Quant à lui… Mettez-vous à sa place : il sort d'un nid, certes un peu trop petit, mais toujours douillet, à température constante. Le voilà projeté en pleine lumière, nu, entouré de bruits qu'il ne comprend pas et passant de mains en mains.

Dès les premières heures de vie

Pendant ses premières semaines de vie, le nouveau-né aura un besoin impérieux de retrouver le corps de sa mère. Il connaît déjà sa voix, sa façon de se déplacer, et le rythme régulier des battements de son cœur qui continuera à le rassurer longtemps après sa naissance. Le peau à peau va vous permettre, et permettra à votre enfant, de prolonger l'expérience vécue pendant la grossesse et au cours de l'accouchement. Bébé s'habituera lentement à la séparation de vos deux corps.

Le peau à peau commence dès la naissance lorsque la sage-femme pose l'enfant contre votre sein. Ces premières caresses qui parcourent le dos, les bras, les jambes de votre enfant le rassurent déjà. Ces liens se renforcent encore avec l'allaitement par lequel mère et enfant ne font à nouveau plus qu'un.

L'intensité de cette relation alimentaire ne doit pas être sous-estimée : le sein maternel est source des plus grandes satisfactions de l'enfant et lui procure un sentiment de plénitude. La succion est pour lui plus qu'un réflexe, ou une nécessité, un vrai grand plaisir dont témoigne sa mine apaisée de bébé repu à la fin de chaque tétée. L'odeur maternelle sera rapidement, presque instinctivement, identifiée par bébé.

Maman kangourou

S'il en était encore besoin, la médecine colombienne a fait la preuve de la redoutable efficacité du peau à peau. Dans les années 1970, deux pédiatres de Bogota sont confrontés à un problème difficile : les hôpitaux ne disposent pas

[Le peau à peau est l'expression du lien intime qui unit la mère et l'enfant.

de suffisamment de couveuses pour prendre en charge les petits prématurés. Ils ont alors l'idée de remplacer les incubateurs par le corps maternel en plaçant le nouveau-né en contact étroit avec la mère, 24 heures sur 24.

Maintenu par une bande de lycra, bien verticalement entre les deux seins, le nouveau-né bénéficie constamment de la chaleur maternelle, et va prendre jusqu'à 200 g par semaine. Les équipes soignantes ont tôt fait de remarquer à quel point cette méthode, qui n'était à l'origine qu'un « plan B », s'avérait en fait bénéfique à de multiples égards, tant pour la mère que pour le nourrisson et donnait des résultats comparables, pour les prématurés n'ayant pas besoin d'assistance lourde, à la médecine traditionnelle.

Sans aller jusqu'à tenir votre enfant contre vous à toute heure du jour et de la nuit, vous pouvez cependant faire bénéficier bébé de ce contact étroit avec vous en utilisant une écharpe de portage.

Mieux encore, on trouve aujourd'hui dans le commerce un mode de portage, à mi-chemin entre l'écharpe et le vêtement : c'est une sorte de débardeur, dont le tissu est doux et extensible, qui est resserré à la taille pour le confort et la sécurité du nouveau-né. L'enfant y trouve naturellement sa place, bras et jambes écartés, tête sur le côté. La position est idéale pour une berceuse, sur le rythme de laquelle bébé calera sa respiration avant de se laisser aller, tout doucement, dans les bras de Morphée.

L'ABC DU **PEAU À PEAU**

- **Le peau à peau s'inscrit dans la continuité de la grossesse.**
- **Le père peut développer cette relation particulière avec l'enfant.**
- **L'allaitement joue un rôle important dans la naissance du lien mère-enfant.**
- **Les premières semaines, bébé a besoin d'un contact étroit avec vous.**
- **Votre corps est pour lui un environnement familier.**
- **Bébé connaît votre voix et le rythme de votre cœur avant sa naissance.**
- **Votre odeur sera pour lui un repère.**
- **Le peau à peau apaise bébé lorsqu'il est agité.**
- **Pour endormir bébé, essayez la berceuse, plus personnelle qu'une veilleuse, surtout si vous l'inventez.**
- **À la maison ou dehors, testez l'écharpe de portage.**

Sein ou biberon, faites votre choix

Quel mode d'alimentation va-t-on adopter ? Cette question revêt une importance particulière pour tout jeune parent. Mais c'est ignorer la formidable capacité d'adaptation de bébé : quelle que soit l'option retenue, il tétera de bon cœur.

Le choix du mode d'alimentation est souvent fait, de façon presque intuitive, bien avant la naissance de l'enfant. Il s'opère selon des critères objectifs et factuels, mais est aussi, à l'évidence, guidé par les émotions et le ressenti de la future maman. Pour cette raison, il est fondamental de ne pas se laisser forcer la main, dans un sens ou dans l'autre, par l'entourage et l'équipe médicale.

> Une mise au sein dans les six premières heures est idéale pour bien démarrer l'allaitement.

L'allaitement maternel

Le lait maternel suffit à satisfaire tous les besoins de l'enfant jusqu'à ses 6 mois (à l'exception de l'apport en vitamine D). C'est l'option retenue par un nombre croissant de mamans, sensibles à une communication forte autour de ses qualités. C'est un fait : aucun lait n'égale le lait maternel. Celui-ci contient en effet des anticorps, des hormones et des cellules sanguines qui tiennent toutes un rôle dans la prévention des maladies du nourrisson.
On recommande aujourd'hui la mise au sein précoce : pendant les six heures qui suivent sa naissance, le réflexe de succion du bébé est maximal. Posé sur la poitrine maternelle, il va même chercher à l'atteindre.
Les premières tétées favorisent la production du colostrum, qui précède la montée de lait, trois à cinq jours plus tard. Pauvre en sucres et en graisses, ce liquide jaunâtre est particulièrement riche en anticorps et en sels minéraux.
Une auxiliaire de puériculture assiste la maman pour les premières mises au sein. Il s'agit de trouver la bonne position : assise confortablement, la mère porte son bébé en berceau, au creux de son bras, tête et ventre tournés vers elle.
L'enfant doit prendre en bouche non seulement le mamelon, mais aussi une partie de l'aréole. La mère peut, d'un doigt, appuyer sur le haut de son sein pour dégager le nez de bébé.
La tétée dure une vingtaine de minutes et, si bébé ne marque pas de pose, aucune inquiétude à avoir : il est tout à fait capable de respirer par le nez tout en avalant. Pour le rythme, c'est lui qui décide. Les premières semaines, six à huit tétées par jour sont nécessaires. Cet allaitement à la demande permet une adaptation parfaite aux besoins de l'enfant, mais requiert en revanche une grande disponibilité de la maman.

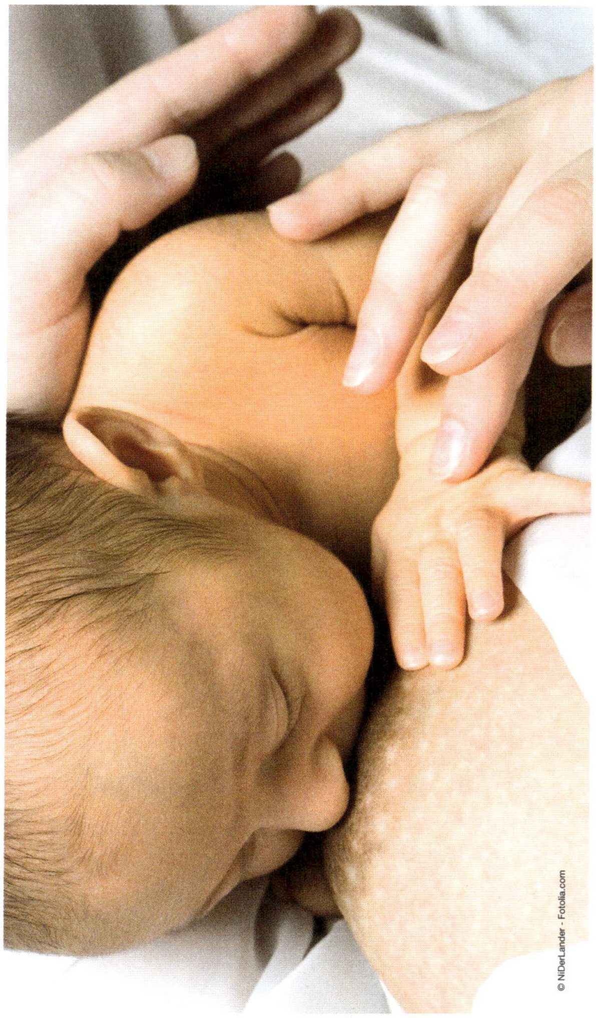

L'option biberon

L'avantage incontestable du biberon est de permettre

au papa de prendre une part active aux repas. Des efforts ont été faits pour rendre les ALD (aliments lactés diététiques) aussi digestes que possibles. L'ALD 2e âge prendra le relais du 1er âge au moment de la diversification. Les premiers temps, bébé boira six ou sept biberons par jour. Leur volume augmentera progressivement, alors que les tétées, elles, s'espaceront pour arriver à cinq par jour, vers les 2 mois. Aussi, il est préférable d'acheter d'emblée sept biberons incassables.

Attention : le dosage du lait en poudre doit être strictement respecté. Les cuillères doivent être bien arasées, et non bombées, ce qui rendrait le lait moins digeste.

Les biberons du jour peuvent être préparés le matin s'ils sont mis au frais. Le biberon n'a pas nécessairement besoin d'être chauffé : une température de 19 ou 20 degrés convient tout à fait.

Côté stérilisation, l'achat d'un appareil n'est pas indispensable : on peut très bien faire bouillir les biberons pendant une trentaine de minutes dans une simple casserole ou, plus pratique encore, stériliser à froid, grâce à des pastilles que l'on ajoute à l'eau.

La difficulté du biberon réside dans son mode d'administration : certains prônent le « biberon à la demande », d'autres soutiennent l'intérêt d'un allaitement dirigé, où les parents fixent le rythme et l'heure des repas. À chacun de trouver, entre ces deux façons de faire, celle qui lui convient le mieux.

Une tétée **sans soucis**

- **Choisissez librement le mode d'alimentation de votre bébé.**
- **Le lait maternel est parfaitement adapté aux besoins de bébé jusqu'à ses 6 mois.**
- **Faites-vous aider pour la première mise au sein.**
- **Demandez à ce que la première tétée ait lieu le plus tôt possible.**
- **Une fois l'allaitement bien mis en route, vous pouvez tester d'autres positions pour allaiter : allongée, sur le côté…**
- **Le biberon permet d'associer le papa aux repas de bébé.**
- **Respectez toujours le dosage indiqué pour la dilution du lait en poudre.**
- **Mettez de la souplesse dans les horaires des tétées.**
- **Ne réveillez pas un enfant qui dort pour lui donner à manger.**
- **Ne forcez pas un bébé qui n'a plus faim.**

Bébé découvre les joies du biberon

Après des mois d'une tendre complicité, le sevrage va marquer, surtout dans l'esprit des mamans, une nouvelle étape dans la séparation mère-enfant. Pour qu'il se passe sans heurt, il vous appartient de l'accompagner le plus possible.

Le moment du sevrage intervient, en général, entre les trois mois et les six mois de bébé. Il est souvent dicté par les contraintes extérieures : le congé maternité va bientôt prendre fin. Parfois, quand il est allaité depuis longtemps, bébé vous fait également sentir que le sein a fait son temps : à présent qu'il a des dents, il le mordille, il lui arrive de s'en détourner ou de se montrer plus impatient pendant les tétées. C'est sa manière à lui de vous signifier qu'il a besoin d'autre chose.

> Boire au biberon demande moins d'efforts que téter : en général, bébé apprécie.

Une démarche progressive

Si le sevrage est lié à la nécessité de reprendre une activité professionnelle à une date précise, vous avez les moyens de planifier le passage à l'allaitement artificiel. Donnez-vous un bon mois dans l'idéal, quinze jours au minimum, pour préparer bébé à ce changement. La méthode est simple : progressivement, vous allez remplacer toutes les tétées par un biberon. Votre corps s'adaptera à ce nouveau rythme en produisant de moins en moins de lait.

Si votre enfant tète cinq fois par jour, commencez par éliminer la tétée de fin d'après-midi, qui correspond en général à celle où la production de lait est la moins abondante.

Au bout de cinq jours, quand bébé s'est bien habitué au biberon de 17-18 heures, vous pouvez remplacer une deuxième tétée, de préférence celle du milieu de matinée, qui vous permettra ainsi d'alterner, au long de la journée, tétée-biberon-tétée-biberon-tétée.

Au terme de cinq nouvelles journées, supprimez la tétée de midi. Si vous le souhaitez, vous pouvez poursuivre, aussi longtemps que votre production de lait reste suffisante, les tétées du réveil et du soir. Leur horaire est compatible avec votre activité professionnelle et ces deux moments d'intimité avec la mère permettront d'accompagner idéalement les premiers jours de crèche qui peuvent être perturbants.

La dernière tétée à supprimer sera celle du matin, puisqu'elle correspond au moment de la journée où les seins sont le plus pleins.

Quelques astuces

Les premiers jours, cependant, il arrive que bébé boude le biberon. Plusieurs facteurs peuvent en être la cause : goût du lait, texture de la tétine... Naturellement, il vous sera impossible de déterminer ce qui, précisément, contrarie

bébé. En revanche, vous pouvez l'aider à apprivoiser le biberon. Si bébé le refuse obstinément, essayez de remplacer le lait en poudre par du lait maternel. Vous pouvez même mettre quelques gouttes de lait maternel sur la tétine, bébé reconnaîtra l'odeur.

On conseille toujours d'éviter d'enduire les tétines de produits sucrés qui donnent de mauvaises habitudes à bébé. Pour une fois, cependant, vous pouvez faire une exception et mettre une pointe de confiture sur le bout de la tétine.

Il peut arriver que l'enfant ait du mal à supporter le sevrage à cause de la perte de proximité avec le corps maternel qu'il suppose. Deux solutions s'offrent alors à vous : câliner davantage bébé, pour gommer cet effet de rupture, ou essayer de confier à une tierce personne le soin de donner le biberon (le papa, éventuellement, ou, pour donner un maximum de chances de réussite à l'expérience, une parente ou une amie expérimentées).

Le bon sens populaire veut qu'un enfant ne se laisse jamais mourir de faim. Certains préconiseront donc de persister, jusqu'à ce que la faim pousse bébé à accepter le biberon.

Libre à vous de savoir si vous souhaitez en venir à une telle extrémité, en sachant que douceur et patience vous permettront tout aussi bien d'atteindre le but recherché. Dans tous les cas, vous constaterez que quelques jours suffiront pour que votre enfant se contente très bien du biberon et de la paresse qu'il lui permet.

Le sevrage **en pratique**

- **Planifiez le passage à l'allaitement artificiel : quinze jours à un mois seront nécessaires.**
- **Remplacez progressivement les tétées par un biberon.**
- **Commencez par la tétée de l'après-midi.**
- **Poursuivez par celle du milieu de matinée puis celle du midi.**
- **Vous pourrez allaiter quelque temps encore au réveil et au coucher.**
- **Supprimez la première tétée en dernier.**
- **Votre production de lait devrait diminuer au fur et à mesure.**
- **Si bébé refuse le biberon, revenez à la charge à chaque tétée, sans le brusquer.**
- **Donnez-lui du lait maternel en biberon, pour l'habituer.**
- **Si rien ne fonctionne, essayez de le lui faire donner par quelqu'un d'autre.**

Un gros coup de blues

Tout changement, même lorsqu'il est ardemment désiré et préparé, doit se digérer. Trois heures, cinq jours, deux semaines, chacune peut passer par une phase de découragement plus ou moins profond dont elle sortira à son rythme.

On l'appelle aussi le syndrome du troisième jour, mais il n'est pas si prévisible. Le baby blues embrume les pensées des mamans à la maternité, ou juste après le retour à la maison, quand elles se retrouvent seules avec leur enfant. Simple hypersensibilité ou profonde mélancolie, chacune réagit différemment à ce malaise qui peut durer deux jours ou plus d'une semaine. Il n'a en outre rien d'une étape obligée puisque certaines mamans ne ressentiront rien de plus qu'un gros coup de fatigue.

Ce baby blues, qui n'était pas même un sujet de conversation pour des générations de mamans, est aujourd'hui ouvertement abordé, y compris par les soignants. Ces causes sont évidentes :

- la fatigue et la tension nerveuse accumulées durant la grossesse ;
- le bouleversement physique et émotionnel que constitue un accouchement ;
- l'arrivée d'un bébé, même attendu, qui perturbe toute une vie.

Enfin, même s'il n'est jamais agréable de s'entendre dire que son comportement est régi par les hormones, la chute du taux d'œstrogènes, après l'accouchement, est un facteur déterminant qui devrait à lui seul déculpabiliser les mamans : elles ne se « fabriquent » pas leur mal-être.

Le retour à la maison n'arrange pas forcément les choses. Sans professionnel pour la conseiller, la jeune maman peut se sentir abandonnée. Avec leurs gestes experts et d'une extrême rapidité, les auxiliaires de puériculture lui ont donné l'impression qu'elle ne serait jamais à la hauteur, jamais aussi performante.

Quand ça se complique

Pour certaines femmes, le malaise persiste ou revient, avec plus de force, jusqu'à 6 mois après l'accouchement : maux de tête, palpitations, grande fatigue, larmes, difficulté à trouver le sommeil, désintérêt pour l'enfant, peur de lui faire mal…

Cet état de grande détresse porte un nom : dépression post-natale. Plusieurs facteurs la favoriseraient : une tendance à la déprime qui aura pu d'ailleurs se manifester au cours de la grossesse, une grossesse ou un accouchement difficile, des tensions dans le couple.

Toute femme qui présente ces symptômes doit consulter au plus vite : le stress et les angoisses ressentis par la mère sont aussi néfastes pour son équilibre que pour celui de son enfant.

[Le baby-blues touche beaucoup de mamans, il ne faut pas avoir peur d'en parler.

© Lena S. - Fotolia.com

Un traitement médicamenteux (antidépresseur, somnifère), mais surtout le suivi attentif d'un psychiatre ou d'un psychologue lui feront dépasser cette étape en quelques mois.

Prendre soin de soi

Quelles que soient la durée et la profondeur du malaise ressenti, il faut l'extérioriser, s'autoriser à craquer, pleurer, et même à être désagréable. Ne pas éprouver d'emblée la puissance de son instinct maternel ne signifie pas que l'on est une mauvaise mère. Se culpabiliser ou s'enfermer chez soi n'arrange rien. Par contre, aller se promener, s'acheter une jolie robe ou apprécier un bon repas au restaurant sont autant d'activités qui mettent du baume au cœur. Prendre à nouveau conscience de sa féminité est aussi un moyen de restaurer sa confiance en soi. Plusieurs centres de thalasso-thérapie l'ont bien compris, et ont mis sur pied des cures « post-natales » d'une à trois semaines pour les mamans et leur bébé de plus de deux mois. Pour une semaine de détente organisée, il faut compter au minimum 1 000 euros, partiellement pris en charge par certaines mutuelles. Au programme : massages et soins en tous genres pour traquer kilos superflus, cellulite, varices, raffermir les tissus, et travailler à la rééducation périnéale. Bébé ne sera pas en reste : après quelques séances de bébé-nageurs, on expliquera à sa mère comment lui prodiguer le plus délicieux des massages.

Trucs anti-déprime

- **Rappelez-vous que vous n'êtes pas la seule à souffrir. Le « papa blues » existe !**
- **Autorisez-vous des moments de faiblesse : la super-maman n'existe pas.**
- **Reposez-vous sur votre entourage : famille, amis...**
- **Ne restez pas cloîtrée chez vous.**
- **Offrez-vous quelques conversations qui ne tournent pas autour de bébé.**
- **Ne pensez jamais que vous êtes incompétente.**
- **Cultivez votre féminité.**
- **Parlez-en avec des amies qui ont traversé les mêmes difficultés.**
- **Exprimez-vous sur le Net, sur l'un des nombreux forums de mamans.**
- **Consultez et ne laissez pas la dépression s'installer.**

CE QU'IL SAIT FAIRE À UN MOIS

Il y a quatre semaines, bébé venait au monde. Aujourd'hui, ses parents fêtent en quelque sorte son premier anniversaire puisqu'en matière de petite enfance, chaque mois représente un nouveau palier. Faisons le point sur ses premiers acquis.

En seulement quatre semaines, il a déjà parcouru beaucoup de chemin, et ses parents en ont fait au moins autant. Ils ont appris à avoir confiance en eux et ont pleinement intégré leur nouveau rôle.
Bébé s'est étoffé : normal, depuis un mois, il prend sept à huit tétées par jours. La position fœtale n'est pas encore totalement oubliée : couché sur le ventre, les jambes et les bras sont naturellement fléchis.
Les petits poings sont souvent bien serrés et ont toujours une force surprenante quand il s'agit d'agripper quelque chose, le petit doigt de papa, par exemple. Pour lâcher, c'est une autre histoire. Même s'il fait mine d'essayer de la maintenir pendant de courts moments, la tête est encore bien lourde : quand bébé est couché sur le dos, elle a du mal à rester bien dans l'axe, et roule sur le côté. Bien maintenu, il expérimente la position assise avec le dos encore bien rond.

UN MONDE DE SENSATIONS

Carpe diem, cette phrase a été pensée pour lui : il vit l'instant sans notion de présent ou de passé. En dehors des tétées, il occupe le plus clair de son temps à dormir, de 16 à 20 heures par jour. Cette phase est cependant plus active qu'il n'y paraît, puisqu'elle contribue à la maturation de son cerveau.
Vers un mois, l'horloge biologique de bébé commence à se réguler en fonction de l'alternance jour/nuit. Le rythme veille/repos/veille se ralentit, les périodes d'éveil en pleine journée s'allongent, de même que les plages de sommeil nocturne.
Bébé vit encore dans une bulle sensorielle : chaque nouveau son ou nouvelle caresse est une fenêtre sur le monde. L'univers se limite encore aux visages des parents, de la mère, surtout, quand elle allaite. Ses yeux, sa voix, son odeur, sont mémorisés et constituent des repères.

À SA MANIÈRE, IL S'EXPRIME

Les pleurs sont un moyen d'expression qu'il a rapidement appris à maîtriser. Ils ne surviennent jamais par caprice : bébé, qui ne comprend pas encore grand-chose à son environnement, ressent de manière disproportionnée toute gêne et se manifeste jusqu'à ce que la réponse appropriée soit apportée.
Les parents commencent d'ailleurs à identifier des pleurs bien différents selon la demande. En même temps, bébé

[BÉBÉ NE COMPREND PAS LE MONDE, MAIS CHAQUE SENSATION LE LUI FAIT DÉCOUVRIR.

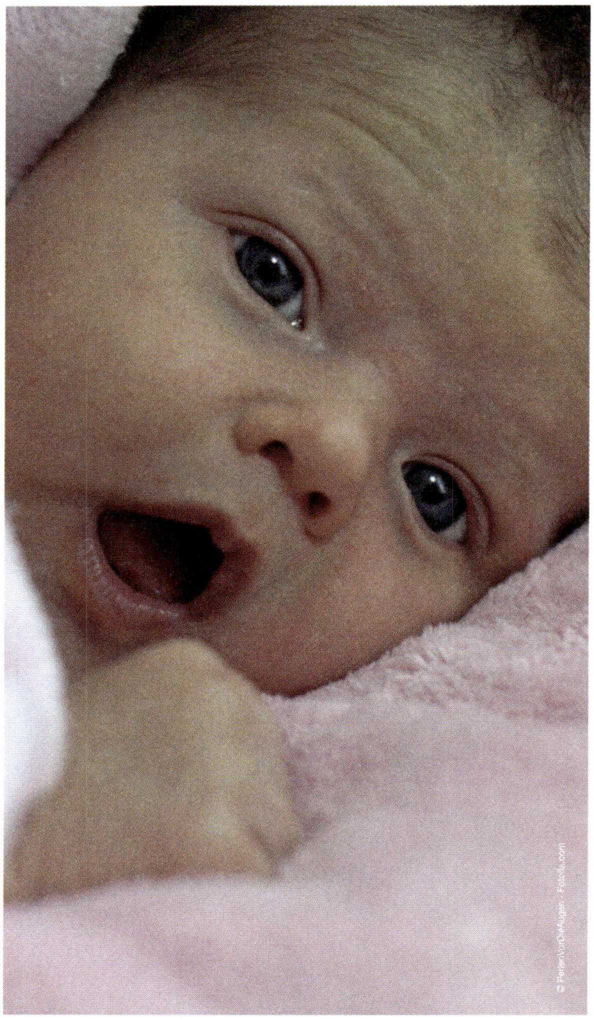

commence à utiliser sa voix à d'autres fins. On ne peut pas encore parler de vocalise, mais il s'essaie à quelques grognements ou sons gutturaux du plus bel effet.
Le nourrisson commence, cependant, à s'ouvrir au monde : les visages le passionnent. Il les fixe même quelques instants et cherche le regard de ses parents. Certains croient déjà entrevoir des tentatives d'imitation des réactions des grands. Bébé peut se montrer très expressif. Il possède quelques mimiques qui parviennent bien à traduire son inconfort et déclenchent l'intervention des parents.
Il peut tout aussi bien, et fort heureusement, manifester son bien-être. Au grand émerveillement de ses proches, ses lèvres esquissent leurs premiers sourires, des sourires un peu étranges que l'on appelle souvent « sourires d'ange ». En effet, ces sourires-là donnent à bébé un air béat ; ils sont vides d'expression, et quand les lèvres sourient, les yeux ne se plissent pas.
Ce ne sont pas encore de vrais sourires, des sourires-réponses tournés vers l'entourage. Ces premiers sourires, bébé se les adresse en quelque sorte à lui-même, pour manifester sa sensation d'être repu, confortablement installé... Voilà une révélation qui ne doit pas frustrer les parents : d'ici quelques jours ou semaines, il ne tardera pas à comprendre que quand il sourit, on lui rend ce sourire, et on lui prodigue à volonté câlins et bisous.
Un séducteur va bientôt naître.

Le quotidien de bébé

- **Bébé dort 16 à 20 heures par jour.**
- **Il ne fait pas ses nuits mais son rythme veille-sommeil commence à être bien réglé.**
- **Il tête 7 à 8 fois par jour.**
- **Il s'exprime à travers ses pleurs, qui ne sont pas des caprices ; ils sont nécessairement la manifestation d'un besoin.**
- **Bébé reconnaît ses parents, surtout sa mère, car la position de l'allaitement favorise cette identification.**
- **Bébé émet ses premiers sons gutturaux qui s'apparentent à des grognements.**
- **Il commence à sourire.**
- **Il peut fixer un objet, soutenir quelques instants un regard.**
- **Il ne tient pas encore sa tête.**
- **Allongé, il retrouve encore la position fœtale.**

Bébé s'ouvre au monde

Cela fait à présent deux mois que bébé est venu au monde. Les parents avertis connaissent désormais les besoins, le rythme et les capacités de leur enfant. Pas encore mobile, bébé fait chaque jour des progrès.

À 2 mois, bébé a bien profité et montre des petites joues bien rebondies. Tout dans son corps traduit une ouverture progressive au monde qui l'entoure. Il n'est plus aussi recroquevillé qu'avant. La position fœtale n'est pas très loin, mais petit à petit, le corps se relâche. Les bras et les jambes s'étendent, tout en restant quand même près du corps. Ses poings, qu'il tenait bien fermés, s'ouvrent peu à peu. Le réflexe de grasping, cette façon qu'a bébé de s'agripper au doigt qu'on lui présente, est d'ailleurs un peu moins prononcé qu'avant. Si on lui donne un hochet, par exemple, il n'est pas encore en capacité de vraiment le retenir. Le rythme jour-nuit est à présent bien installé : les plages de sommeil nocturne sont devenues plus longues que les siestes de la journée. Pour peu que bébé ait un tempérament de gros dormeur, les jeunes parents sont un peu plus reposés.

Bébé sort du brouillard

La vue est encore imprécise, mais elle s'améliore notablement, permettant à bébé de voir de nouvelles couleurs et d'apprécier de plus en plus de détails. Mais le monde est bien difficile à comprendre quand les yeux ne produisent que deux images qui s'accordent imparfaitement. Bébé peut donc avoir tendance à loucher. La première fois, cela fait sourire les parents, qui ne tarderont pas, à la longue, à s'inquiéter. Il n'y a pourtant pas lieu de s'alarmer, en tout cas pas à cet âge : bébé fait de son mieux pour comprendre ce qui l'entoure.

Sa curiosité se développe et toute nouvelle activité l'absorbe complètement. Bébé est incapable de faire plusieurs choses à la fois, ou de réagir simultanément à deux stimulations : soit je tète, soit j'écoute les bruits qui m'entourent.

Bébé suit des yeux sans problème un jouet coloré que l'on promène devant lui. Bien sûr, il ne perd pas des yeux le visage maternel. Quand maman est hors de sa vue et qu'il entend sa voix, il la cherche déjà du regard : son univers et son vrai point de repère, c'est encore et toujours elle. Bébé n'a d'ailleurs certainement pas conscience de mener une existence véritablement autonome. La voix et les caresses sont les meilleurs moyens de communiquer avec lui.

Les premiers vrais sourires

Quand il est bien disposé, bébé commence à vocaliser

Bébé commence à se faire entendre en s'entraînant à prononcer les voyelles.

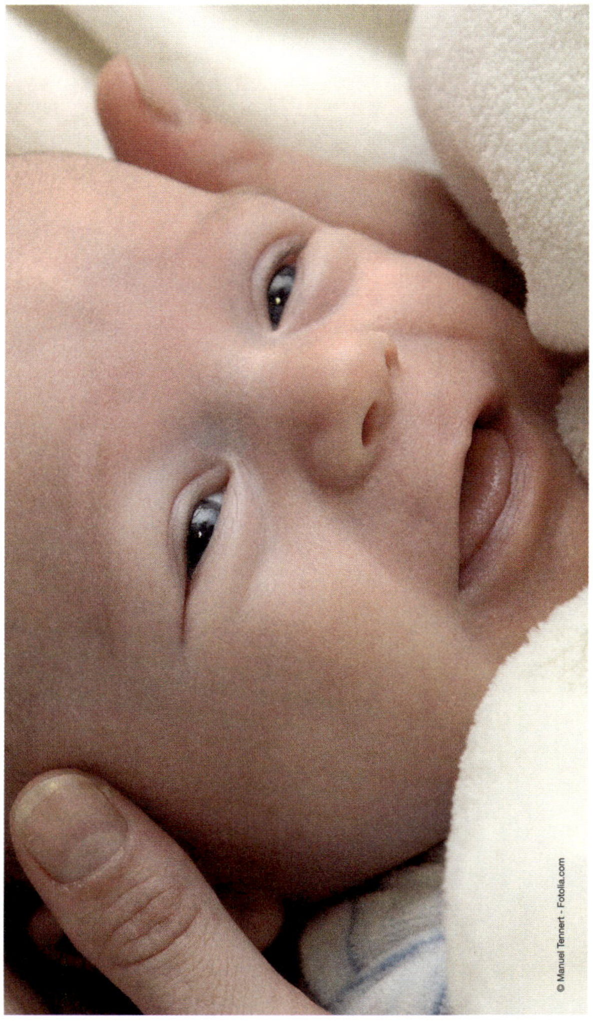

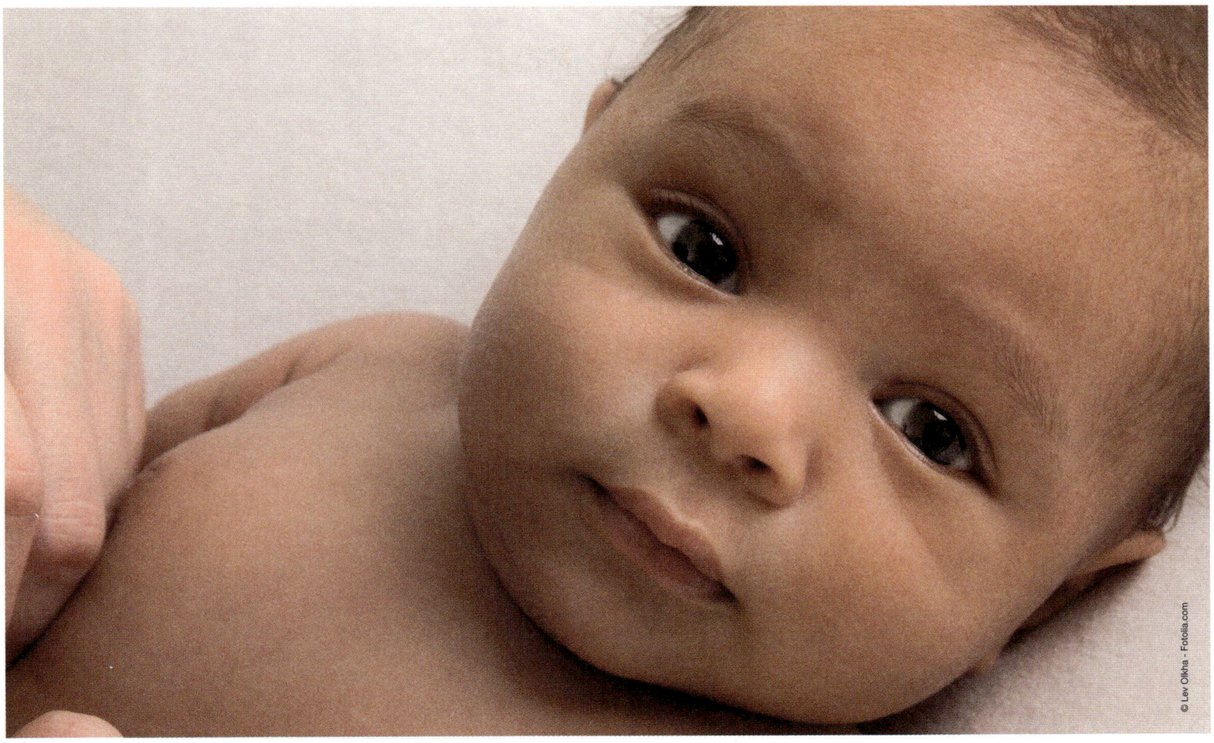

en s'attaquant en premier lieu aux voyelles. Ces sons, un peu comme les premiers sourires, traduisent plus encore qu'une volonté de communiquer, un profond bien-être. Petit à petit, son sourire se fait moins vide de sens : il devient un sourire-réponse destiné à celle ou à celui qui s'occupe si bien de lui. D'instinct, tout adulte rapidement conquis retourne ce sourire. Ce geste de tendresse est fondamental, pour ne pas frustrer l'enfant dans cette première démarche volontaire de socialisation.

Accompagner les vocalises, retourner un sourire ou encore rendre un regard : tout ceci montre à bébé que vous l'aimez, qu'il est au centre de vos préoccupations et qu'il avance à son rythme dans la bonne direction.

Bébé reste, en général, dans la position dans laquelle vous l'avez installé. Les muscles de sa nuque se tonifient progressivement : en position assise, sa tête bascule toujours, mais moins vite et moins lourdement qu'avant.

Pour faire ses exercices quotidiens, sa position préférée est la position ventrale. Doucement mais sûrement, il parvient à décoller cette lourde tête et ses épaules du matelas à langer, au prix de louables efforts. Rien n'est facile et lorsqu'il s'essaie à de nouveaux mouvements, cela fonctionne rarement du premier coup. Loin d'accorder de l'importance à ses échecs, bébé recommencera inlassablement jusqu'à parvenir à son but.

Bébé à 2 mois

- **Son corps est de moins en moins recroquevillé.**
- **Ses bras et ses jambes sont encore fléchis.**
- **Ses petits poings s'ouvrent peu à peu.**
- **Le rythme jour-nuit lui est acquis, ce qui ne veut pas dire pour autant que bébé fasse ses nuits !**
- **Bébé soutient votre regard de plus en plus longtemps, il a besoin de cet échange.**
- **Quand il entend votre voix, il vous cherche du regard.**
- **Les sourires d'ange naïfs du premier mois se sont peu à peu mués en sourires-réponses.**
- **Bébé est très peu mobile : il reste là où vous le posez.**
- **Pour développer ses aptitudes, il est plus à l'aise en position ventrale.**
- **Il commence à vocaliser quelques voyelles.**

Comment bébé découvre le monde

Toucher, ouïe, vue : les sens de bébé sont en éveil bien avant sa naissance. Pendant ses premiers mois, ils vont s'aiguiser et lui permettre, pas à pas, de découvrir son environnement, et d'apprendre à s'y déplacer sans souci.

Au tout début de sa vie, l'ouïe est un des sens les plus éveillés de bébé. Il est d'ailleurs testé dès la naissance : en présence d'un bruit fort, il cligne des yeux. Il faut dire qu'il exerce son oreille depuis 3 mois déjà et s'est familiarisé, pendant tout ce temps, aux battements de votre cœur, aux gargouillis de votre estomac, et, quelque part derrière tout ça, aux inflexions de votre voix. Quand il aura atteint l'âge de 8 à 9 mois, ses priorités changeront : il réagira alors plus promptement aux stimulations visuelles qu'auditives.

> QUAND L'ADULTE TOUCHE AVEC LES MAINS, BÉBÉ EXPLORE AVEC SA BOUCHE.

Les yeux grands ouverts

Avant la naissance, bébé voit déjà : il ouvre les yeux, et, en fin de grossesse, si l'on expose le ventre maternel à une lumière puissante, il s'agite. Dès lors, aucun doute n'est possible : dès les premières heures, votre enfant voit mais sa perception du monde est plus que limitée.

Son champ visuel est étroit, il ne voit bien qu'à une distance de 15 à 30 cm, et ne distingue pas les objets fins (un cheveu, par exemple). Il est sensible à l'intensité de la lumière (il supporte d'ailleurs mal les flashes de l'appareil photo). Côté couleur, les appréciations divergent : certains soutiennent qu'il voit le monde en noir et blanc. Une chose est sûre, avant 4 à 5 mois, il est loin de les percevoir toutes, et il apprécie les contrastes forts, ce qui explique en partie l'intérêt qu'il porte aux yeux des personnes qui l'entourent. Ces caractéristiques font que l'enfant reconnaîtra rapidement le visage sa mère : quelle autre personne passe autant de temps à moins de 30 cm de son petit visage ?

Cette perception dégradée du monde n'entame pas la curiosité naturelle de bébé. Âgé d'à peine un mois, vous constaterez qu'il peut fixer un objet plusieurs secondes, et qu'il se montre de plus en plus capable de le suivre du regard, lorsqu'il se déplace.

D'ici l'âge de 4 mois, les capacités de bébé vont grandement s'améliorer : les images perçues par l'œil gauche et l'œil droit ne vont plus se superposer mais formeront un tout cohérent : c'est ce que l'on appelle la vision binoculaire. Grâce à cette aptitude nouvelle, bébé apprivoise la notion de volume, puis de profondeur et d'éloignement de l'objet. Il va ainsi développer progressivement sa coordination main objet, c'est-à-dire la capacité à se saisir de l'objet qui l'intéresse. Dans le même temps, sa vision de

près s'est précisée, et vous constaterez qu'il se passionne pour les tout petits objets, miettes de pain entre autres.

L'importance du toucher

La peau est, chez le bébé comme chez l'adulte, l'organe le plus étendu. C'est également celui qui est stimulé de la façon la plus constante : le frottement du drap, la sensation du vêtement sur la peau, une caresse de la main… Bébé est bien évidemment sensible à tous ces signaux. Câlins, peau à peau et massages sont autant de stimulations que les parents offrent au quotidien à leur nouveau-né.

Pour un adulte, le toucher met en jeu les mains ; c'est tout à fait différent pour votre enfant. Au fil des mois, il développe une manie bien agaçante : il porte tout à la bouche. Rien de très étonnant à cela : la bouche est pour lui un organe central, qui le lie au monde extérieur. La succion, sous toutes ses formes (allaitement maternel, biberon, pouce) est pour lui un besoin et un plaisir fondamental. En hissant un objet jusqu'à sa bouche, il en découvre le goût, mais aussi la texture. Il se l'approprie.

Cette phase, qui intervient au moment où bébé devient de plus en plus mobile, demande aux parents une vigilance de tous les instants : tous les objets dangereux ou de petite taille doivent être tenus hors de sa portée, pour qu'il puisse explorer en toute sécurité.

L'éveil des sens

- **Tous les sens de bébé sont en éveil à la naissance.**
- **En fin de grossesse, ses cinq sens sont déjà actifs.**
- **Jusqu'à 9 mois, bébé réagit davantage aux stimulations auditives que visuelles.**
- **Pendant les premières semaines, il ne voit qu'à 30 centimètres.**
- **Il faut attendre quatre mois pour qu'il voie bien l'ensemble des couleurs.**
- **Il identifie mieux les couleurs contrastées.**
- **Bébé s'intéresse aux yeux justement parce qu'ils sont contrastés.**
- **À quatre mois, il acquiert la vision binoculaire et prend conscience du volume.**
- **Le toucher est un sens sans doute bien plus fondamental pour le bébé que pour l'adulte.**
- **Porter un objet à sa bouche lui permet de se l'approprier.**

Changer bébé en 5 gestes

À l'heure du change, vous êtes soudainement un peu moins contents d'être parents. Maîtriser les gestes essentiels vous permettra d'en faire, sinon un moment agréable, du moins un moment aussi court que possible.

Changer bébé : voilà une perspective qui endort bien des instincts maternels et paternels. La démarche peut sembler un peu fastidieuse au début, mais à raison de sept changes en moyenne par jour, nul doute que nos jeunes parents deviendront rapidement des pros, capables de langer bébé les yeux fermés.

> Autour de 500 euros par an : le budget couches est loin d'être négligeable.

Le matériel

La table à langer est à classer au nombre des achats onéreux que vous aurez à effectuer, puisque son prix peut flirter avec les 300 euros. Si vous disposez déjà à la maison d'une commode profonde et robuste, vous pourrez acheter un simple bac à langer : il s'agit du cadre en bois qui retient le matelas à langer, et que vous n'aurez qu'à fixer sur le dessus de votre meuble. Dans un cas comme dans l'autre, soyez particulièrement attentive à la hauteur des montants : pour prévenir tout risque de chute, ils doivent faire au minimum 15 centimètres de haut.

Pour les petits espaces, il existe également des plans à langer que l'on fixe en équilibre sur les rebords de la baignoire. Même si les modèles sont bien conçus, leur utilisation est à éviter : un parent un peu trop pressé risque, par inattention, de mal installer le dispositif. Enfin, si vous comptez vous déplacer régulièrement avec bébé, investissez dans un sac à langer, accompagné de son petit matelas déroulable.

Les couches en elles-mêmes deviendront rapidement un poste de dépense important : pour des couches jetables classiques, comptez autour de 500 euros la première année. Évitez de constituer un stock de couches trop important avant la naissance de bébé : tous les fabricants adaptent leurs modèles à l'âge et au poids de bébé, mais les formes et capacités d'absorption des couches varient. Autant dire qu'avant de trouver le modèle idéal, vous aurez sans doute plusieurs essais à faire.

La méthode

Avant de prendre bébé dans vos bras pour le changer, assurez-vous que tout est prêt, pour ne jamais avoir à le laisser seul : couche propre, sac où déposer la couche sale, table à langer bien dégagée sur laquelle vous aurez disposé une serviette au cas où et des produits d'hygiène à portée de main. Concernant ces derniers, vous avez plusieurs options : le traditionnel duo gant-savon, mais aussi

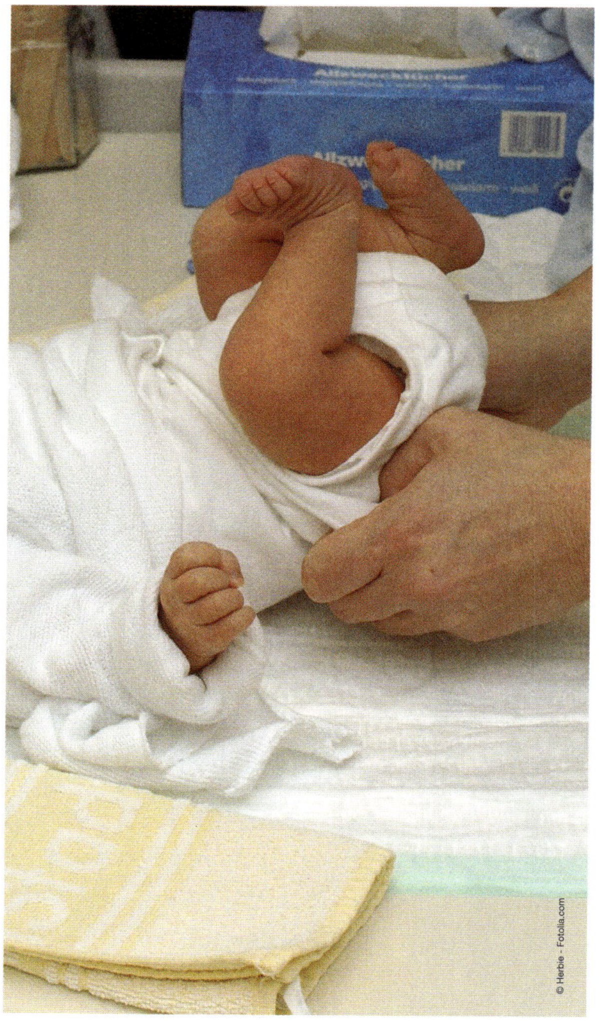

© Herbie - Fotolia.com

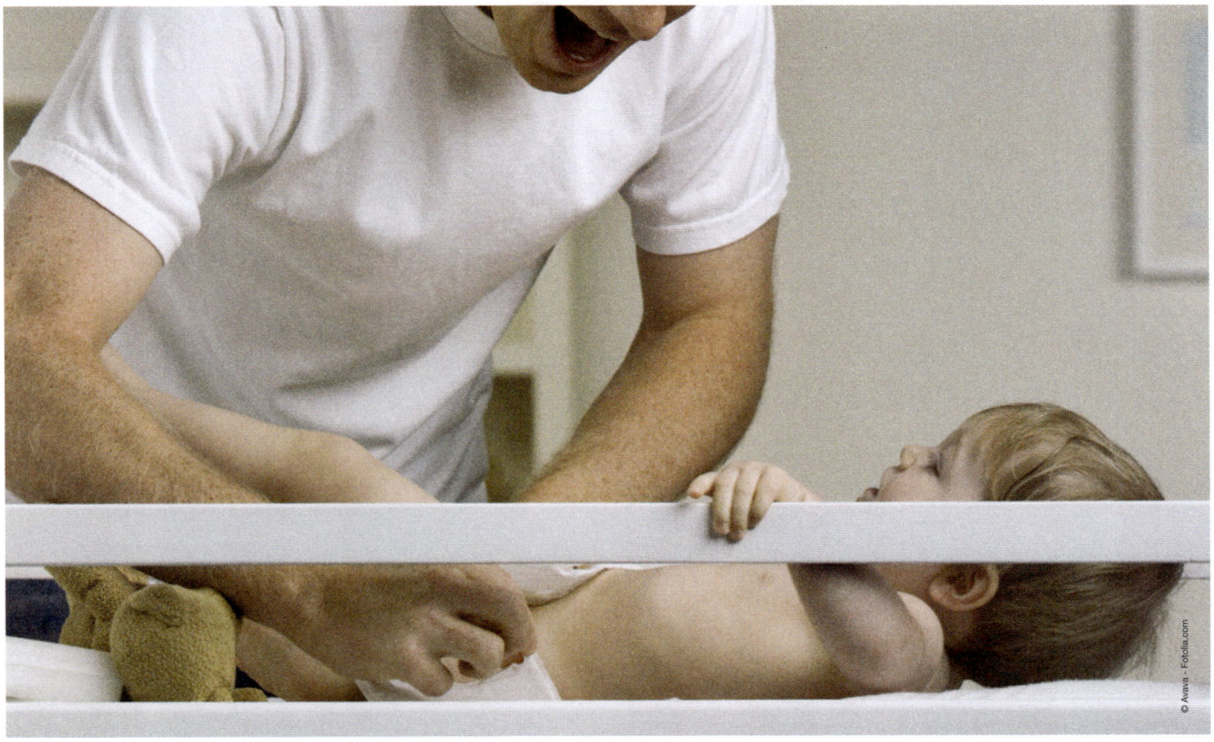

les lingettes spéciales, le coton et le lait de toilette.
Inutile de déshabiller complètement bébé : dégager le bas de son corps est suffisant et évitera peut-être qu'il ne pleurniche à cause du froid. C'est le moment d'ouvrir la couche : repliez la couche sale sous les fesses de bébé. Quelques mouchoirs de papier vous permettront d'ôter ce que vous n'avez pu enlever avec la couche. Deuxième étape, la toilette : saisissez les jambes de bébé d'une main et passez le gant, ou le coton imprégné, de l'autre. Lavez toujours les fesses de bébé d'avant en arrière, du plus propre vers le plus sale. Si vous utilisez du coton, changez-en à chaque passage, jusqu'à ce qu'il reste bien net. Passez bien dans les plis et séchez tout aussi soigneusement, en tamponnant la peau. Les érythèmes fessiers, ces marques d'irritation si désagréables pour bébé, sont dus au contact prolongé de sa peau fragile avec l'humidité. Pour éviter tout risque de macération, vous pouvez même utiliser votre sèche-cheveux, uniquement si celui-ci sèche à froid ; bébé appréciera sans doute ce coup de vent frais sur les fesses !

Une fois le nettoyage-séchage terminé, il ne vous reste plus qu'à enfiler une couche toute propre. Pensez à orienter la verge de votre petit garçon vers le bas, pour éviter les inondations. C'est ici que l'expérience paie, pour trouver le bon dosage entre serrage excessif, qui comprime le ventre de bébé, et relâchement trop prononcé, qui laisse passer les fuites.

ÉTAPE PAR ÉTAPE

- **Réunissez tout le matériel nécessaire avant de commencer.**
- **Ne laissez jamais bébé seul sur la table ; posez toujours une main sur son ventre.**
- **Achetez une table qui respecte les normes de sécurité.**
- **Les rebords de la table à langer doivent mesurer au moins 15 centimètres.**
- **Évitez de dénuder complètement bébé.**
- **Pour sa toilette, eau et savon sont suffisants.**
- **Pour les soins d'hygiène intime, nettoyez toujours d'avant en arrière.**
- **Séchez méticuleusement la peau de bébé avant de remettre une couche.**
- **Orientez toujours la verge de votre petit garçon vers le bas.**
- **Si les fuites sont persistantes, essayez d'autres modèles de couches.**

LE MASSAGE, TOUT UN ART

Ça paraît tout naturel mais il fallait y penser : nos petits bouts de chou aiment les massages. Quels que soient vos dons dans ce domaine, vous pouvez tenter l'aventure, en adaptant vos séances au gré de vos envies et à l'âge de bébé.

Le sens du toucher est acquis bien avant la naissance, au sixième mois de la vie fœtale. Votre bébé saura très tôt vous montrer, par des mimiques, voire des sourires, combien il apprécie vos câlins.
Le massage est un moyen supplémentaire de prolonger le peau à peau. Il permettra également à l'enfant de prendre progressivement conscience de son corps. Il est aujourd'hui présenté comme une véritable science. La lecture de livres, ou la participation très instructive à l'un des nombreux cours qui existent ne doivent pas brider votre imagination et vote instinct : le massage est avant tout l'expression de votre tendresse.

> CINQ MINUTES SUFFISENT POUR VOS PREMIÈRES SÉANCES DE MASSAGE.

AVANT DE VOUS LANCER

Il importe d'être conscient de la fragilité du bébé : vous ne pourrez pas le masser comme vous massez un adulte. Les séances seront courtes, surtout au début. Avec un peu de savoir-faire et de patience, vous passerez progressivement de 5 minutes à un bon quart d'heure. À l'évidence, vous ne pouvez pas non plus utiliser la même pression que sur un adulte. Vos massages doivent poursuivre un but de relaxation et de renforcement du lien mère-enfant : il ne faut pas s'improviser kinésithérapeute. Les massages évolueront avec l'âge de l'enfant. Au début, surtout s'il a moins de deux mois, ce seront simplement de profondes caresses et des effleurements. Au fur et à mesure, vous expérimenterez de nouveaux mouvements. Bientôt, bébé sera suffisamment expressif pour vous indiquer ce qu'il aime, et ce qui lui est désagréable. Vers huit mois, quand il sera plus mobile, il deviendra difficile de le retenir en position couchée ou assise. Le massage devra alors être plus ludique. Vous pourrez masser votre bébé pendant son bain, par exemple. En tout cas, ne forcez jamais la main d'un bébé qui n'a pas envie d'être massé. Vous transformeriez un moment de plaisir partagé en punition.

L'heure du massage est fonction de vos envies et du comportement de votre enfant : vous devez être tous deux disponibles et calmes. Cela peut être après le change, ou après le bain, histoire de tenter de se passer, dans des conditions favorables, de la couche pendant dix petites minutes.

Installez votre nouveau-né sur la table à langer, pensez à couper vos ongles longs et à ôter bagues et bracelets. Quand il sera plus grand, vous pourrez vous installer tous

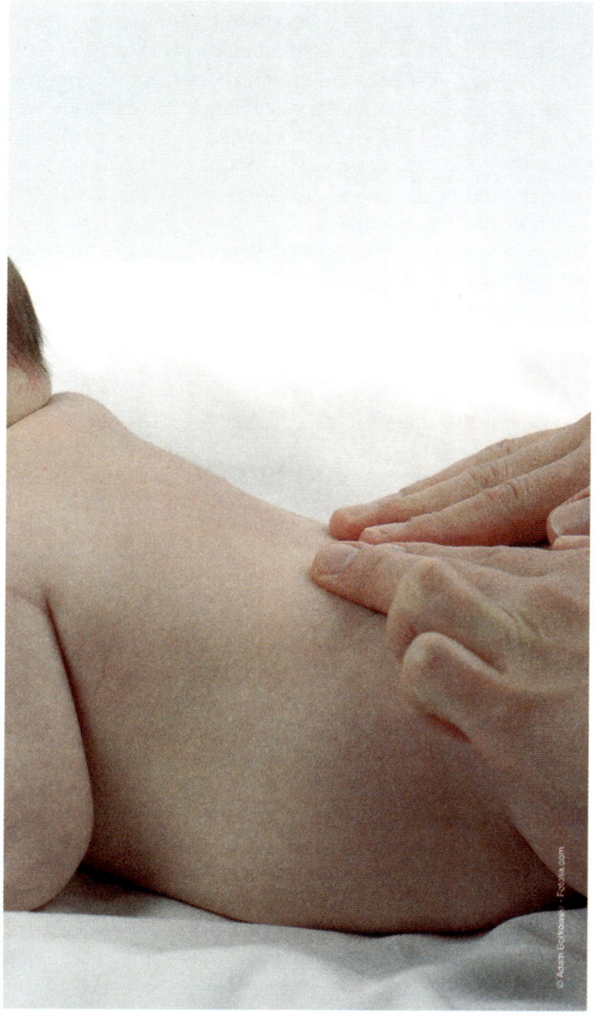

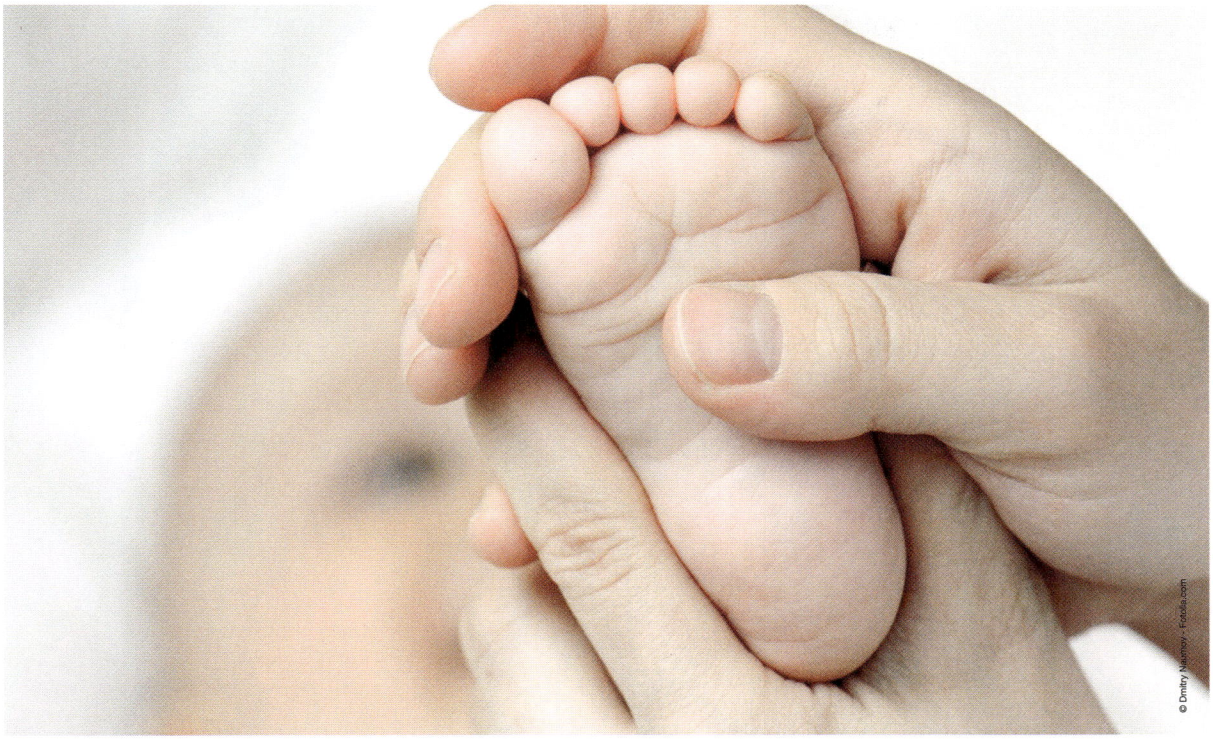
© Dmitry Naumov - Fotolia.com

deux à même le sol, sur un tapis moelleux réservé à cette activité.

La première séance

Commencez par allonger bébé sur le dos, face à vous. Captez son regard, et racontez-lui chacun de vos mouvements, d'une voix douce et apaisante. Commencez par effleurer, du bout des doigts, tout le pourtour de son corps, comme si vous en dessiniez la forme, de la plante des pieds au sommet du crâne. Ce mouvement est destiné à lui faire progressivement ressentir toutes les parties de son corps.
Placez vos mains bien à plat sur ses épaules, et faites les doucement descendre, parallèlement, jusqu'à ses jambes, que vous allez masser l'une après l'autre.
Soulevez chaque jambe à deux mains, l'une devant l'autre, à partir de la cuisse. Faites descendre lentement vos mains en entourant la petite jambe. Les pieds sont très sensibles. Tenez-les également à deux mains. Seuls vos pouces sont en contact avec les plantes et remontent, en pratiquant une très légère pression, du talon aux orteils. Massez ensuite bras et mains en suivant la même méthode. Placez enfin bébé sur le ventre pour lui masser, toujours aussi délicatement, les fesses et le dos.
Répétez chaque mouvement quatre ou cinq fois, et interrompez le massage dès que bébé s'impatiente. Pensez à toujours bien chauffer l'huile entre vos mains avant de l'appliquer, votre bébé frileux appréciera.

Préparer le massage

- **Ça ne marchera pas forcément du premier coup.**
- **Vous devez évoluer dans un cadre calme et apaisant.**
- **Ne vous prenez pas pour un kinésithérapeute.**
- **Si bébé pleure, ça ne veut pas dire que vous vous y prenez mal. Il n'est simplement pas d'humeur.**
- **Utilisez un produit formulé pour les bébés.**
- **En massant bébé tous les jours, vous ferez de ce moment un rite.**
- **Le massage n'est pas une obligation. Si vous êtes tendue, mieux vaut y renoncer pour la journée.**
- **Certains enfants n'aiment pas être nus. Couvrez-les avec une serviette douce.**
- **Incitez le papa à essayer.**
- **Si vous avez peur de ne pas savoir vous y prendre, suivez des cours.**

Mais pourquoi pleure-t-il ?

Chacun sait qu'un bébé pleure, mais de la connaissance à l'expérience, il y a une différence. Ces pleurs, particulièrement intenses pendant les trois premiers mois, sont source de fatigue, d'une légitime exaspération, voire d'une inquiétude.

Avant d'être un moyen d'entrer en contact avec vous, les pleurs de votre enfant sont un réflexe, une réaction automatique et non réfléchie de votre bébé qui manifeste une sensation d'inconfort. Si vous trouvez la réponse, vous faites logiquement cesser les pleurs. Il y a une petite dizaine de soucis potentiels à passer en revue à chaque crise de larmes : la faim, le besoin d'être changé, la fatigue, le nez encombré, une chambre trop chaude ou trop froide, un bruit ou une source de lumière qui gênent l'endormissement, mais également le besoin d'être pris dans vos bras.

Les crises de larmes diminuent de façon significative après les 3 mois de bébé.

D'autres facteurs

Il peut arriver qu'aucun de ces facteurs ne soit en cause. Les pleurs peuvent être le moyen d'évacuer la frustration de ne pouvoir se mouvoir ou de ne pas être compris. Comme un adulte, lorsque bébé fait une crise de larmes, il ouvre les vannes et se vide de tout le stress emmagasiné. Les pleurs surviennent alors en fin de journée, lorsque bébé revient de la crèche, quand vous avez reçu de nombreuses visites et qu'il est passé de bras en bras, ou encore lorsque vous-même paraissez pressée ou tendue.

Il peut donc arriver qu'une crise de larmes soit salutaire, pour le parent comme pour l'enfant : celle-ci passée (il faudra savoir lui donner libre cours sans gronder bébé), celui-ci, apaisé, pourra s'endormir.

On a longtemps préconisé de laisser l'enfant s'égosiller seul, lorsqu'aucun facteur matériel, du type faim ou couche sale, n'expliquait les pleurs. L'éducation d'aujourd'hui est bien plus souple et veut qu'aucun enfant de moins de 6 mois ne fasse de caprices. On vous conseillera désormais de suivre votre instinct de mère, qui vous pousse à aller auprès de bébé, sans craindre que celui-ci ne prenne de mauvaises habitudes.

Le bercer dans vos bras, bien au chaud dans une petite couverture, peut parfois l'apaiser. Il faut, en revanche, résister à deux travers : nourrir systématiquement votre bébé (ce n'est pas parce qu'il est plus calme après une tétée qu'il avait nécessairement faim), ou crier, ce qui a pour effet d'entretenir un cercle vicieux.

Mon bébé pleure-t-il trop ?

Les pleurs prolongés sont la motivation de nombreuses

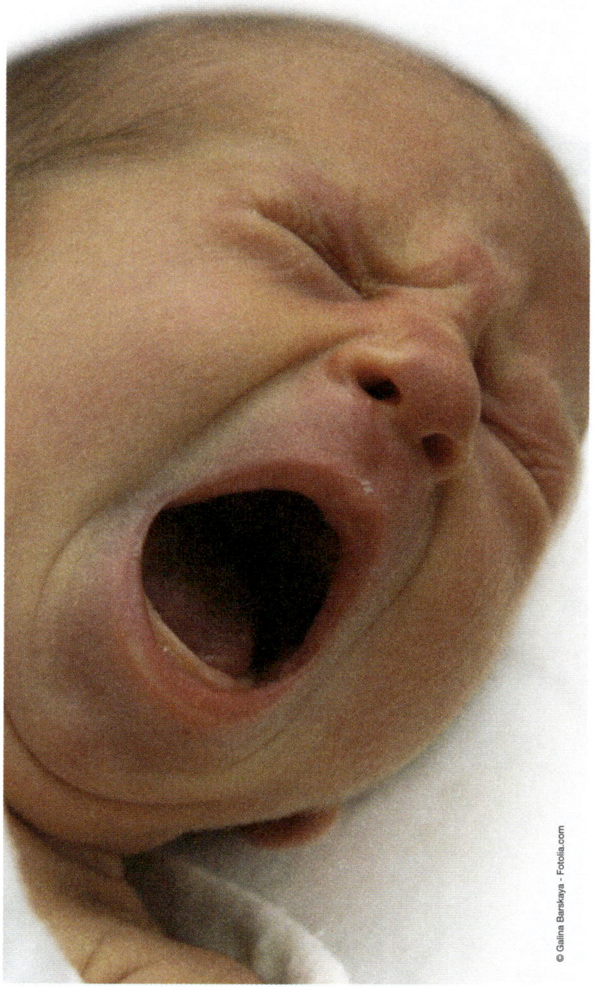

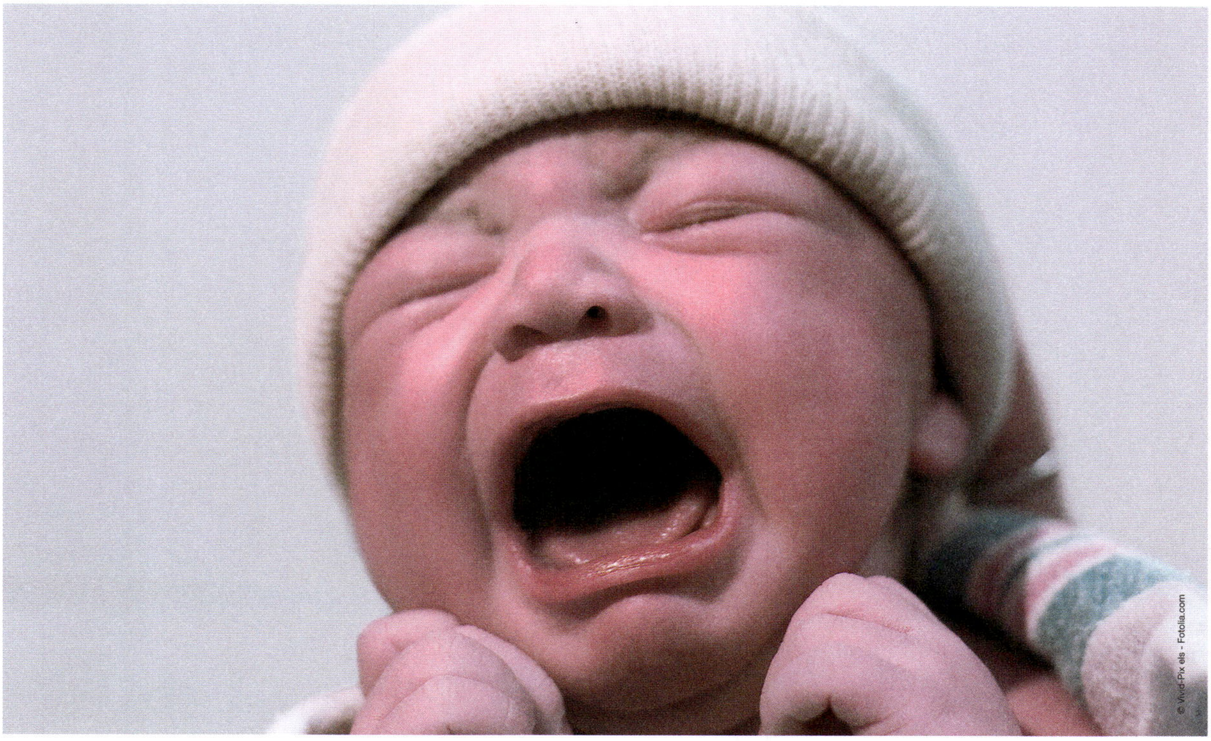

visites chez le médecin. En l'absence d'une manifestation de troubles évidents (fièvre, diarrhée, vomissement...), celui-ci ne peut déterminer que difficilement s'il s'agit ou non de pleurs pathologiques. La distinction n'est pas aisée, d'autant que le seuil de tolérance des parents n'est pas un critère objectif. Le pédiatre américain Thomas Berry Brazelton a cherché à mesurer la durée moyenne des pleurs de bébés. Comparer les pleurs de votre enfant à ces moyennes vous fournira une première indication. Un enfant de 2 semaines pleure environ 1 h 45 par jour, souvent en fin de journée. Cette durée passe à 2 h 10 vers l'âge de 1 mois, puis atteint le pic de 2 h 45 à 6 semaines, après quoi la situation devient peu à peu plus vivable. Le bébé de 12 semaines ne pleure plus qu'une heure par jour.

Les pleurs seront dits excessifs s'ils dépassent 3 heures par jour, 3 jours de suite et pendant 3 semaines, surtout si le fait d'être nourri ou bercé ne les apaise pas. Souvent, quand l'enfant a moins de 3 mois, on accuse les coliques. Si votre enfant n'en présente pas les symptômes (ballonnement, genoux repliés sur le ventre), il peut s'agir des conséquences d'un reflux gastro-œsophagien ou, parfois même, d'une fissure anale ou d'une irritation du siège. Malgré tous vos efforts, les crises de larmes se prolongeront peut-être. Il faut apprendre à être zen et à ne pas culpabiliser : les 100 premiers jours sont les plus difficiles à passer.

Cerner **les causes**

- **Les pleurs sont la plupart du temps la manifestation d'un besoin.**
- **Il peut s'agir de la faim, de la fatigue, du besoin d'être changé, ou de tout autre inconfort.**
- **La frustration est source de pleurs.**
- **Bébé peut être stressé, ses pleurs sont alors libérateurs.**
- **Les pleurs sont particulièrement intenses pendant les trois premiers mois.**
- **On dit alors souvent, sans pouvoir l'assurer, qu'il s'agit de coliques.**
- **Les pleurs surviennent surtout en fin de journée.**
- **Ils peuvent durer près de 3 heures vers les 2 mois.**
- **Les pleurs sont dits excessifs s'ils dépassent les 3 heures, 3 jours d'affilée et 3 semaines de suite.**
- **Vous ne trouverez pas toujours « la » réponse.**

LE BAIN DE BÉBÉ : UN VRAI DÉLICE

Dans quelques années, votre enfant râlera quand vous lui demanderez d'aller se doucher. Mais pour l'heure, et dès l'instant que vous avez trouvé comment vous y prendre, le bain s'apparente presque à un jeu dont vous profitez à deux.

La toilette de bébé doit être quotidienne ; certes, il ne bouge pas beaucoup, du moins pendant les premiers mois, mais cela ne l'empêche pas de transpirer. Seule une hygiène irréprochable pourra préserver sa peau fragile. Le bain de bébé deviendra rapidement l'un des grands plaisirs de sa journée. Pour les jeunes parents, c'est un moment intimidant. Heureusement, les auxiliaires de puériculture vous initient dès la maternité et, de plus en plus, le premier bain est donné avec le papa. D'emblée, les bons réflexes sont pris pour favoriser un partage des tâches, hautement profitable à bébé qui se rapproche ainsi de son père.

C'est à vous de choisir l'heure du bain, en fonction notamment du comportement de votre enfant. Pour que ce soin devienne un véritable moment de plaisir, vous devez tous deux être détendus.

LE BAIN, ÉTAPE PAR ÉTAPE

Le bain demande beaucoup de préparation. Surveillez la température de la pièce, qui doit être maintenue autour de 22 degrés. Installez à côté de la baignoire les produits de soin, le matelas à langer et les vêtements propres. Sur le matelas, déposez une serviette de bain ou mieux, une cape de bain, sorte de grande serviette munie d'une capuche qui vous permettra de bien emballer bébé à sa sortie de l'eau pour le préserver du froid et pour bien le sécher.
Une fois bébé déshabillé, commencez par un nettoyage du siège, comme si vous le changiez. Avec un peu de savon de Marseille, ou un produit spécialement conçu pour la toilette des bébés, savonnez-lui ensuite l'ensemble du corps. Vous pouvez également lui savonner le crâne, toujours avec le même produit, en massant doucement, et sans craindre de blesser sa fontanelle fragile. Ce petit shampoing est nécessaire à bébé qui a, la plupart du temps, un cuir chevelu très gras.

Vient alors l'heure du grand plongeon, dans une eau à 37 degrés, ni plus, ni moins. Afin de pouvoir contrôler facilement la température, vous pouvez acheter un thermomètre de bain flottant. Pour plonger bébé dans son bain, glissez un bras sous sa tête et saisissez-le fermement par l'épaule opposée. Glissez l'autre main sous ses fesses et à la base de son dos. Déposez doucement les fesses de bébé au fond de la baignoire. L'une de vos mains est alors libre et peut rincer bébé.

> LE BAIN QUOTIDIEN, CE SONT CINQ BONNES MINUTES DE PLAISIR PARTAGÉ.

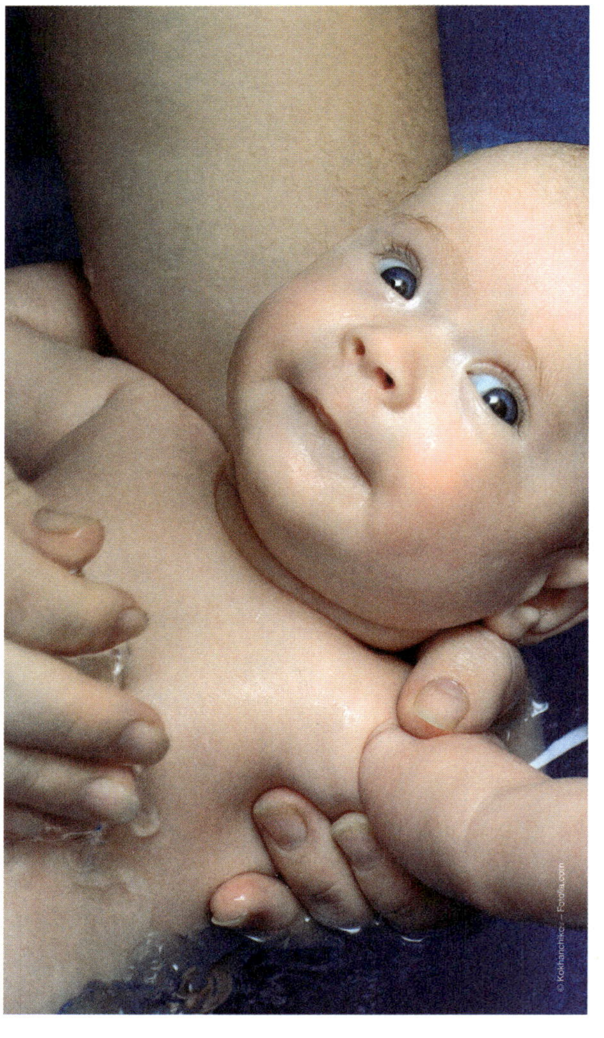

Gare aux gestes brusques

Afin que celui-ci n'ait pas froid, le bain ne durera pas plus de cinq minutes. Bébé doit être immergé le plus possible dans l'eau, son ventre couvert et sa nuque au contact de l'eau. Pour éviter qu'il ne glisse, vous pouvez tapisser le fond de la baignoire d'un anti-dérapant ou d'une serviette.

Bébé sera en confiance s'il sent que vous l'êtes également et que vos gestes ne sont pas hésitants. Il a dès son plus jeune âge la mémoire des sensations et des expériences qui lui sont désagréables. Aussi, évitez l'eau dans les yeux, les mouvements trop brusques ou toute autre action qui peut lui laisser un mauvais souvenir et compliquer les prochains bains. À sa sortie de l'eau, séchez-le méticuleusement, surtout dans les plis, pour ne pas causer d'irritation.

Dès que bébé tient bien assis, et s'il commence à se sentir à l'étroit dans sa petite pataugeoire, vous pouvez l'installer dans la baignoire familiale, en équipant celle-ci d'un anneau, ou d'un siège de bain. Le bain deviendra alors plus acrobatique, puisqu'il faudra se plier en deux au-dessus d'un bébé qui commence à sérieusement remuer. Ce sera le moment de multiplier les jouets flottants : canards, petits bateaux, tasses que l'on joue à remplir et à vider... Avec un peu de chance, et beaucoup de patience, vous finirez à coup sûr plus mouillée que bébé !

Le B.A.-BA **du bain**

- **Ne laissez jamais bébé sans surveillance, pas même un instant.**
- **Coupez votre téléphone pour ne pas être distraite.**
- **Préparez tout ce dont vous aurez besoin.**
- **La température de l'eau doit être de 37 degrés, celle de la pièce de 22 degrés.**
- **Une serviette au fond de la baignoire évite les glissades.**
- **Quand vous plongez bébé dans son bain, soyez confiante et déterminée.**
- **À la sortie, séchez-le bien afin d'éviter qu'il ne prenne froid.**
- **N'utilisez que des produits adaptés à la toilette de bébé.**
- **Faites participer le papa : le stress passé, il appréciera ces moments de complicité avec bébé.**

QUELQUES CONSEILS POUR COUCHER BÉBÉ

Le sommeil de bébé est un véritable enjeu pour des jeunes parents qui ont besoin de se retrouver et de se reposer. Il faut de longues semaines d'apprentissage pour que le nouveau-né trouve son rythme et que vos nuits reprennent leur cours.

Un nouveau-né peut dormir jusqu'à 20 heures par jour. Si le sommeil est une activité principale plutôt calme, il laisse pourtant peu de repos aux parents. Le sommeil de bébé obéit en effet à un rythme qui lui est propre. Les cycles sont courts (50 minutes environ chez le nouveau-né) et la distinction jour/nuit n'a a priori encore aucun sens pour lui. Il lui faudra un bon mois, peut-être plus, pour calquer son rythme sur la course du soleil. Bébé ne « fera pas ses nuits » avant 4 mois en moyenne. Avant cela, il faudra faire preuve de patience et savoir lui donner ce qu'il réclame : jusqu'à 4 mois, il peut notamment avoir besoin d'un repas supplémentaire pendant la nuit. Même à ce jeune âge, il peut tout à fait pleurer sans avoir faim, simplement parce qu'il est énervé ; il faut donc apprendre à distinguer les pleurs de lassitude de ceux qui expriment un réel inconfort.

L'AIDER À BIEN DORMIR

Si bébé est du genre à avoir du mal à fermer l'œil, donnez-lui un bain délassant en fin d'après-midi. Bien dormir, pour un bébé, ce n'est pas dormir aux heures qui conviennent à ses parents. Pendant la journée, soyez attentive aux signes de fatigue, les pleurnicheries notamment, et mettez-le au lit avant que cela ne tourne au vinaigre.

Pour faciliter le coucher, une bonne heure avant de dormir, bannissez toute activité remuante. Établissez petit à petit une routine apaisante, qui deviendra plus tard le fameux rituel du coucher : d'abord on met le pyjama, ensuite on pose le doudou dans le lit et puis vient l'heure du câlin.

Essayez de faire en sorte que votre enfant parvienne à s'endormir sans votre présence : à la fin de votre petit rite habituel, n'éternisez pas la pose tendresse jusqu'à ce que bébé dorme. Si jamais il se réveille, il risque de paniquer en constatant que vous n'êtes plus à ses côtés. Montrez à bébé comment trouver son pouce ; cela l'aidera à s'endormir, voire à se rendormir. Malgré toutes vos précautions, il est tout à fait possible que bébé s'obstine à s'endormir plus tard, ou à se réveiller plus tôt que vous ne le souhaiteriez. Les bébés, comme les adultes, peuvent très bien être lève-tôt par nature !

PRÉCIEUSE VEILLEUSE

La veilleuse est une alliée de choix, à condition cependant

> IL EXISTE DES VEILLEUSES « INTELLIGENTES » ACTIVÉES PAR LES PLEURS DE BÉBÉ.

qu'elle ne soit pas stimulante. Évitez les mélodies enfantines pleines d'entrain, ou encore le jeu d'ombres et de lumières que bébé va poursuivre du regard sur les murs : ce type de veilleuses s'apparente davantage à un jeu d'éveil. Pour être efficace, une veilleuse doit procurer une présence réconfortante et permettre à bébé de se calmer tout seul.

On trouve des veilleuses à tous les prix. Les plus onéreuses (50 euros et au-delà) présentent des options intéressantes. Au moment du coucher, certaines sont programmables pour n'éclairer la pièce, ou ne diffuser leur douce musique, que pendant quelques minutes ; vous n'aurez pas, ainsi, à rentrer dans la chambre de bébé pour éteindre l'appareil. Certaines se déclenchent à distance et d'autres sont capables de détecter les pleurs de bébé et se mettent alors automatiquement en marche. Côté musique, certaines veilleuses proposent, en plus des traditionnelles berceuses, des bruits de la nature, un son proche des battements du cœur, ou encore un message préenregistré avec les voix des parents. Derrière leur côté « gadget », ces veilleuses sont un outil à ne pas négliger pour les parents en manque de repères, qui ne savent jamais trop s'ils doivent, ou ne doivent pas, prendre leur enfant dans leurs bras s'il pleure. Si la veilleuse ne parvient pas à calmer bébé en cinq minutes, c'est probablement que celui-ci n'est pas « énervé », mais ressent un réel besoin.

Un dodo **sans soucis**

- **Prévenez la mort subite : matelas ferme, ni oreiller ni couverture, et couchage sur le dos uniquement.**
- **Trop de chaleur dans une chambre empêche de bien dormir.**
- **Avant 1 mois, bébé n'a pas acquis le rythme jour/nuit.**
- **À 4 mois, bébé commence à « faire ses nuits ».**
- **À 5 mois, il ne doit plus réclamer à manger la nuit.**
- **Même pour un bébé, le rituel du coucher a un sens.**
- **Quand vous couchez bébé, soyez déterminée.**
- **N'attendez pas qu'il s'endorme pour vous éclipser.**
- **Un bébé qui pleure plus de cinq minutes ne fait pas un caprice : il a besoin de vous.**
- **Une veilleuse à déclenchement automatique aidera bébé à se rendormir.**

Tétine et doudou : les incontournables

Parce qu'ils permettent à bébé de se rassurer et de retrouver son calme tout seul, doudou et tétine sont presque aussi importants pour lui que pour ses parents, qui en viennent à les croire investis de pouvoirs magiques.

Il faut parfois déployer des trésors de caresses et de patience pour arriver au résultat obtenu en quelques instants avec un simple bout de caoutchouc ou un banal ours en peluche. Banal ? Sûrement pas, à bien y réfléchir, car le succès du doudou tient à l'image que s'en fait votre enfant et aux liens particuliers qu'il tisse avec lui.

> Le doudou réconforte, rassure et aide à supporter l'absence des parents.

Un compagnon aux casquettes multiples

Avez-vous déjà remarqué combien il est difficile de prévoir quel sera le compagnon fétiche que se choisira un tout-petit ? Quand vous offrez un doudou, et même quand il est tout à la fois sympathique, maniable, doux, léger et coloré, vous n'avez aucune certitude quant à l'accueil que lui réservera bébé. En effet, ce compagnon de route, il va le sélectionner selon des critères insondables et propres à lui seul. Le choix du doudou est une démarche volontaire et qui va permettre à l'enfant de s'autonomiser. Objet transitionnel, le premier rôle du doudou est d'assurer l'intérim quand maman s'absente et d'aider bébé à « affronter le monde » seul, lorsqu'il fait son entrée à la crèche, par exemple. Les enfants se choisissent souvent un compagnon autour de 8 mois, quand ils prennent conscience que leur mère n'est pas toute à eux et qu'ils ressentent alors leurs premières angoisses. Le doudou, c'est tout un univers : il y a sa couleur, sa texture et surtout son odeur inimitable et tellement familière, savant cocktail de parfum maternel, de salive, de lait de toilette et de poussière. Confident, copain de jeu plein de tendresse, le doudou se fait parfois aussi souffre-douleur d'exception : l'enfant se décharge sur lui de ses petites contrariétés. Quand il aura grandi, il rejouera même avec lui les moments désagréables de la journée : il se mettra alors dans la peau du maître autoritaire ou de la nounou qui éteint brusquement la télé au milieu des dessins animés. L'histoire d'amour peut durer de nombreuses années ; combien d'adultes conservent leur doudou endormi dans un carton ?

La tétine miraculeuse

Avec la tétine, ce n'est pas comme avec le doudou : il n'y a pas de sentiment. Elle lui permet simplement de satisfaire son besoin fondamental de succion. Ce geste le rassure, le calme et l'aide à se rendormir. On l'accuse de perturber les débuts de l'allaitement, on

© CristaS - Fotolia.com

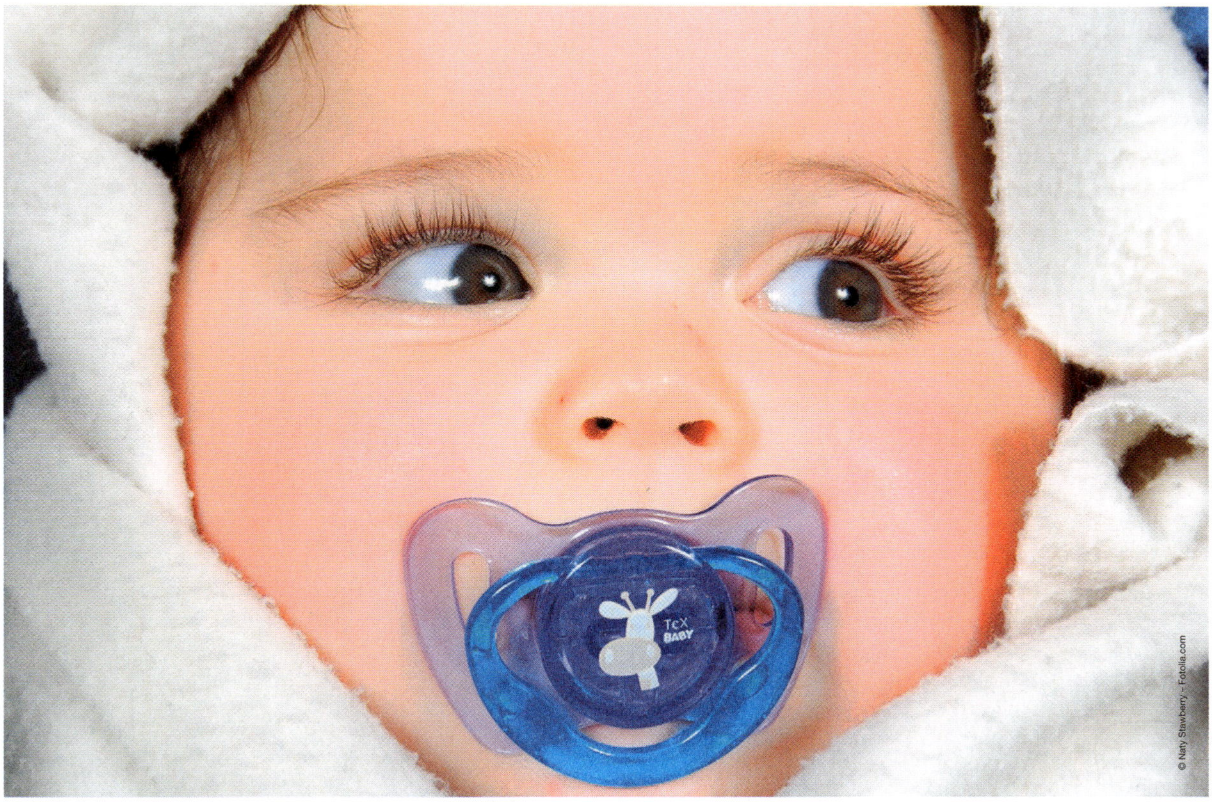

© Naty Stawberry - Fotolia.com

soutient que son usage prolongé déclencherait des troubles ORL et, surtout, déformerait la dentition. L'utilisation de la tétine doit donc rester raisonnée, avant tout pour que bébé n'en devienne pas dépendant. Vous pouvez, par exemple, la limiter aux siestes et à la nuit. Évitez de tremper la tétine dans de la confiture pour la rendre plus attrayante ; elle plaît tout autant à bébé quand elle est « nature ». Stérilisez régulièrement la tétine et changez-en dès qu'elle montre des signes de faiblesse, pour qu'elle ne parte pas en morceaux. Amenez-en toujours plusieurs avec vous : à l'évidence, remettre une tétine tombée par terre à la bouche, ou sucer la tétine de son enfant avant de la lui rendre pour la « nettoyer » n'a rien de très hygiénique. Pour éviter de la perdre en chemin, vous pouvez toujours l'attacher au vêtement de bébé avec une petite pince et une chaînette, qui s'achètent dans les grands magasins ou en pharmacie. C'est tout aussi efficace que le cordon autour du cou et bébé ne risque pas de se blesser avec. Pour que la tétine n'ait pas d'impact sur la dentition de bébé, il faudra un jour lui faire perdre cette petite habitude, de façon progressive, à l'entrée à la maternelle, par exemple, en lui faisant comprendre qu'il a grandi. Il lui restera alors son pouce, moins ergonomique que la tétine, mais toujours fidèle au poste.

Les gestes à adopter

- **L'odeur du doudou est primordiale : ne le lavez qu'en cas de nécessité.**
- **Essayez de racheter le doudou de votre enfant en double exemplaire, au cas où...**
- **N'empêchez pas votre enfant de prendre son doudou pour aller à la crèche.**
- **Le choix du doudou est volontaire ; ne l'orientez pas.**
- **Si votre enfant n'a pas de doudou, c'est qu'il n'en ressent pas le besoin.**
- **Stérilisez régulièrement les tétines.**
- **Rachetez-en régulièrement des neuves.**
- **Ne donnez pas la tétine à bébé à chaque fois qu'il pleure ; il a aussi besoin de s'exprimer.**
- **Amenez toujours plusieurs tétines avec vous.**
- **Ne trempez pas les tétines dans un produit sucré : gare aux caries.**

Ces gestes qui soulagent bébé

Face à la douleur d'un tout-petit, on se sent parfois bien impuissant. Quelques gestes bien exécutés peuvent parfois soulager divers petits maux de bébé, de la colique à la poussée dentaire, en passant par le nez encombré.

Les bébés qui souffrent de coliques ou de diarrhées sont difficiles à consoler. La plupart du temps, il n'y aura pas de véritables traitements ; il faudra juste « attendre que ça se passe ». Vos petites mains peuvent quand même apporter un début d'apaisement à votre enfant.

Petits remèdes anti-maux de ventre

Un bébé qui a mal au ventre apprécie deux choses : le mouvement et la chaleur. Attention : bouger avec votre enfant ne veut pas dire le secouer comme un prunier. Quand il souffre, promenez-le longuement dans une écharpe de portage, ou prenez-le dans vos bras en position verticale. Mieux encore : couchez-le sur votre avant-bras et marchez ainsi quelques minutes. Cette position lui permettra de trouver plus facilement le sommeil. Vous pouvez également vous asseoir et l'allonger en travers de vos cuisses, toujours sur le ventre, et en maintenant bien sa tête.

Si vous disposez d'une bouillotte de petite taille mettez-y de l'eau tiède à chaude, emballez-la dans un linge, et placez-la sur le ventre de votre bébé.

Assurez-vous avant que la température est acceptable en la testant sur votre propre ventre. Dernière solution, qui fonctionne aussi bien pour les petits que pour les grands : massez son ventre, en formant des cercles autour du nombril dans le sens des aiguilles d'une montre. Vous pouvez également remonter ses genoux vers son ventre en croisant ses jambes, puis les étirer doucement plusieurs fois de suite. Ce mouvement soulage aussi bébé lorsqu'il est constipé.

Toutes ces manœuvres doivent être entreprises avec un maximum de douceur et au moment opportun : n'essayez pas de masser un bébé au pic de sa douleur et de son irritation, et ne le manipulez qu'une bonne demi-heure après la tétée, pour ne pas ajouter une régurgitation à la liste de ses soucis.

Pratiquez le massage ciblé

Pendant les premiers mois de sa vie, bébé respire exclusivement avec le nez, c'est dire si un rhume peut lui être pénible. Dès que son nez est encombré, il est conseillé de multiplier les nettoyages au sérum physiologique. Vous pouvez accroître son effet en massant légèrement le nez de bébé : placez deux doigts de part et d'autre de son nez et dessinez, de façon répétée, deux arcs symétriques, de

> Vos massages doivent être doux : ne brusquez pas votre bébé.

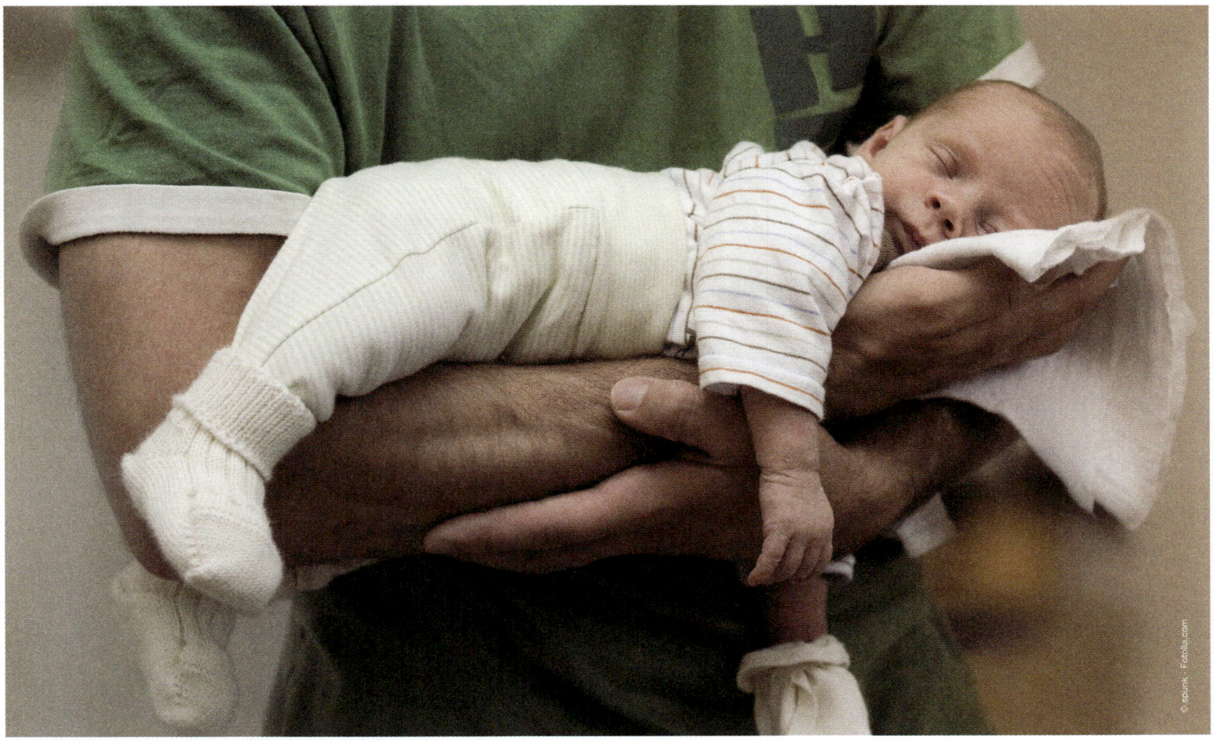

la base des pommettes à la naissance des sourcils.
Autre période douloureuse : la poussée dentaire. À ces heures, bébé appréciera un massage des gencives, exécuté, bien évidemment, avec des mains parfaitement propres, ou encore un massage léger pratiqué autour de la bouche.
Placez deux doigts au-dessus de la lèvre supérieure, puis écartez-les doucement vers les commissures de la bouche. Faites de même sous la lèvre inférieure.
Pour soulager les différents maux de bébé, vous pouvez essayer la réflexologie plantaire. Évidemment, le succès n'est pas garanti, surtout lorsque la masseuse est néophyte. Cela dit, vous ne perdez rien à essayer, puisque vous faites bénéficier votre enfant, a minima, d'un agréable massage des pieds. La réflexologie plantaire associe à chaque zone du pied un organe précis : les dents sont ainsi reliées à la partie haute du pied, située, en arc de cercle, immédiatement en dessous des orteils. Ces derniers sont reliés au sinus et à la tête. Le talon et la moitié inférieure du pied correspondent aux organes du système digestif. Bébé étant tranquillement allongé face à vous, saisissez une de ses jambes par la cheville, sans trop la contraindre : bébé doit pouvoir bouger s'il le souhaite. La première phalange du pouce de l'autre main effectuera de légères pressions sur les zones voulues.
Pour ne pas trop déranger bébé, ces petites manœuvres peuvent être tentées à la fin de votre habituelle séance de massage.

Trucs antidouleur

- **Si votre enfant a mal au ventre, portez-le, dans vos bras ou en écharpe.**
- **Couchez-le sur le ventre, en travers de vos jambes.**
- **Massez son ventre en faisant des cercles autour du nombril.**
- **Remontez ses genoux contre son ventre et faites-lui faire de petits « pédalages ».**
- **Vous pouvez aussi placer une bouillotte (pas trop chaude) sur son ventre.**
- **Un massage de la bouche et de la gencive soulage pendant la poussée dentaire.**
- **Un massage des ailes du nez aide à dégager celui-ci.**
- **La réflexologie plantaire n'est pas réservée aux adultes : vous pouvez essayer avec votre enfant.**
- **Ayez toujours la main légère dans vos massages.**
- **Effectuez les massages à distance des repas.**

Reflux et vomissement

Dans ses périodes de veille, manger est la première occupation de bébé. Sa fonction digestive, pas encore totalement mature pendant les premiers mois, est mise à rude épreuve, d'où quelques petits accidents de parcours.

Digérer ne va pas de soi, pour un tout petit dont l'alimentation est exclusivement liquide. Jusqu'à la diversification alimentaire, et à l'introduction de « solides » dans l'alimentation de bébé, les régurgitations, au moment du rot ou un peu après, seront fréquentes. Désagréables pour bébé, elles sont le plus souvent le simple résultat d'une bulle d'air qui remonte. Quand bébé est nourri au biberon, il peut aussi s'agir d'une forme de « trop-plein » : bébé a tendance à avaler trop goulûment son repas. Il faudra alors freiner ses ardeurs, et faire en sorte que la prise du biberon dure plus de 20 minutes, en entrecoupant au besoin la tétée de pauses sucette, qui satisferont son besoin de succion sans lui remplir l'estomac trop vite.

Deuxième point de vigilance, la tétine : quand elle est mal réglée ou trop usée, elle laisse s'échapper le lait bien trop vite.

Faites le test : retournez votre biberon, et comptez les gouttes qui tombent. Au-delà d'une goutte par seconde, le débit est trop rapide.

Quand ces régurgitations ressortent de façon plus violente, demandant en quelque sorte un effort à bébé, il s'agit alors de vomissements.

Ceux-ci peuvent être tout à fait bénins, liés par exemple à une otite, ou à une poussée dentaire. Un vomissement peut aussi être un signal d'alerte. Si votre enfant vomit, soyez attentifs à son comportement, et prenez sa température : s'il a de la fièvre, contactez votre médecin.

Les pathologies associées

Les vomissements trahissent aussi parfois certaines affections, plus ou moins courantes. C'est de cette façon que se manifeste la sténose du pylore, qui reste rare (2 enfants sur 1 000, souvent au cours du premier mois).

Les vomissements sont alors particulièrement violents et projetés très loin. Ils peuvent survenir alors que l'enfant n'a pas encore pris son repas et ses selles se font plus rares.

Les raisons : le pylore, à la base de l'estomac, fait trop bien son travail et ne laisse presque rien passer, d'où une « évacuation par le haut ». Ce problème se règle par une intervention chirurgicale rapide.

Quand bébé régurgite à distance des repas (une heure après) et surtout de façon très régulière, il faut également consulter. Il peut s'agir d'un reflux gastro-œsophagien (RGO).

Relativement fréquents, ces reflux, du fait de leur récurrence, finissent par avoir une incidence sur la courbe de

> Seuls les reflux fréquents qui freinent la prise de poids doivent inquiéter.

© Andrey Kiselev - Fotolia.com

poids de l'enfant. Leur cause principale tient à l'immaturité du cardia, à la jonction entre œsophage et estomac, qui se referme mal et laisse le contenu gastrique remonter.
Ces reflux irritants peuvent provoquer ou être associés à la survenue de plusieurs affections dont l'œsophagite (inflammation de l'œsophage), mais aussi les bronchiolites et laryngites à répétition. Pour éliminer ces reflux, un traitement médicamenteux combinant pansements gastriques et stimulants de la motricité digestive suffira la plupart du temps.

Les bons gestes

Si votre enfant à tendance à régurgiter, vous pouvez l'aider à mieux digérer. S'il est nourri au biberon, essayez les biberons coudés qui lui feront absorber mois d'air. Évitez de donner à votre enfant des jus de fruits.

Demandez à votre pédiatre de vous conseiller un lait anti-reflux ou un épaississant. Cette poudre sera à diluer dans le biberon de lait, ou dans un peu d'eau si vous allaitez au sein.
En début de digestion, évitez de le remuer dans tous les sens. Installez-le dans son lit, matelas relevé par un coussin de proclive, ou dans un transat. On ne peut pas bien digérer lorsqu'on est trop tassé. Aussi, ne relevez pas trop son dossier. Inclinez-le à 30 degrés, c'est la position idéale.

Agir en cas **de reflux**

- **Les régurgitations sont courantes et souvent sans conséquence.**
- **Ralentissez les tétées.**
- **Surveillez le débit de la tétine.**
- **Laissez votre enfant digérer au calme.**
- **Après le repas, installez bébé sur un plan incliné à 30 degrés.**
- **Pour éviter les régurgitations répétées, essayez un lait anti-reflux.**
- **Si les régurgitations sont régulières et que la prise de poids de l'enfant ralentit, consultez le médecin.**
- **Des vomissements surviennent fréquemment en période de poussée dentaire.**
- **Si les vomissements sont violents, appelez le médecin.**
- **Si ces vomissements s'accompagnent de fièvre, ou d'un état léthargique, consultez également.**

Soigner les maux de ventre

Le système digestif de bébé se construit et il est sensible aux moindres variations de son alimentation. Même si vous êtes particulièrement attentive, des problèmes intestinaux surviendront certainement pendant la première année.

Parent d'un enfant de quelques jours, vous avez de fortes chances de voir soudainement son comportement changer. Il pleure de plus en plus longtemps, de plus en plus fort, à en devenir tout rouge. Il ramène ses genoux vers son ventre, comme pour le comprimer. Il a des gaz, son ventre est ballonné. Il est inconsolable et vous sentez qu'il a mal : à n'en pas douter, ce sont les fameuses coliques du nourrisson. Même si elles sont très fréquentes, leur cause reste inconnue : certains pensent que le nourrisson réagirait à une substance passée par le lait maternel, d'autres que les causes sont davantage psychologiques… Quoi qu'il en soit, l'expérience montre que les bébés sont souvent touchés, qu'ils soient nourris au sein ou au biberon, et que les troubles cessent spontanément vers l'âge de 3 mois. Deux principaux écueils sont à éviter : changer de marque ou de type de lait artificiel sans avis médical, et suralimenter votre enfant. Les mamans remarquent en effet souvent que bébé se calme légèrement pendant les tétées. Si la succion l'apaise, le fait d'absorber une trop grande quantité de lait ne peut en revanche que compliquer sa digestion et amplifier ses maux de ventre. Quand bébé fait une crise de douleur abdominale, le meilleur remède consiste à le prendre dans vos bras, à marcher avec lui et à le bercer : le mouvement le soulage. Vous pouvez bien sûr lui donner une tétine, qui le calmera autant qu'un biberon supplémentaire, sans les effets pervers de celui-ci.

Priorité à l'hydratation

Contrairement à la colique, le diagnostic de la diarrhée est immédiat et sans appel : sans aucun changement particulier dans l'alimentation de bébé, les selles se font brusquement plus liquides et plus fréquentes. Chez un tout-petit, le principal risque encouru est celui de la déshydratation. Mais donner à boire à son bébé ne suffit pas. Il est aujourd'hui vivement conseillé d'acheter en pharmacie, et sans ordonnance, une solution de réhydratation à diluer dans l'eau, qui permettra à l'organisme de réagir plus rapidement contre la diarrhée. Si la pharmacie est fermée, vous pouvez alors faire boire à votre enfant une eau salée-sucrée que vous obtiendrez en ajoutant une cuillère à café de sel et deux cuillères à café de sucre, à un litre d'eau habituel. Si la diversification est déjà bien entamée, levez le pied sur

[En cas de diarrhée, le risque de déshydratation est important.

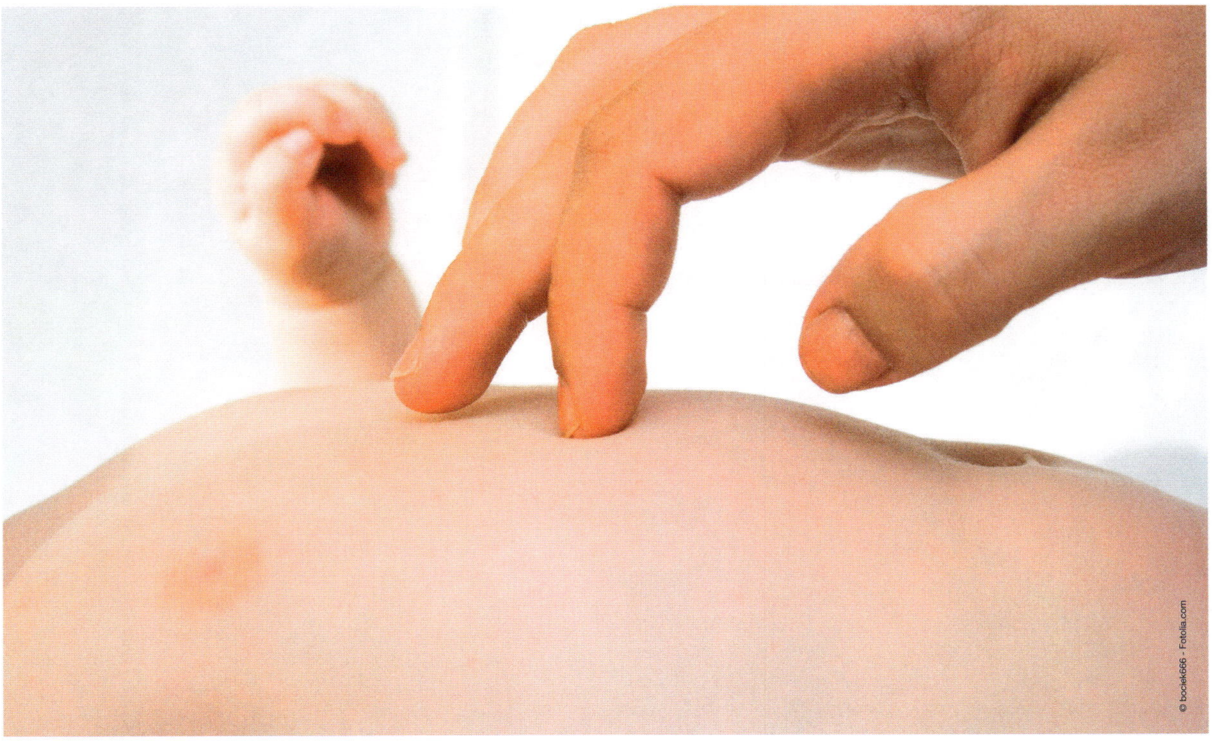
© bociek666 - Fotolia.com

les produits laitiers le temps que les symptômes disparaissent et proposez à votre enfant des petits plats qui aideront son transit : petits pots à base de riz, de carotte, de banane ou de pomme, par exemple. En cas de diarrhée chez l'enfant de moins de 1 an, il est toujours conseillé de téléphoner à son médecin. Si l'enfant devient fiévreux, s'il vomit, ou si son état général se détériore, il n'y a plus de doute à avoir : il faut consulter rapidement.

Pousser n'est pas forcer

Beaucoup de mères s'émeuvent de voir quel effort et quelle poussée nécessite le petit besoin quotidien. Cela signifie-t-il que bébé est constipé ? Non. De la même manière, une diminution de fréquence des selles, ou un changement de consistance de celles-ci, inévitable quand bébé passe de l'alimentation liquide au semi-solide, ne doit absolument pas inquiéter. Si le rythme des selles descend autour ou en dessous des trois par semaine, et si elles sont desséchées au point de prendre l'apparence de petites crottes de lapin, votre enfant est alors certainement constipé. Vous pourrez parfois retrouver un peu de sang dans les selles : bébé, en forçant, aura provoqué une fissure anale. Le médecin viendra facilement à bout de ce désagréable problème. Dans l'attente d'un retour à la normale, proposez à bébé une eau riche en magnésium, des purées de légumes verts et du jus de fruit.

Comment réagir ?

- **Les coliques sont fréquentes chez les nourrissons de moins de 3 mois.**
- **Un bébé qui en souffre pleure longtemps et a tendance à replier les genoux vers lui.**
- **Les coliques passent spontanément.**
- **Si votre enfant souffre de diarrhées, consultez un médecin.**
- **Achetez en pharmacie une solution de réhydratation à diluer dans l'eau.**
- **Faites-le boire en petite quantité, tous les quarts d'heure.**
- **Contrôlez sa température.**
- **Suivant le régime de bébé, la fréquence des selles est variable.**
- **On parle de constipation si le rythme descend en dessous de trois par semaine.**
- **Dans ce cas, une eau riche en magnésium facilitera le transit.**

Bébé est sorti de sa bulle

Le troisième mois marque un premier virage dans le développement de bébé. Il paraît définitivement plus éveillé, plus sensible à son entourage. Vos échanges avec lui ne passent plus seulement par le regard, mais aussi par la voix.

Sa soif de connaître le monde et son envie de partir à sa découverte s'aiguisent. Malheureusement, les facultés physiques de bébé sont évidemment loin de lui permettre de fourrer son petit nez partout où il le souhaiterait ! Pour l'heure, votre enfant, bien calé entre les coussins du canapé, se contente d'agiter vigoureusement bras et jambes et de tourner lentement, mais sûrement, la tête d'un côté et de l'autre. Ce mois-ci, il a franchi une étape : ce n'est plus un nouveau-né renfermé sur lui-même. D'ailleurs, sa vue, qui s'est encore améliorée, lui a permis de prendre davantage conscience de son environnement : quand il est devant vous, bébé a un je-ne-sais-quoi dans le regard qui semble vous dire : *« Je suis concerné, je vois tout ce qui se passe ! »*

De l'ordre dans les mouvements

Sa coordination elle aussi s'améliore : hier, il se contentait de vous suivre du regard et aujourd'hui, le voilà qui tourne aussi la tête.

Le mobile que vous avez placé au-dessus de son lit devient de plus en plus intéressant : bébé commence à essayer d'attraper les poissons et autres papillons qui tournicotent au-dessus de sa tête. Il tend le bras vers tout objet qui l'attire, mais il tombe souvent à côté. Ça n'est pas grave, la motivation est bien là ! Il peut non seulement tenir le hochet, mais aussi l'agiter quelques instants de mouvements aussi brusques que maladroits. Bébé s'emploie chaque jour à devenir plus autonome. Couché sur le ventre, il pousse de plus en plus sur ses bras et finit, vaille que vaille, par soulever la tête, les épaules, puis une partie du tronc, et peut ainsi tenir plus d'une minute. Petit à petit, il contrôle de plus en plus de muscles : dans vos bras, sa petite tête s'est fièrement redressée. En position assise, c'est la même chanson, mais si le cou est devenu un peu plus costaud, le dos reste encore fragile et arrondi.

Chose étonnante pour les parents, les surprenants réflexes dits archaïques, qui commençaient à s'estomper le mois dernier, ont à présent totalement disparu : bébé a cessé de s'agripper de toutes ses forces et en position verticale, il n'essaie plus de marcher. Cela ne veut pas dire qu'il régresse ou qu'il désapprend : c'est un peu comme s'il avait rayé de son disque dur ces données inutiles pour mieux se concentrer sur tout ce que son environnement lui offre à découvrir.

> Quand vous parlez à bébé, désormais il vous répond par ses vocalises.

Bébé prend son pied

À demi assis dans son transat, bébé commence en effet à bien connaître son cadre de vie. Il devient dès lors sensible aux grandes modifications que les parents y opèrent : pour lui laisser ses repères, il est dès lors préférable de ne pas trop perturber l'agencement de sa chambre.

Bébé s'intéresse aussi de plus en plus à sa petite personne, prenant conscience de l'efficacité redoutable de ses membres : il empoigne ses pieds, mâchonne son poing et peut passer de longues minutes à observer ses mains, mobilisant ses doigts en tous sens.

Avec toutes ces saines activités, il parvient régulièrement à s'occuper seul, mais il ne vous oublie pas pour autant. Son « discours » est de plus en plus élaboré. Les consonnes s'ajoutent aux voyelles pour former les fameux « areu » que les parents guettent avec impatience. Il commence à copier vos attitudes et quand vous lui parlez, il n'y a plus un doute : il vous répond clairement.

Les échanges de regards se font de plus en plus longs, de même que les gazouillis. Le mois dernier, bébé vous offrait un authentique bonheur : de beaux et larges sourires.

Ce mois-ci, l'humeur s'améliore encore : bébé part désormais dans de grands éclats de rire et pousse des cris de joie. Il ne cache plus son impatience à l'approche du biberon et, surprise, il se montre petit à petit tout aussi capable de manifester énergiquement son mécontentement.

Bébé à 3 mois

- **Bébé commence à bien agiter bras et jambes : il a de plus en plus envie de bouger.**
- **Il suit du regard et tourne la tête en direction de ce qui l'intéresse, ou de la source d'un bruit.**
- **Sur le ventre, il arrive à soulever sa tête un instant.**
- **Sa tête se redresse petit à petit.**
- **Les réflexes archaïques (marche automatique, grasping) ont presque totalement disparu.**
- **Il attrape ses pieds.**
- **Il observe longuement ses mains et les mouvements de ses doigts.**
- **Ses gazouillis se sont développés : les consonnes s'ajoutent aux voyelles.**
- **Les sons deviennent langage : bébé vous répond.**
- **Il commence à partir dans de grands éclats de rire.**

Bébé tient sa tête droite

À maintenant 4 mois, bébé prend de plus en plus conscience de son corps. La marche est encore loin, mais il contrôle désormais ses bras et sa nuque n'a plus besoin de soutien, ce qui lui donne une liberté nouvelle.

Cette fois, ça y est, cette fichue tête est vraiment droite. À 4 mois, bébé contrôle de mieux en mieux la partie supérieure de son corps, ce qui lui libère les mains pour de nouvelles découvertes, toujours passionnantes.

Il commence à mobiliser son bassin et lorsqu'il est allongé, il passe régulièrement du ventre au côté, ou du dos au côté, en s'aidant de ses mains, ou en basculant lorsqu'il se cramponne à ses genoux.

> Bébé commence à passer du ventre au côté, puis du côté au dos.

Dans sa position favorite, allongé sur le ventre, il est aujourd'hui solidement ancré sur ses avant-bras et sa tête est totalement redressée, pour lui permettre d'embrasser un champ visuel très large. Pour l'encourager à développer sa mobilité, les parents peuvent varier les positions : sur le dos, sur le ventre, sur le côté, demi-assis. S'il reste plus à l'aise sur le ventre, il découvre à chaque fois de nouvelles sensations, une nouvelle manière de percevoir le monde qui l'entoure et une nouvelle façon de mobiliser son corps.

Il perçoit peu à peu les ressorts de la gravité : il comprend qu'en mettant tout son poids sur la fesse droite, il peut tendre plus facilement le bras gauche. Ces nouveaux acquis lui seront précieux lorsqu'il s'agira de marcher à quatre pattes, dans quelques mois.

Des mains de plus en plus habiles

Le hochet reste son jouet de prédilection, encore et toujours secoué avec vigueur, au point de lui glisser régulièrement des mains. Les parents doivent alors rester patients : bébé ne fait pas exprès de perdre ses jouets, pour l'instant du moins. Si on lui tend le jouet, il peut désormais l'attraper. Chose étonnante, il lui faudra quelques mois encore pour apprendre à se servir de son pouce : pour l'heure, il n'utilise que ses quatre autres doigts, l'auriculaire guidant les autres, d'où une certaine maladresse.

À 4 mois, il voit quasiment comme un grand : il a enfin acquis la vision binoculaire, c'est-à-dire la capacité à former à partir de deux images, celle de l'œil gauche et celle de l'œil droit, un tout cohérent. Cela le rend peu à peu à même d'apprécier les volumes et la distance, mais la partie n'est pas encore gagnée : lorsqu'il tente d'attraper son hochet sans assistance, il manque encore souvent le coche.

© Lorelyn Medina - Fotolia.com

Plus que jamais besoin de maman

Bébé n'est plus un petit être passif : sa capacité à rire de bon cœur, acquise il y a quelques semaines, est toujours bien mise à profit et il passe une grande partie de ses périodes de veille à gazouiller, avec les parents si possible. C'est plus que jamais le moment de prendre de jolies photos et de l'encourager, afin qu'il teste de nouveaux sons. Il aime qu'on le sollicite et développe une grande variété d'expressions. Sans cesse à la recherche de moments d'échange, il réagit joyeusement à l'approche de sa mère et à l'appel de son nom et peut, au contraire, se mettre soudainement à pleurer quand celle-ci disparaît.

Il est à présent suffisamment éveillé pour réaliser que sa mère et lui ne sont pas seuls au monde. Il peut pleurer sans qu'elle arrive dans la minute ou sans qu'elle comprenne instantanément ce qui peut bien le préoccuper. Cette réalité peut être la source d'un début d'angoisse : bébé ne va pas aimer qu'on lui cache les yeux et développer une forme de jalousie pour quiconque viendrait accaparer l'attention de sa précieuse maman. C'est à ce moment-là, qui coïncide souvent avec l'entrée en crèche, et la séparation prolongée qu'elle suppose, que les objets dits transitionnels (tee-shirt ou autres doudous portant l'odeur maternelle) peuvent faire leur apparition pour aider bébé à franchir un cap délicat.

Bébé à 4 mois

- **Sa tête est maintenant bien droite.**
- **Bébé a acquis la vision binoculaire. Sa vue est à présent proche de celle d'un adulte : il appréhende mieux les volumes.**
- **Il demande de plus en plus d'attention de votre part.**
- **Il est de plus en plus expressif.**
- **Il peut se mettre subitement à pleurer quand vous partez et s'arrêter net dès qu'il vous voit.**
- **Couché sur le ventre, bébé tient bien sur ses avant-bras.**
- **Il a besoin de varier les positions.**
- **Vous pouvez l'asseoir quelques minutes, calé entre des coussins.**
- **Quand il convoite un objet, il tend la main pour l'attraper.**
- **Il a peur quand on lui cache les yeux.**

Le suivi médical de la première année

Rien qu'avec ses rendez-vous médicaux, bébé a déjà un agenda de ministre. En un an, il verra au moins neuf fois le docteur sans même être malade. À l'occasion de ces visites, les premiers vaccins seront réalisés.

On entend souvent parler de parents inquiets à l'extrême qui ne passent pas une semaine sans téléphoner au pédiatre. Sans tomber dans cet extrêmité, notre système de santé vous incite à suivre un parcours sécurisant, ponctué d'examens réguliers pendant les six premières années de votre enfant. Ceux-ci seront particulièrement nombreux tout au long de la première année.

La première visite, faite à la maternité, doit survenir dans les huit premiers jours de votre enfant. Bébé devra ensuite voir le médecin tous les mois jusqu'à l'âge de six mois, puis à neuf mois et à douze mois.

> Depuis 2007, le BCG n'est plus obligatoire, mais reste vivement conseillé.

Un suivi impératif

Ces examens sont pris en charge à 100 % par l'assurance-maladie, et vous devrez vous y rendre avec le carnet de santé de l'enfant, afin que celui-ci soit régulièrement complété. Ce rythme est à tenir même quand votre enfant n'est pas malade. En effet, ces visites ont pour but de vérifier son bon développement psychomoteur.

À titre d'exemple, voici quelques-uns des indicateurs que le médecin observera à la visite des neuf mois : capacité de bébé à tenir assis sans appui, à réagir à son prénom, à répéter une syllabe, à saisir un objet en s'aidant de son pouce, à pointer du doigt, à mobiliser de façon symétrique ses quatre membres. D'autres paramètres plus classiques sont systématiquement contrôlés : évolution de la taille, du poids, du périmètre crânien, suivi des vaccins.

Les premières visites sont aussi l'occasion de répondre à toutes les questions des jeunes parents, et de veiller à l'équilibre du foyer (création du lien parent-enfant).

À l'issue de certaines visites (huitième jour et neuvième mois), un certificat de santé sera établi. Il sera expédié au service de Protection maternelle et infantile du département. L'administration s'assure ainsi que votre enfant est régulièrement suivi. Le défaut de réalisation de ces examens est de nature à remettre en cause le versement des prestations sociales.

© Shocky - Fotolia.com

Pas d'hésitation, vaccination

C'est également à l'occasion de ces visites que bébé sera vacciné. Le débat sur l'intérêt et les effets supposés de certains vaccins ressurgit régulièrement. Il appartient

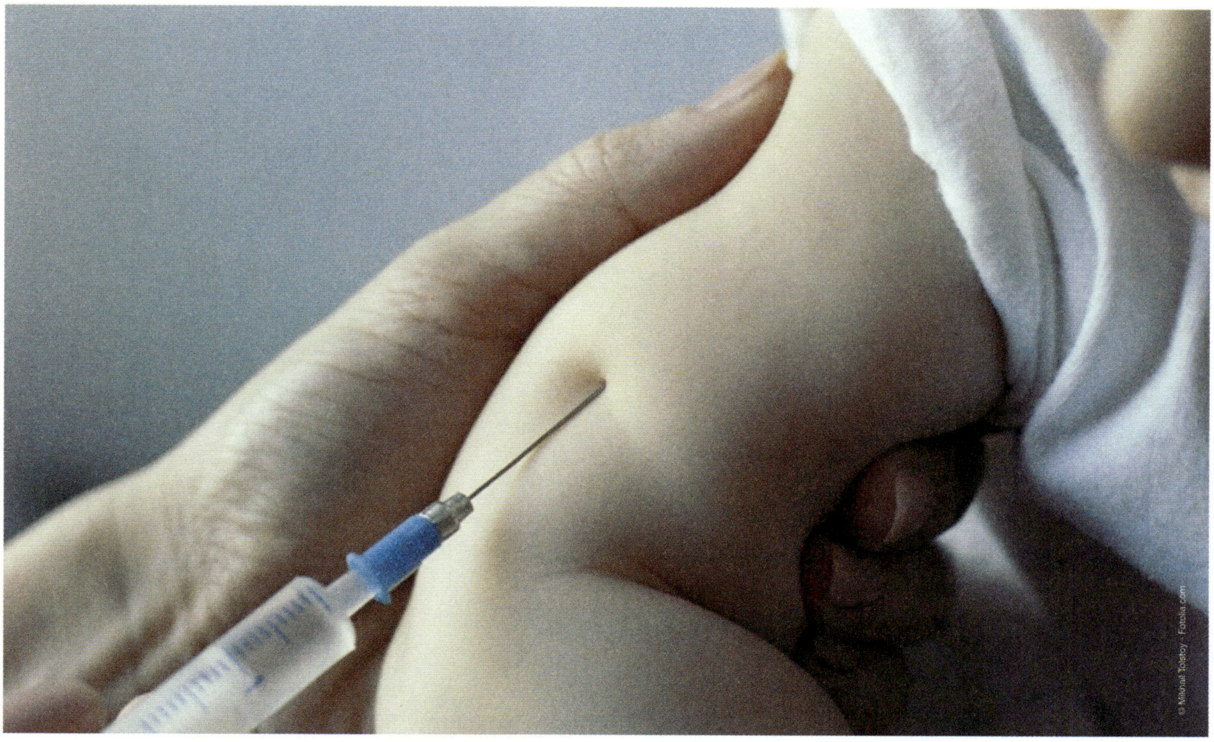

à chaque famille de se forger une conviction en fonction des informations que son médecin lui donnera. Sachez cependant que les structures de garde d'enfants (crèche, assistante maternelle...) peuvent vous demander de faire vacciner bébé contre la rougeole, les oreillons et la rubéole. Le vaccin ROR est administré en deux étapes : une première dose à neuf mois, et une seconde à douze mois. Le BCG n'est, quant à lui, plus obligatoire depuis mars 2007. La tuberculose n'ayant pas disparu du territoire, le vaccin reste fortement recommandé, en particulier pour les enfants nés dans un pays où l'épidémie fait encore des ravages, ou exposés à des ressortissants de ces pays. En cas de risque particulier, bébé peut être vacciné dès la naissance.

Pendant sa première année, votre enfant recevra aussi trois injections du vaccin DTPolio. Destiné à protéger de la diphtérie, du tétanos et de la poliomyélite, il est aussi proposé en version « combinée » pour immuniser en même temps contre la coqueluche et l'haemophilus de type B (ou vaccin Hib, contre un type de méningite). Si bébé n'est pas encore prêt à avoir une petite amie, il peut d'ores et déjà être vacciné en deux injections contre l'hépatite B, et en trois injections contre le pneumocoque. Dès l'âge de six mois, il peut aussi être vacciné contre la grippe. Avec un inventaire aussi fourni, des trous de mémoire sont à prévoir : en cas d'oubli, vous aurez nécessairement le pense-bête idéal sous la main, puisque le calendrier des vaccinations est repris dans le carnet de santé de bébé.

Le calendrier

- **Bébé verra le médecin neuf fois au moins pendant sa première année : avant 8 jours, puis à 1, 2, 3, 4, 5, 6, 9 et 12 mois.**
- **À chaque visite, apportez le carnet de santé de votre enfant.**
- **Les vaccins doivent être conservés au frais, dans le bac à légumes du réfrigérateur.**
- **ROR : 2 injections à 9 et 12 mois.**
- **BCG : peut être fait dès la naissance.**
- **DTPolio : 3 injections à 2, 3 et 4 mois.**
- **Hépatite B : 2 injections à 2 et 4 mois.**
- **Pneumocoque : 3 injections à 2, 3 et 4 mois.**
- **Tous ces vaccins, sauf le BCG, nécessitent un rappel l'année suivante.**
- **En cas de doute, consultez le calendrier des vaccinations du carnet de santé de bébé.**

Comment éviter les virus saisonniers

Il dort moins bien, pleurniche davantage. Grognon depuis midi, il ne finit même pas son biberon : c'est sûr, « *il couve quelque chose* » et ce n'est malheureusement pas la première fois que cela lui arrive. Comment éviter ces virus de saison ?

En matière de prévention, il n'y a pas de recette miracle. Vous pouvez cependant agir au quotidien pour protéger au mieux votre enfant. Comme souvent, les gestes les plus utiles sont aussi les plus simples. L'efficacité des soins quotidiens du nez et des yeux, au moyen de sérum physiologique, n'est plus à démontrer ; le risque de conjonctivite est ainsi bien diminué. Si un enfant de votre entourage montre des signes de maladie, évitez momentanément les papouilles entre celui-ci et votre enfant, ainsi que le prêt de jouets, les échanges de sucettes ou de couverts...

> Grippe saisonnière, gastro-entérite : des vaccins existent.

L'hygiène avant tout

La meilleure des préventions reste l'hygiène : les espaces de vie de bébé doivent être propres, mais surtout, vous devez systématiser le lavage des mains avant de prendre soin de lui. Autant que possible, évitez ces petites manies, pourtant pleines de tendresse, que nombre de mamans développent : mettre en bouche la tétine de leur bébé pour la nettoyer ou goûter son petit pot en se servant de la même cuillère que lui, etc. Quand bébé devient mobile, il a de plus en plus tendance à ramasser des objets et à les porter à la bouche. Il se déplace en grande partie grâce à ses mains qu'il n'hésite pas à mettre aussitôt dans sa bouche. Un travail d'éducation, qui demande du temps et beaucoup de patience, doit alors commencer : votre enfant doit comprendre qu'il ne doit pas lécher ses doigts sales. En attendant que le message soit passé, vous devrez régulièrement laver ses mains.

© Ieva Geneviciene - Fotolia.com

Homéopathie et vaccination

Si par malchance, votre bébé fait partie de ceux qui éternuent à longueur d'année, pensez à l'homéopathie. Elle est parfois conseillée, en traitement préventif de fond, à l'entrée dans l'hiver, par exemple. Les granules écrasés sont simplement déposés sur la langue de bébé, ou dilués dans de l'eau. Même si les granules homéopathiques sont dits inoffensifs et proposés en vente libre, prenez toujours l'avis de votre médecin, ou de votre pharmacien, avant d'en administrer à votre enfant : eux seuls peuvent juger de l'opportunité de la démarche et vous orienter vers la formule la plus indiquée pour bébé.

L'avis médical est bien sûr plus qu'une option lorsqu'il

s'agit de faire vacciner bébé. À partir de 6 mois, il peut bénéficier du vaccin contre la grippe saisonnière. Dès les 2-3 mois, vous pouvez également demander à ce qu'il soit vacciné contre la gastro-entérite. Deux vaccins différents existent : l'un immunise contre cinq souches, l'autre contre une seule. Bébé ne sera donc jamais totalement à l'abri de la gastro, mais il sera protégé contre ses formes les plus virulentes. Autre atout de ces vaccins : ils sont à boire, en deux ou trois prises, espacées d'un mois et avant les 8 mois de bébé. Un soulagement pour votre enfant qui verra suffisamment de seringues pendant sa première année. En revanche, ils sont loin d'être à portée de toutes les bourses, puisqu'ils coûteront au total environ 150 euros, non remboursés par la Sécurité sociale, mais qui pourront peut-être faire l'objet d'une prise en charge partielle par votre mutuelle.

Malgré toutes ces précautions, il est très improbable que bébé traverse l'hiver sans même un début de nez qui coule : c'est comme ça, vous n'y pouvez rien. Selon la région où vous vivez, la période hivernale peut être dure et longue. Il serait trop triste de priver bébé de balade et impossible d'envisager de le retirer de la crèche chaque fois qu'une épidémie menace. Ces inévitables maladies, il faut savoir les prendre avec philosophie, même quand elles empêchent bébé de dormir : ses petits maux d'aujourd'hui créent son immunité de demain.

LES BONS **RÉFLEXES**

- **Pratiquez les soins quotidiens d'hygiène et du nez.**
- **Isolez bébé des autres enfants malades.**
- **Ne portez pas à la bouche la cuillère ou la tétine de votre enfant.**
- **Apprenez-lui à ne pas mettre à la bouche tout ce qu'il trouve.**
- **Avant de vous occuper de lui, lavez-vous les mains.**
- **Ne couvrez pas votre enfant à l'excès quand il est à l'intérieur.**
- **Maintenez la température de votre foyer à 19 degrés.**
- **Demandez l'avis de votre médecin avant un traitement homéopathique préventif.**
- **Ne forcez pas votre enfant à rester enfermé à chaque coup de froid.**
- **Même un maximum de précautions n'empêchera pas bébé de tomber malade de temps en temps.**

Bébé entre à la crèche

Votre bébé va s'y faire ses premiers amis, voire ses premiers amoureux. Avant d'user ses culottes sur le banc de l'école, la crèche constitue une première étape dans la socialisation : petit à petit, bébé devient un enfant.

Moins personnalisée que l'accueil par une nourrice, la crèche dispose tout de même de solides avantages. En premier lieu, son coût, qui est calculé en fonction de vos revenus et du nombre d'enfants que vous confiez. C'est une structure d'accueil démocratique par excellence et tout indiquée pour les foyers aux portefeuilles un peu serrés. En revanche, les places y sont chères. N'attendez pas la naissance de bébé pour vous manifester : les crèches prennent les pré-inscriptions à partir du sixième mois de grossesse. L'inscription doit être confirmée après la naissance.

> Le 1er jour, même s'il ne comprend pas tout, parlez-lui, cela vous rassurera tous deux.

Comment fonctionne une crèche

Dirigées par des puéricultrices ou des éducatrices, les crèches emploient des auxiliaires de puériculture, c'est-à-dire des professionnelles de la petite enfance. Les crèches travaillent toujours en relation avec un médecin. Cette équipe compétente, à la fois en matière de santé, d'éducation et de soins au quotidien, doit offrir aux bébés des conditions de vie et d'hygiène irréprochables. L'équipe élabore pour les tout-petits un « programme pédagogique ». Même à un si jeune âge, les jeux de votre enfant ne seront plus laissés au hasard mais seront orientés de façon à favoriser son éveil. Si bébé n'a pas la chance de côtoyer d'autres enfants de son âge dans votre entourage, la crèche lui permet de se sociabiliser et de se faire ses premiers petits camarades sans attendre l'école.

Le bémol : cette structure étant collective, il n'y a aucune souplesse à attendre sur les horaires d'accueil. C'est à vous de vous adapter aux créneaux proposés. Autre souci récurrent : étant donné le nombre d'enfants gardés, l'une des préoccupations majeures du personnel est d'éviter la propagation des petits virus de saison. Si votre enfant est malade, la directrice peut donc tout à fait refuser de le garder jusqu'à ce qu'il soit rétabli.

Son premier jour loin de vous

Comme toujours avec bébé, on vous conseillera de faire évoluer progressivement son quotidien afin de ne pas trop le perturber. Pendant une semaine ou deux, déposez-le à la crèche pour quelques heures, ou une demi-journée : il s'habituera en douceur.

Si vous avez décidé de poursuivre l'allaitement, la directrice de la crèche vous permettra sans doute d'apporter

vos biberons de lait maternel et vous indiquera comment les conserver de manière optimale.

Peut-être avez-vous pris l'habitude de concocter de bonnes purées maison à votre enfant ? L'entrée à la crèche suppose que vous accordiez votre confiance à la structure pour ce qui est de proposer un repas sain et équilibré. Cette confiance se mérite : les menus proposés aux bébés sont en général composés par un diététicien. Si cette garantie ne vous suffit pas, n'hésitez pas à demander à visiter la cuisine et à vous procurer une copie des menus.

Souvenez-vous toujours que votre stress se communique à l'enfant : il faudra donc que vous restiez détendue et souriante quand vous le déposerez. Même si vous avez l'impression qu'il ne comprend pas tout, n'hésitez pas à lui expliquer ce qu'il se passe et à lui dire que vous viendrez le chercher d'ici quelques heures.

Pour le réconforter, laissez-lui un doudou ou un objet familier qui porte votre odeur. Après tant de semaines passées à vous occuper de lui, vous aurez très certainement du mal à l'abandonner aux bras d'une autre, surtout si vous le voyez pleurer. Ces larmes ne doivent pas vous culpabiliser : en moins de temps qu'il n'en faut pour le dire, bébé aura pris ses marques. Peut-être même trouverez-vous qu'il s'est trop facilement habitué à se passer de vous !

Ce qu'il faut retenir

- **La pré-inscription en crèche doit être faite pendant la grossesse.**
- **Commencez par laisser votre enfant quelques heures.**
- **Mettez dans son sac son doudou, ou tout autre objet familier portant votre odeur.**
- **Prenez un air calme et assuré : si vous êtes inquiète, il le sera aussi.**
- **Le coût de la crèche est calculé en fonction de vos revenus.**
- **La crèche est dirigée par une puéricultrice ou une éducatrice.**
- **Elle n'emploie que des professionnels diplômés.**
- **Elle travaille avec un médecin et un diététicien.**
- **Vous pourrez continuer à allaiter.**
- **Pour une liste des crèches près de chez vous, consultez le site www.mon-enfant.fr, créé par la Caisse nationale d'allocations familiales.**

La sécurité à la maison

Dans une maison, les risques d'accidents sont multiples. Bébé, qui se sent en confiance dans ses murs, n'est pas armé pour se méfier. Dès qu'il commence à se déplacer, même à quatre pattes, il faut redoubler de vigilance.

Si l'on pouvait voir à nouveau, ne serait-ce qu'une heure, l'intérieur de notre maison avec des yeux de petit enfant, notre perception du monde serait à coup sûr chamboulée. Quand on est haut comme trois pommes, le moindre bibelot hors de portée devient objet de convoitise, les escaliers semblent démesurément hauts, chaque placard cache forcément des trésors…

La liste des sites à protéger est longue, et prévenir les sources de danger va demander du temps.

Tout passer en revue

Dès que bébé commence à ramper, il faut agir. Un endroit de votre maison doit être sécurisé en priorité : la chambre de bébé. Vous avez peut-être pris la sage précaution d'acheter un lit et une table à langer aux normes de sécurité. En complément, éliminez tous les meubles et objets superflus de la chambre. Assurez-vous que ceux qui restent sont suffisamment stables pour que bébé ne risque pas de les faire tomber s'il s'appuie dessus pour se redresser. Installez une barrière de sécurité à sa porte, comme vous le ferez en haut et en bas des escaliers. Obturez toutes les prises électriques. Fixez, au moyen d'un adhésif spécial, le tapis afin qu'il ne glisse pas. Équipez les portes de placard et les tiroirs de dispositifs adaptés qui éviteront que bébé ne se coince les doigts en les refermant. Préférez les corbeilles à jouets aux coffres dont le couvercle peut retomber. Dernier point d'importance : ne laissez pas bébé jouer seul dans sa chambre quand la fenêtre est ouverte.

Deux autres pièces de la maison sont particulièrement sensibles : la cuisine et la salle de bains. On y trouve des produits dangereux qu'il convient de mettre sous clé (détergents, médicaments, mais aussi parfums et cosmétiques) et des objets coupants en nombre. Dans ces deux pièces également, bébé court le risque de se brûler. Outre la traditionnelle casserole d'eau bouillante, il faut aussi penser à la non moins dangereuse baignoire : l'eau du robinet est assez chaude pour blesser. La plupart du temps, les chauffe-eau disposent d'une molette de réglage : demandez à votre plombier d'ajuster la température de l'eau afin d'éviter à la fois le risque sanitaire et le risque de brûlure.

> Chambre, cuisine, salle de bains…
> À la maison, le danger est partout.

Même dans un jardin bien clôturé, bébé n'est jamais vraiment hors de danger : les outils qui traînent, les plantes toxiques et même vos animaux de compagnie peuvent lui causer quelques problèmes. Jusqu'à ses trois ou quatre ans, votre enfant, qui a une attirance toute naturelle pour les animaux, n'aura pas la caresse très douce : un chien ou un chat, même docile, va réagir s'il se sent agressé.

Il serait hautement préjudiciable à l'enfant de systématiquement le limiter dans ses jeux et découvertes par peur du danger. Si vous ne devez pas lui transmettre votre angoisse, vous pouvez en revanche, dès le plus jeune âge, le sensibiliser aux dangers qui l'entourent et le rendre plus prudent, sans dramatiser.

Prévenir en chansons

À onze ou douze mois, il comprendra mieux un message simple, adressé sur un mode ludique. La jeune créatrice du site Lesexpertsdelaprudence.fr réussit ce tour de force. Professionnelle de la sécurité, elle a mis au point des kits de sensibilisation utilisables en crèche ou à l'école. Ils se déclinent en coloriages, jeux de société, autocollants à placer avec l'enfant sur tous les objets dangereux qui l'entourent. Et les tout-petits, dans tout ça ? Dès un an, ils pourront remuer leur popotin sur des comptines bien particulières. Les paroles de quelques chansons bien connues de tous les enfants ont, en effet, été récrites pour véhiculer des messages de prévention : la célèbre souris verte devient ainsi la casserole verte qui déborde sur la cuisinière.

Les règles à respecter

- **Sécurisez votre logement dès que bébé commence à marcher à quatre pattes.**
- **Pensez en priorité à la chambre de votre enfant.**
- **Obturez toutes les prises de courant en bas des murs.**
- **Équipez tiroirs et portes de systèmes de blocage.**
- **Disposez des barrières à la porte de sa chambre et de chaque côté des escaliers.**
- **Apprenez-lui à monter les escaliers à quatre pattes et à descendre à reculons en se tenant aux marches.**
- **Protégez les coins saillants des meubles, tables, tables basses.**
- **Attention à la stabilité des meubles et étagères.**
- **Faites régler la température de votre chauffe-eau.**
- **Ne laissez jamais votre enfant seul dans la salle de bains ou la cuisine.**

Occuper bébé : l'éveil au quotidien

Lit, transat, parc : la trilogie est bien connue de tout jeune parent. Il est des moments où elle ne suffit plus. Bébé a besoin de variété et vous le fait savoir bruyamment. Heureusement, il est facile de le distraire à peu de frais.

Toutes les mamans s'accordent sur ce point : mieux vaut un petit bébé plein de vie pressé de découvrir le monde qu'un bout de chou qui reste sagement dans son coin. Seulement voilà : quand on a chez soi un bébé avide d'activités, occuper ses journées devient vite un casse-tête. Il s'agite, pleure, jusqu'à ce que vous le preniez dans vos bras, vous empêchant ainsi de vaquer aux nécessaires occupations du quotidien. Pour ne pas finir à bout de nerf, vous devez trouver un équilibre qui vous convienne à tous les deux.

> Avec des objets du quotidien, vous pouvez fabriquer vos propres jeux d'éveil.

Il faut que ça bouge !

Vous l'avez déjà remarqué, quand il est tout contre vous, miracle : les pleurs cessent. À hauteur de votre visage, bébé, heureux qu'on s'occupe de lui, observe un environnement en mouvement constant. Si cela lui suffit pour retrouver son calme, la solution est toute trouvée : adoptez l'écharpe de portage, qui vous donne, tout en vous occupant de bébé, une bonne liberté de mouvement. Le plus fréquemment possible, sortez en promenade : au fond de son landau ou dans une poussette, bébé ne s'ennuie jamais.

La soif de mouvement de votre enfant traduit aussi sa volonté d'apprendre à se mouvoir par ses propres moyens. Encouragez-le : lorsqu'il est sur son tapis d'éveil, et quand il montre des signes d'impatience, retournez-le. Apprenez-lui à découvrir le monde couché sur le dos, couché sur le ventre ou même demi-assis, dès quatre mois, calé entre de bons coussins quelques minutes par jour. Bref, faites le maximum pour lui offrir ce qu'il demande : du neuf, et encore du neuf.

Entre toutes ces plages de découverte, il surviendra de longs moments où vous aurez besoin de vous détendre. Posez alors autour de lui un ou deux jouets qu'il est en âge de cramponner, même maladroitement, et laissez-le un peu seul. Bébé n'appréciera pas et pleurera sans doute. Ne culpabilisez pas : passé cinq mois, il doit aussi apprendre à s'ennuyer, pour mieux découvrir comment s'occuper seul.

Ateliers d'éveil

Même s'il est trop petit pour se livrer à de vrais jeux, bébé peut quand même bien s'amuser, à condition que vous vous mettiez à sa portée. La bonne méthode se borne à stimuler ses sens : la vue, le toucher, l'ouïe. Dès les premiers mois, jouez sur son intérêt pour les visages et son goût de l'imitation en faisant des mimiques,

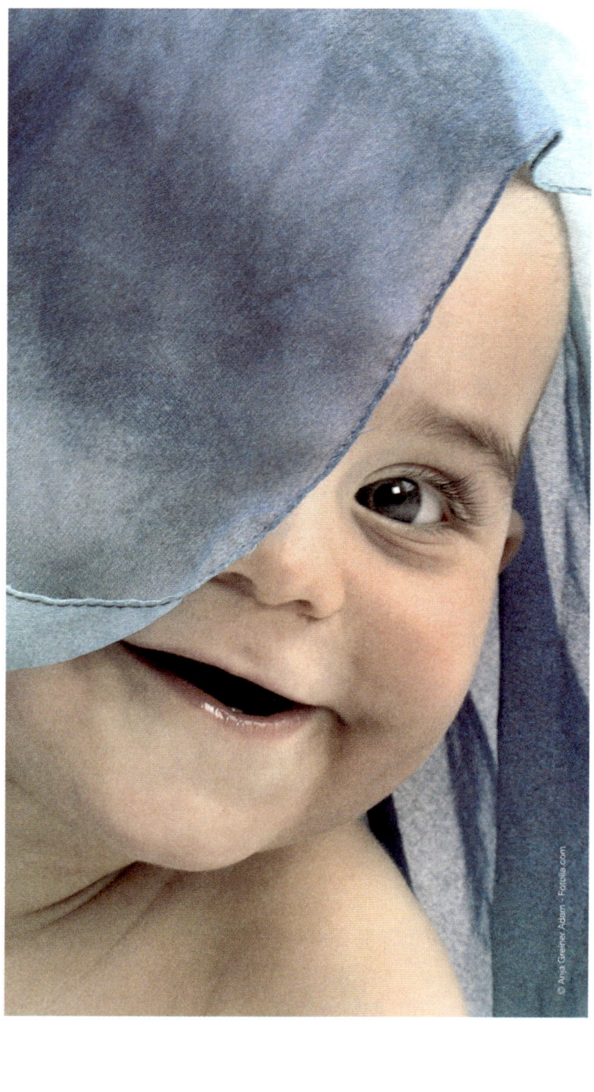

© Dmitry Naumov - Fotolia.com

des jeux de mains. Fabriquez vos mobiles maison en accrochant, hors de portée de ses mains mais bien en face de son regard, des objets aux formes simples et aux couleurs franches, comme des boules de sapin de Noël, par exemple. Faites-lui découvrir différentes textures en fabriquant une guirlande sur laquelle vous fixerez différents types de tissus : polaire, soie, toile…

Quand il atteint les six mois, le jeu du « Coucou, le voilà » remporte immanquablement un grand succès. Sa capacité à tenir et à attraper les objets s'améliore : présentez-lui des petites balles de jongleur, des cubes de différentes tailles. Dans un premier temps, il s'emploiera surtout à les mâchouiller mais qu'importe, cela le distraira.

Vers huit ou neuf mois, vous pouvez expérimenter des jeux plus riches, mais qui devront se faire sous votre étroite surveillance.

Remplissez une petite bassine de riz ou de lentilles et montrez à votre enfant comment enfouir ses mains dedans. Vous pouvez même y dissimuler un jouet, pour prolonger ce jeu de cache-cache qui marche si bien à tout âge.

Fabriquez des maracas de fortune que vous ferez sonner à ses oreilles, initiez-le à la peinture aux doigts.

Attention tout de même : toutes ces activités, aussi créatrices que remuantes sont à éviter en fin de journée. Gare à l'excitation qui retarde l'heure du dodo salvateur !

Petites activités

- **Dès que ses plages d'éveil s'allongent, bébé peut commencer à trouver le temps long.**
- **Promenez-vous le plus souvent possible.**
- **Expérimentez l'écharpe de portage.**
- **Couché, assis, debout : aidez bébé à découvrir de nouvelles positions.**
- **Pour l'occuper, « parlez » directement à ses sens : vue, ouïe, toucher.**
- **Vous pouvez fabriquer un mobile, ou même un tapis d'éveil, « maison ».**
- **Pensez à la musique et aux chansons : ça marche à tout âge.**
- **Changez régulièrement le transat de pièce, pour varier son environnement.**
- **Bébé doit aussi apprendre à s'occuper seul.**
- **Cessez toute activité remuante une heure avant le coucher.**

Bébé commence à s'ennuyer

Bébé vient de fêter ses 5 mois. Désormais, il dort en moyenne trois heures de moins qu'à la naissance. Tout ce temps libéré ne demande qu'à être mis à profit. Bébé a besoin d'animation, il faut que ça bouge !

À 5 mois bébé est devenu plus actif : le parent l'aide, en quelque sorte, à se redresser. Il peut tenir longtemps dans cette position sans aucun inconfort, pour peu qu'on le cale avec quelques coussins. Le jeu du roulé-boulé qui le conduit du dos au côté lui paraît de plus en plus amusant : c'est le moment de redoubler de vigilance lorsque vous le changez. Il peut glisser hors de votre vue plus vite que vous ne le soupçonnez.
Tous les jours, bébé fait de la gym et se muscle les gambettes : couché sur le dos, il empoigne ses pieds ou se met à pédaler. Soutenu en position verticale, il repousse efficacement le sol. Posé sur le ventre, il ne s'appuie plus sur les avant-bras, mais directement sur les mains. D'ici peu, il parviendra à en libérer une, pour mieux attraper les jouets qui traînent à sa portée.

> Bébé va devoir apprendre à s'occuper sans maman quelques instants.

Les deux mains sont à présent bien coordonnées et ont appris à travailler ensemble : bébé peut dès lors se saisir d'une peluche de plus grande taille. À l'heure du bain, il apprécie de plus en plus les jouets flottants. Après avoir passé des semaines à admirer ses mains, bébé part à la découverte de tout le reste de son corps. De la cavité buccale au ventre, en passant par les oreilles ou le nez : tout y passe.

Chacun avance à son rythme

Alors que les gazouillis s'allongent et incluent des changements d'intonation, imitant de véritables petites phrases, bébé se met aussi aux bruitages. Dès qu'un nouveau son le remplit d'aise, il le répète à l'envi.
Les différences d'un enfant à l'autre deviennent de plus en plus évidentes et si cette inclination est bien naturelle, il est tout à fait déconseillé de comparer deux enfants du même âge : chacun apprend à son rythme et s'avère plus ou moins habile en fonction des domaines, sans que cela ne permette aux parents de pronostiquer un éventuel retard, ou une quelconque précocité. Bébé doit être encouragé, certes, mais n'a pas besoin d'être surstimulé ou de sentir sur ses petites épaules le poids de la frustration ou de l'inquiétude de ses parents.

Savoir rester seul

Les caractères commencent eux aussi à se dessiner : bébé peut déjà se montrer colérique et crier quand vous lui ôtez un jouet des mains. Plutôt que de le gronder, détournez son attention pour désamorcer la crise.

Alors que certains petits s'occupent très bien tout seuls, d'autres réclament votre présence dès le réveil et supportent de moins en moins d'être laissés seuls. Sans bien sûr les priver de la tendresse et de l'affection qu'ils réclament, les parents peuvent cependant les encourager à être plus autonomes dans leurs jeux, un acquis d'autant plus précieux que les plages d'éveil de bébé commencent à sérieusement s'allonger.

La méthode la plus simple consiste à se précipiter un peu moins vite dans la chambre de bébé au moment des crises de larmes. Il est aussi possible de lui parler tout en s'activant dans une autre pièce de la maison. Bébé comprendra ainsi que quand il ne vous voit pas, vous n'êtes pas partie très loin pour autant. Un bébé bien éveillé a cependant besoin de distractions.

Le transat ne suffit plus ; l'heure est venue d'expérimenter les tapis d'éveil, aux couleurs et aux sons rigolos. Le petit monde de la maison devient lui aussi trop étroit pour un bébé qui a soif de nouvelles aventures. Il faut donc sortir se promener le plus souvent possible et commencer à découvrir la nature : le bruit du vent dans les branches, le toucher d'un brin d'herbe. C'est une grande chance : un rien émerveille bébé. Pendant quelques mois encore, il ne sera pas trop difficile de lui en mettre plein la vue. Faites-lui donc découvrir tout ce qui l'entoure, il adorera.

BÉBÉ À 5 MOIS

- **Posé sur le ventre, bébé s'appuie sur ses bras qu'il met en extension, mais il ne lâche pas encore une main.**
- **Ses mains sont beaucoup mieux coordonnées.**
- **Il découvre par la palpation toutes les parties de son corps.**
- **Ses jambes pédalent dans le vide.**
- **En position verticale, il commence à pousser sur ses jambes.**
- **Quand vous essayez de l'asseoir, il accompagne le mouvement.**
- **Il aime de moins en moins rester seul et vous réclame au réveil.**
- **Il crie quand on lui arrache son jouet.**
- **Sa voix fait des modulations d'intonation ou d'intensité.**
- **Les différences entre les enfants se creusent, sans que cela ne soit définitif ou problématique.**

Comment bébé acquiert la parole

La parole est un acquis lourd de sens et dont les parents surveillent avec impatience l'évolution. Avant le premier mot, bébé fera de nombreuses découvertes, qui permettront aux parents de s'enthousiasmer presque tous les mois.

Marche et parole : on entend souvent dire qu'un enfant va avoir une prédisposition à développer l'une ou l'autre de ces aptitudes. S'il est vrai que chacun apprend à son rythme, il n'y a aucune raison d'opposer, ou de mettre en parallèle, marche et parole : l'une comme l'autre font appel à l'intelligence, au sens large, de l'enfant, et à la compréhension progressive qu'il a de son corps et de son environnement. À 1 an, ce seront des acquis fragiles : il restera un long chemin à faire pour les enrichir et les consolider. Un enfant qui aura su marcher avant de dire son premier mot pourra avoir d'excellents résultats scolaires : l'ordre dans lequel l'enfant acquiert l'une ou l'autre de ces capacités ne permet en rien d'anticiper ce que sera son potentiel futur.

Les étapes

Bébé va commencer par quelques voyelles, des petits cris ou des sons gutturaux, des gazouillis, qui se feront de plus en plus présents de ses deux à ses quatre mois. On définit souvent cette période comme celle du jasis ou des lallations.
Vers les 3 mois déjà, vous remarquerez que ces gazouillis peuvent être une forme de réponse, de même que vous échangez avec bébé de longs regards ou des sourires.
Vers 5 ou 6 mois, ces babillages se diversifient, bébé fait varier les sons, l'intensité. Il confond à sa manière langage et musique, d'autant qu'il joue à faire des bruitages avec sa bouche. Le mois suivant, apparaissent de vraies syllabes. Comme à chaque fois qu'il découvre un nouveau son, bébé répète encore et encore.

Vers 8 mois, il arrivera à les combiner et à enchaîner deux syllabes différentes. Cette faculté à répéter les sons va s'approfondir tout au long du neuvième mois, qui est déjà, pour certains, l'âge auquel les parents ébahis surprennent le premier mot. Entre le neuvième et le dixième mois, bébé peut se former son propre mot fourre-tout, qu'il utilisera à toutes les sauces, « dada » servira pêle-mêle à désigner le chien, un jouet, ou quoi que ce soit d'autre. « Papa » et « mama », dès lors qu'ils sont verbalisés, servent de même à désigner toute action en relation avec le parent de : *« Prends-moi dans tes bras »* à *« Je veux le truc que tu tripotes »*. Entre 12 et 14 mois, l'enfant peut déjà maîtriser quelques mots. Encore une fois, il n'y a là aucune généralité à faire ; certains en seront encore aux babillages et seront très heureux comme cela.

> [Ce n'est pas parce que bébé tarde à dire son premier mot qu'il sera en retard.

© Kurhan - Fotolia.com

Votre rôle

Les premiers sons, comme les premiers pleurs, ne sont pas un langage. C'est d'ailleurs la raison pour laquelle votre bébé pourra très bien vocaliser tout seul dans son coin, sans votre présence. Après une tétée notamment, les babillages traduisent un sentiment de confort, de bien-être. Mais tout comme l'enfant utilise ses pleurs dès lors qu'il comprend que cela permet d'attirer votre attention, le son va devenir langage à votre contact. Tout ce que vous avez à faire, c'est de l'encourager à progresser à son rythme : quand il vous « parle », répondez-lui en le regardant bien dans les yeux. Il verra qu'il est en contact avec vous et sentira tout le plaisir que vous avez lors de ces échanges. Quand il commence à enchaîner les syllabes, vous pouvez faire de même et imiter les sons qu'il produit tout comme il a pris l'habitude de vous imiter.

Prenez également l'habitude de lui parler comme vous parleriez à un enfant de 5 ou 6 ans : avec douceur et dans un langage accessible, mais en utilisant de vrais mots.

Respectez ses tentatives comme ses erreurs : si vous le corrigez à tout bout de champ, il se repliera sur lui-même. Il apprendra ainsi petit à petit, sachant que la route est encore longue et il faudra faire preuve encore d'un peu de patience : il ne parlera parfaitement que vers l'âge de 4 ans.

Des sons aux mots

- **Les premières vocalises ne sont que des sons.**
- **Vers l'âge de 3 mois, elles prennent sens : bébé s'adresse à vous.**
- **De 2 à 4 mois, il gazouille de plus en plus.**
- **Vers 5 à 6 mois, son langage se fait presque mélodieux, avec des intonations.**
- **À 7 mois, bébé prononce des syllabes.**
- **À 8 mois, bébé enchaîne les syllabes.**
- **Le premier mot survient en général entre 9 et 12 mois.**
- **À 10 mois, il a un mot « fourre-tout » qu'il emploie pour tout.**
- **À 12 mois, il possède deux ou trois mots.**
- **Certains enfants parlent plus tardivement ; il faut les soutenir, les stimuler et leur permettre d'évoluer à leur rythme.**

Bébé tient assis comme un grand

À partir de maintenant, vous allez commencer à bien vous amuser avec bébé : assis avec vous sur son tapis d'éveil, il babille à n'en plus finir et découvre les joies du « Coucou, le voilà ». Autre événement : l'arrivée de la première dent.

Il y a six mois, bébé naissait. À l'évidence, cet âge représente une étape, plus encore pour les parents que pour bébé. La vie de celui-ci subit cependant quelques changements notables. À présent, il ne dort plus « que » 15 heures par jour et peut rester éveillé 2 heures d'affilée.

Après avoir appris à remplacer le sein maternel par le biberon, il s'ouvre à toute une palette de goûts, avec la diversification. Ce mois-ci, avec un peu de chance, verra même peut-être poindre une première quenotte. Bébé, qui bafouille de plus en plus, n'en finit pas de jouer avec les sons. Il s'agit pour lui d'un véritable langage qui fait sens.

Frustré de n'être pas compris, il joint le geste à la parole et se fait plus expressif encore. Même si vous êtes loin d'en décrypter le sens, continuez à l'encourager dans ses babillages en y répondant avec vos mots d'adulte. De plus en plus, il s'emploiera à vous imiter et vous lui faciliterez l'acquisition du langage.

Toujours plus de mouvements

En position allongée, il ne se satisfait plus de sa capacité à rouler pour se mettre sur le ventre. Désormais, il voudrait s'asseoir tout seul et pousse sur ses bras pour y parvenir. Il a encore besoin de votre aide, mais une fois bien calé sur ses fesses, il s'équilibre seul en écartant les jambes et ne bascule plus en arrière. Sur le ventre, il peut à présent lâcher une main sans encombre, voire se tourner et s'orienter dans la direction du jouet qui lui fait envie. Debout, maintenu sous les aisselles, il repousse le sol avec tant de vigueur qu'il paraît presque sautiller. Petit à petit, il mémorise les différentes phases de la journée et prend ses repères. Quand l'heure du biberon s'annonce, il frétille. Le matin, quand maman entre dans sa chambre, il l'attend de pied ferme et écarte bien les bras pour l'inciter à le prendre.

Manipuler les jouets est devenu très facile ; il se saisit sans peine de celui qui est à sa portée. Pour profiter un peu plus de leur matinée, les parents peuvent disposer quelques jouets autour de lui. Il doit parvenir à s'occuper tout seul pendant quelque temps.

Un nouveau jeu

Il y a deux mois à peine, un bout de tissu sur les yeux le paniquait. Aujourd'hui, il en redemande ! Amis et famille,

> « Coucou, le voilà » vous assure des heures et des heures de rigolade.

tout le monde devra se prêter à son nouveau jeu favori. Pendant quelques semaines, « Coucou, le voilà » va déclencher des crises de rire en cascade.
Cela traduit une véritable évolution des facultés intellectuelles de bébé : aujourd'hui, il est assez grand pour comprendre que le monde n'a pas disparu quand un bout de tissu le dérobe à ses yeux : les angoisses s'envolent. Capable d'analyser plus finement les situations, il verra clair dans votre jeu si vous cachez (pas de manière trop subtile tout de même) un objet dans son champ de vision. Quand son jouet tombe, il commence à le suivre des yeux et à le chercher au sol.
Plus séducteur que jamais, bébé peut être selon les occasions hyper sociable ou timide. Maintenant qu'il a bien mémorisé le visage de ceux qui l'entourent, il peut développer de la méfiance à l'égard des personnes qu'il ne connaît pas.
Il se lasse vite et a besoin de varier les plaisirs. S'il s'ennuie ou s'il est mécontent, il donne de la voix. Accessoirement, il commence à tester les limites en laissant tomber son jouet et en râlant pour qu'on le ramasse.
Si l'interdit est une notion à introduire, ne prêtez pas trop attention aux voix qui vous disent de traiter bébé avec sévérité pour éviter tout débordement futur. À 6 mois, il est encore bien jeune pour être capricieux et s'il pleure, c'est vraisemblablement qu'il a besoin de quelque chose.
Ne soyez pas trop pressée que bébé soit autonome, ceci arrivera bien assez tôt !

Bébé à 6 mois

- **Bébé dort en moyenne 15 heures par jour.**
- **Sur le ventre, il peut lâcher une main et se servir de l'autre pour attraper un jouet.**
- **Il manipule de mieux en mieux ses jouets.**
- **Il commence à jouer à « Coucou, le voilà ».**
- **Il tient assis un bon moment sans faire d'effort.**
- **Il voudrait bien s'asseoir seul, mais a toujours besoin d'un petit coup de main.**
- **Tenu debout, il repousse le sol avec tant de vigueur que cela lui donne l'air de sautiller.**
- **Il développe parfois une certaine timidité, alors même qu'il est de plus en plus conscient de sa capacité à séduire l'entourage.**
- **Il découvre de nouveaux goûts.**
- **Il a sa première dent.**

Bébé mord la vie à pleines dents

La poussée dentaire est rendue coupable de bien des maux d'enfants. Si tous les médecins ne sont pas d'accord sur les symptômes qu'elle déclenche, beaucoup de parents trouvent la période difficile à gérer.

Juste avant qu'une dent ne perce, bébé serait, pendant deux bons jours, grognon, fiévreux. Ses joues rougissent, il se met à baver abondamment, fourre ses mains dans sa bouche en permanence, mordille tout ce qui lui passe sous la main. Ses gencives se durcissent et se colorent. La poussée dentaire aurait également un impact sur le transit : il peut avoir des selles molles et développer un érythème fessier. Ses gencives étant douloureuses, il peut momentanément perdre l'appétit.

Tous les enfants ne réagissent cependant pas de façon aussi forte et certains passent ce nouveau cap dans une relative sérénité.

Nombre de pédiatres estiment, en outre, que les symptômes listés plus haut sont abusivement attribués à la poussée dentaire. Le changement de consistance des selles, par exemple, pourrait tout aussi bien être porté au compte d'une nécessaire adaptation au nouveau régime alimentaire de bébé, qui n'est plus exclusivement liquide, après la diversification.

Le calendrier

De fait, la première dent perce souvent en pleine diversification, autour des six mois de bébé. Une fois encore, chacun suit son propre rythme : certains bébés ont à peine une quenotte pour leur premier anniversaire, d'autres naissent avec une dent. La légende veut que Napoléon et Louis XIV aient ainsi pu afficher un étonnant sourire dès leur premier jour. Classiquement, les incisives centrales, du bas puis du haut, apparaissent en premier. Avant que bébé ne souffle sa première bougie d'anniversaire, les quatre incisives latérales pourront aussi se montrer. Suivront les premières molaires, les canines et les deuxièmes molaires. Les 20 dents de lait de bébé ne seront au complet qu'autour de 2 ans et demi - 3 ans.

À chaque nouvelle poussée, les symptômes décrits plus haut pourront resurgir. Que vous fassiez ou non partie de ceux qui croient en leur existence, il vous reste cette évidence : votre enfant aura au minimum les gencives sensibles. Le soulager ne sera pas chose aisée. Dès que la première dent se prépare, vous pouvez donner à votre enfant un anneau de dentition : ces cercles de plastique se mettent au réfrigérateur. Sortis dix bonnes minutes avant utilisation, ils apportent une sensation de fraîcheur anesthésiante à votre enfant. Il existe des traitements

> La première dent : certains l'ont à la naissance, d'autres pas avant 1 an.

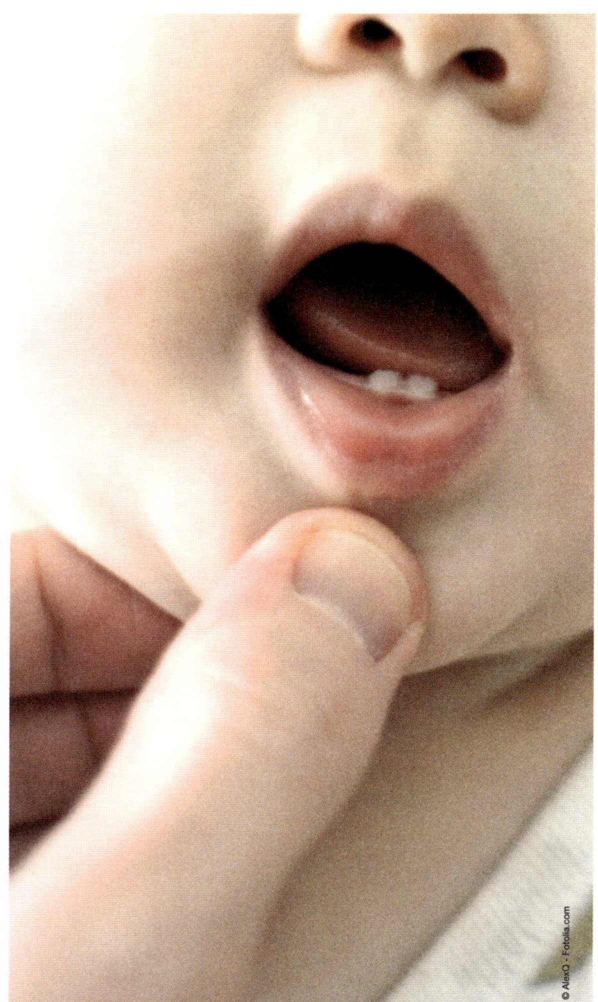

homéopathiques spécialement orientés vers l'accompagnement de la poussée dentaire, que vous pouvez compléter par du paracétamol et un gel d'application locale toujours sur prescription médicale.

Partir sur de bonnes bases

Dès le départ, adoptez les bons réflexes : évitez l'alimentation sucrée et ne laissez jamais bébé s'endormir avec un biberon au bord des lèvres. Le contact prolongé du liquide sucré provoque « la carie du biberon », à laquelle bébé est particulièrement vulnérable lorsque ses dents viennent juste d'apparaître. Sitôt que la première dent est sortie, vous pouvez la brosser, même si cela n'a rien d'obligatoire. Des brosses spéciales existent : leurs poils doux, parfois remplacés par de petits picots, sont fixés sur un cône de plastique que vous enfilez sur votre doigt, après vous être lavé les mains. Leur utilisation est simple, vous évitez les faux mouvements qui pourraient blesser bébé. Il est inutile de frotter, contentez-vous d'un léger massage à l'eau, qui peut par ailleurs apaiser les gencives de bébé pendant la poussée dentaire. L'Union française pour la santé bucco-dentaire préconise un brossage dès l'âge de 1 an, une fois par jour, avant de dormir. Elle déconseille l'emploi de dentifrice tant que bébé n'est pas capable de le recracher. L'émail des dents du tout-petit étant fragile, votre médecin pourra lui prescrire, pendant toute son enfance, un complément de fluor, pour un sourire durablement éclatant.

Les dents de lait

- **La première dent survient en moyenne autour de six mois.**
- **Les incisives centrales, du bas et du haut, apparaissent en premier.**
- **Viennent ensuite les incisives latérales.**
- **Elles sont suivies par les premières molaires et les canines.**
- **Les deuxièmes molaires apparaissent en dernier.**
- **Les 20 dents de lait sont au complet autour de 2 ans.**
- **Pour soulager bébé pendant la poussée dentaire, donnez-lui un anneau de dentition.**
- **Sur avis médical, vous pourrez lui donner du paracétamol et un traitement homéopathique.**
- **Prévenez la carie du biberon : évitez le contact prolongé des dents avec un liquide sucré.**
- **Il est recommandé de brosser les dents à l'eau dès 1 an.**

Toute une palette de saveurs

Depuis sa naissance, il ne boit que du lait à longueur de journées. À 5 mois, il est temps que bébé s'ouvre à de nouveaux goûts. Devant son premier potage, il est rarement enthousiaste : il faudra l'habituer en douceur.

Si l'allaitement maternel couvre tous les besoins de l'enfant jusqu'à ses 6 mois, et même au-delà selon certains spécialistes, celui-ci ne peut cependant pas être maintenu indéfiniment à titre exclusif. En effet, bébé, au fil des mois, se dépense de plus en plus et va avoir besoin d'une alimentation plus énergétique encore.

> Il faut introduire légumes et fruits petit à petit : à chaque jour sa nouveauté.

Une découverte progressive

L'introduction de nouveaux aliments intervient entre le cinquième et le sixième mois : avant, le système digestif de bébé n'est pas assez mature et après, des carences risqueraient d'apparaître.

Encore une fois, il n'y a pas de règle unique. Médecins, membres de la famille, amis, tous ont un avis sur la question. Le plus sage est de suivre la méthode préconisée par le pédiatre ; il ne détient pas « la » vérité absolue, mais en suivant ses conseils, en cas de troubles digestifs, ou autre souci, parents et médecins parleront le même langage, ce qui facilitera les échanges.

La diversification est un grand changement pour l'enfant. Il va découvrir des goûts, mais aussi des textures et des odeurs. Les bébés nourris au sein sont déjà préparés à ce voyage sensoriel : ils ont pu percevoir, au travers du lait, les parfums des repas maternels. Cependant, il reste conseillé d'introduire les aliments de façon progressive, l'un après l'autre. Cela permet notamment d'identifier une éventuelle intolérance alimentaire. Toutes les nouveautés seront testées de préférence au repas de midi : à cette heure-ci, bébé est frais et dispos.

Pour commencer

Que doit-on introduire en premier : les fruits ou les légumes ? Connaissant l'inclination naturelle de bébé pour le sucré, les médecins préconiseront souvent de lui faire goûter les légumes en premier. Histoire d'aiguiser son palais, on peut tester cette méthode de grand-mère : remplacer l'eau du biberon de lait du midi par une eau de cuisson de légumes, sans sel ajouté. Si tout se passe bien, on peut ensuite introduire, quelques jours plus tard, un peu de soupe dans son biberon. Rapidement, bébé peut passer à la purée de légumes bien lisse, donnée à la petite cuillère à midi et le soir. Si la purée est faite maison, il convient de bannir sel et matières grasses et d'opter pour des légumes digestes, tels les carottes ou les haricots verts. Deux

semaines après les légumes, vient le tour des fruits : ils seront choisis bien mûrs et réduits en compote, sans sucre ajouté. Quand les parents n'ont pas le temps de préparer à manger, ils ne doivent avoir aucun complexe à acheter des petits pots : leur fabrication repose sur des dosages précis qui permettent de bien équilibrer les repas. Il faut cependant avoir la curiosité de les goûter : parfois, les papilles même expertes peinent à reconnaître les légumes qui les composent. Ce n'est assurément pas le meilleur moyen de former le goût de bébé.

À partir de 6 mois, celui-ci fera une nouvelle découverte : la viande et le poisson. Dans un premier temps, 20 grammes suffiront. Choisir un blanc de volaille ou un poisson blanc au goût neutre, bien cuit, sans matière grasse et finement mixé.

À chaque repas, et même lorsqu'il mange une bonne dose de légumes et de fruits, il devra également boire du lait, puisqu'il doit toujours en consommer au moins 500 ml par jour. Pour accompagner ce nouveau régime alimentaire, bébé boira, dès le début de la diversification, un lait 2e âge, enrichi en fer et en calcium. Ses biberons prendront un peu plus de consistance si vous y diluez quelques cuillères de farines spécifiques sans gluten. Celles-ci, en raison de l'apport calorique qu'elles représentent, seront à réserver au biberon du matin pour que les joues de bébé ne s'arrondissent pas trop vite.

LE REPAS **PAS À PAS**

- **La diversification commence dès le cinquième mois.**
- **L'allaitement peut se poursuivre en parallèle.**
- **Si bébé est nourri au biberon, il faut passer au lait 2e âge.**
- **Commencez par introduire du bouillon, ou de la soupe de légumes, à midi.**
- **Soyez progressive : une nouvelle saveur après l'autre.**
- **Testez les fruits deux semaines après les légumes.**
- **À partir de 6 mois, bébé peut consommer viande et poisson.**
- **Bébé doit consommer du lait ou un produit laitier à chaque repas.**
- **Le biberon du matin peut être épaissi avec une farine sans gluten.**
- **Évitez les légumes secs, le blanc d'œuf, les matières grasses, le sel et les sucres ajoutés.**

Des repas bien équilibrés

La santé se trouve, en grande partie, dans l'assiette. L'équilibre venait de lui-même lorsque bébé ne buvait que du lait. À présent qu'il prend de vrais repas, il va falloir être attentive, pour qu'il acquière de bonnes habitudes.

Lorsqu'il aborde la diversification, en début de cinquième mois, bébé consomme cinq biberons de lait par jour : un au réveil, un en milieu de matinée, un à midi, un à quatre heures et un le soir. Alors que son alimentation se fait plus consistante, par l'ajout de farine dans le biberon du matin et par l'introduction des légumes et des fruits à midi et le soir, bébé va pouvoir passer progressivement de cinq à quatre repas par jour, s'alignant ainsi sur le rythme de toute la famille.

> L'ÉQUILIBRE ALIMENTAIRE N'EST PAS TRÈS DIFFÉRENT DU BÉBÉ À L'ENFANT, VOIRE À L'ADULTE.

Quantité et qualité

Dès lors, le contenu de ses repas va, semaine après semaine, s'enrichir et les quantités proposées vont augmenter de sorte qu'au terme de cette première année, l'enfant mangera presque comme ses parents, pour peu que leurs repas soient bien formulés. En effet, l'équilibre alimentaire, au deuxième semestre de la vie de bébé, n'est pas très différent de celui qui est recherché pendant le reste de l'enfance, voire à l'âge adulte. Le lait y tient certes une place déterminante, mais pour le reste, il s'agit de manger en quantité importante fruits et légumes et, dans des proportions moindres mais stables, de la viande ou du poisson et des féculents. Déjeuner et dîner sont, dès que la diversification est bien installée, les repas essentiels de la journée. À eux deux, ils représenteront environ 60 % des apports énergétiques de la journée.

Le déjeuner d'un bébé de 7 mois se compose ainsi de 150 grammes de légumes, de 20 grammes de viande ou de poisson, d'un laitage et d'une purée d'un petit fruit (abricot, par exemple), ou d'un demi-gros fruit (pomme, par exemple).

À l'âge de 1 an, ces proportions passent à 250 grammes de légumes, 30 à 40 grammes de viande ou poisson, deux petits fruits ou un gros fruit.

Bientôt à la table des grands

Peu à peu, les petits plats vont également gagner en texture. Ainsi, pendant son cinquième mois, bébé pourra passer du potage à la purée liquide ; au long du sixième mois, la purée, tout en restant lisse, s'épaissira peu à peu. Au septième mois, elle prendra une texture plus grumeleuse, et au huitième mois, elle intégrera quelques fins morceaux, de la semoule ou du tapioca. À cet âge, les fruits, toujours bien mûrs, pourront être présentés sous forme de fines lamelles ou de petits bâtonnets que l'enfant saura écraser

©Maxim Ponomarenko - Fotolia.com

© Adam Borkowski – Fotolia.com

avec ses gencives, s'il n'a pas de quenottes.

À 7 ou 8 mois, quand bébé tient assis sans trop d'efforts, il peut prendre place à table, avec les autres membres de la famille, dans sa chaise haute. Muni d'un bavoir plastifié et d'une assiette incassable, éventuellement fixée au plateau de la chaise haute par un adhésif double face, il peut commencer, cuillère en main, à farfouiller dans son assiette. Et puisqu'il grignote désormais de petits morceaux, pourquoi ne pas lui faire goûter, s'il y montre de l'intérêt, les plats familiaux ?

Vers l'âge de 9 ou 10 mois, ses déjeuners peuvent être fragmentés suivant le schéma entrée-plat-dessert. En guise de hors-d'œuvre, bébé dégustera quelques crudités râpées. Quant aux produits laitiers, certains bébés apprécient particulièrement le fromage, même lorsqu'il est corsé, comme le camembert, par exemple.

Vers 11 ou 12 mois, bébé est enfin prêt à manger comme papa et maman. Ce n'est pas un blanc-seing pour lui donner n'importe quoi. Les légumes peu digestes, tel le chou, sont à éviter. Mieux vaut avoir la main légère sur les viandes grasses et la charcuterie, mais aussi sur la matière grasse (une noisette de beurre ou une cuillère à café d'huile dans les plats) et sur le sel. En suivant toutes ces règles pour des repas vraiment équilibrés, c'est toute la famille qui devrait rapidement se sentir au top de sa forme.

Savoir **DOSER**

- **Le déjeuner d'un bébé de 7 mois : 150 g de légumes et 20 g de viande ou poisson.**
- **Le déjeuner d'un bébé de 12 mois : 250 g de légumes et 30 g de viande ou poisson.**
- **Si bébé recrache tout, affinez la consistance : il n'est pas prêt pour les morceaux.**
- **S'il refuse une nouveauté, n'insistez pas. Vous réessaierez plus tard.**
- **Ne le forcez pas à finir son assiette s'il n'a plus faim.**
- **Respectez les goûts de bébé.**
- **Ne lui donnez pas que des petits pots : il risque de s'accoutumer à leur texture très lisse.**
- **De 5 à 12 mois, les repas s'épaississent petit à petit.**
- **Vers 8 mois, bébé peut manger de petits morceaux.**
- **Vers 1 an, il mange presque comme un grand.**

Toujours plus de bruit !

Vous ne risquez pas d'oublier sa présence : à 7 mois, bébé se manifeste, en s'adressant à vous dans un langage encore insondable, ou en jouant bruyamment. Petit à petit, il parvient aussi à se déplacer : surveillez-le de près !

Depuis un mois, bébé fait de la gym. Debout sur vos genoux, il fléchit les jambes et repousse le sol : ses mollets travaillent. Il prend d'ailleurs beaucoup de plaisir dans cette activité au point de raidir ses gambettes quand vous voulez lui faire regagner la position assise. À 7 mois, bébé agrémente son agenda sportif en s'initiant à de nouvelles activités : il se met au stretching et vous allez bientôt envier son extraordinaire souplesse. Jusqu'ici, il découvrait son corps en observant ses doigts ou en attrapant ses pieds. Désormais, quand il saisit ses orteils, c'est pour les traîner, avec une allure gourmande et rieuse, jusqu'à sa bouche. En effet, c'est toujours cet organe qui lui permet d'appréhender les choses avec le plus de précision.

Il reconnaît son prénom

Son habileté manuelle se précise : il arrive, parfois avec quelques difficultés, à passer un jouet d'une main à l'autre. Quand vous lui donnez son biberon, il commence à vous aider en essayant de le tenir avec vous. S'il a déjà un cube ou un doudou contre lui, il peut même être capable d'attraper un deuxième jouet (pas trop encombrant tout de même) que vous lui tendez. L'atelier de jonglerie n'est plus très loin ! Si attraper est devenu facile, lâcher reste malaisé : bébé y arrive, mais sans encore bien contrôler ce mouvement. Il laisse choir ses jouets au grand dam de papa et maman qui passent leur temps à se pencher pour ramasser. Votre enfant marque de plus en plus d'intérêt pour les petits objets, signe que sa vue est à présent très bonne. Quand vous l'appelez, il lève la tête vers vous, mais plus seulement à cause du charme de votre voix : il réagit à présent à l'appel de son prénom. En réponse, il vous offre de longs gazouillis et des syllabes bien construites. Une ébauche de langage ? Certainement, car bébé pourrait commencer à « s'exprimer » différemment selon qu'il s'adresse à maman ou à son jouet préféré. Il poursuit son éveil musical tout seul en agitant son hochet, en faisant sonner ses jouets sur des surfaces dures. Bébé manifeste de plus en plus sa présence en remuant et en faisant du bruit.

Il rampe comme un G.I.

L'autonomie est encore loin, mais à 7 mois, bébé peut commencer à se déplacer. Il ne sait pas encore s'asseoir

> Bébé s'adapte : il ne parle pas de la même façon à sa maman et à son doudou.

seul, mais une fois en position, il est relativement à l'aise et commence à corriger son équilibre en s'aidant de ses mains tendues vers l'avant ou appuyées au sol. En position ventrale, il sait depuis quelques semaines décoller le tronc, prendre appui sur ses bras, voire lâcher une main pour se saisir d'un jouet. Ce mois-ci, il franchit encore une étape en se dirigeant vers l'objet qu'il convoite. Il est difficile de supporter son poids, de se mouvoir et de s'orienter tout à la fois. La marche à quatre pattes bien appuyée sur les mains et les genoux attendra. Pour l'heure, c'est tout le corps de bébé qui participe à ses premiers essais de reptation : bras, ventre, cuisses et pieds. Il se propulse en quelque sorte à la manière du soldat embusqué qui rampe sur ses coudes. La méthode manque d'élégance, mais elle est efficace : plus que jamais, il faut éviter de laisser bébé sans surveillance lorsque vous l'installez sur la table à langer, le canapé ou encore votre lit...

Dès lors qu'il est en mesure de se mouvoir, le parc devient un terrain de jeu sécurisé idéal. Comme l'enfant ne parcourt que de très courtes distances, il ne s'y sentira pas trop à l'étroit. En revanche, il faut être attentif au modèle choisit : la base du parc doit être assez rigide pour que bébé ne s'enfonce pas en cherchant à se redresser.

Bébé à **7 mois**

- **Il a très envie de se redresser, saute et pousse sur ses gambettes.**
- **Il parvient à passer un objet d'une main à l'autre.**
- **Il peut se saisir de deux petits jouets en même temps.**
- **Il sait lâcher un objet, mais ne contrôle pas encore parfaitement le mouvement.**
- **Il commence à s'intéresser aux détails.**
- **Il vous parle longuement.**
- **Il aime le bruit : le son de votre voix et de la sienne, mais aussi celui qu'il peut produire avec tous les objets qui l'entourent.**
- **En position assise, il est plus à l'aise et trouve son équilibre.**
- **En position ventrale, il commence, maladroitement, à ramper.**
- **Il a l'âge idéal pour commencer à bien s'amuser dans son parc.**

La grosse colère et l'interdit

À 9 mois, bébé ne sait pas claquer la porte en vous disant qu'il n'a pas demandé à naître. Il peut cependant vous donner du fil à retordre et vous montrer qu'il a son caractère. Face à ces « colères », il faut réagir avec fermeté.

Il ne veut pas être couché, vous refusez qu'il attrape un objet qui lui fait envie... Il crie, rougit, rejette le haut de son corps en arrière, se raidit et se cambre. Ses bras et ses jambes s'agitent, à tel point d'ailleurs qu'il peut vous faire mal : pas de doute, Monsieur bébé est en colère.

Au fil des mois, ses besoins ont changé. Il ne s'agit plus seulement de manger, dormir, être changé ou câliné. Bébé a besoin d'être diverti, il a besoin de découvrir et d'explorer. Seulement, les moyens physiques lui manquent encore : une frustration légitime peut donc se faire jour, d'autant que vous lui imposez la plupart de ses mouvements. Pendant les premiers mois de sa vie, il a toujours obtenu ce qu'il voulait. Rencontrer un interdit, aussi petit soit-il, est donc nouveau. La fermeté qui est la vôtre lorsque vous refusez qu'il joue avec votre paire de boucles d'oreilles le surprend, le frustre et l'angoisse.

Jusqu'où la colère peut mener

Certaines mamans, surprises de ces soudaines crises, ont tôt fait de s'imaginer que leur bébé est peut-être pris d'une douleur soudaine. Le contraire sera rapidement prouvé : appelez le papa, ou la grande sœur, dans la pièce d'à côté, et demandez-leur d'agiter près de lui un jouet attractif, ou quoi que ce soit d'autre. Si bébé s'arrête de pleurer aussi sec et affiche un large sourire, la preuve est faite. Parfois, il arrive que les crises surviennent de façon très régulière, le soir ou à distance des siestes. Demandez-vous alors si la fatigue n'est pas en cause. Couché trop tardivement, bébé peut montrer de vrais signes d'énervement et d'agitation.

Lorsqu'il est en colère, bébé n'est pas du genre à faire un ulcère. Submergé par une émotion qu'il ne sait pas maîtriser, il laisse éclater toute la rage qui est en lui.

En de rares occasions, la crise peut atteindre son paroxysme : à force de pleurer, il perd son souffle, se met à hoqueter, sa couleur de peau vire soudainement au bleu, il ne respire plus pendant cinq ou dix secondes, puis perd connaissance. L'épisode est traumatisant pour le parent qui croit perdre son enfant. Heureusement, celui-ci revient tranquillement à lui ; l'orage est passé. Cet épisode, qui peut aussi survenir quand bébé se blesse ou se fait une grosse frayeur,

> La colère submerge bébé : il la laisse éclater avant de se calmer.

© Kirill Zdorov - Fotolia.com

porte un nom : le spasme du sanglot. Le parent n'a rien fait pour provoquer cette réaction extrême ; il n'y a pas lieu de culpabiliser et, surtout, il faut résister à l'envie impérieuse mais néanmoins légitime de couvrir l'enfant de caresses en guise d'excuses. Bébé comprendrait bien vite le pouvoir qu'il a sur vous et pourrait être tenté de renouveler l'expérience. Si cela devait se reproduire, informez-en votre médecin qui vous conseillera sur l'attitude à adopter.

Réagir face à la crise

Quand votre bébé « surréagit » à un événement, votre meilleure chance d'obtenir un retour rapide à la normale est d'avoir une attitude mesurée. Vous resterez calme plus longtemps si vous gardez à l'esprit que votre bébé n'est ni capricieux, ni mauvais : il crie parce qu'il ne comprend pas encore. Respirez bien à fond, ne cédez ni à votre enfant, ni à l'énervement. Vous aviez décidé de le mettre dans son parc ? Poursuivez. Vous vouliez lui reprendre un objet qu'il a réussi à attraper ? Persistez. Expliquez-lui calmement pourquoi vous agissez de la sorte et si la moutarde vous monte au nez, avant de hausser le ton, optez pour une méthode certes moins éducative mais beaucoup plus rapide : détournez son attention. Vous ne pouvez pas, et ne devez pas, éviter indéfiniment ces épisodes conflictuels : découvrir la frustration et apprendre l'interdit constituent des étapes importantes de son éducation.

Bébé en colère

- **À 9 mois, parfois moins, un bébé peut faire une crise de colère.**
- **La cause : la frustration de ne pas pouvoir se déplacer ou un refus de votre part.**
- **La colère peut, dans rares cas, mener aux spasmes du sanglot.**
- **Pendant quelques secondes, bébé cesse de respirer puis bleuit.**
- **Ces crises sont sans conséquences.**
- **Si elles se reproduisent, contactez un médecin.**
- **Face à une crise de colère, ne cédez pas : vous enverriez le mauvais message à votre enfant.**
- **Réagissez de manière calme et assurée.**
- **Ces crises permettent à bébé de comprendre qu'il ne peut pas tout avoir.**
- **Détournez son attention ou quittez la pièce avant de vous énerver.**

L'initier à la propreté

Fini la corvée de couches, terminé le popotin bien rembourré sous les salopettes. Tout parent ne tarde pas à rêver du jour où bébé sera enfin propre. Malheureusement, la propreté ne se décrète pas : ce serait trop simple !

Vous avez décidé de mettre votre enfant à l'école à deux ans précisément, vous avez vu votre sœur batailler pendant des mois pour que votre nièce puisse enfin se passer de couches… C'est décidé, votre bébé, qui vient de fêter son premier anniversaire, sera propre dans quinze jours ! D'ailleurs, votre mère ne vous a-t-elle pas assuré qu'il en avait été ainsi pour vous ?

En effet, les précédentes générations de mamans prenaient le sujet de la propreté à bras-le-corps très tôt. Aujourd'hui, les professionnels de la petite enfance désapprouvent cet apprentissage à marche forcée, qu'ils n'hésitent pas à comparer à du dressage.

La méthode était en général efficace, mais elle avait aussi ses effets pervers. Un bébé installé prématurément sur le pot peut se braquer, et tout refuser en bloc, alimentation comprise. À trop vouloir se retenir, il peut développer une tendance à la constipation. Pour finir, cette obligation de « faire » à laquelle il ne comprend pas grand-chose n'est pas de nature à l'aider à apprivoiser son corps.

Quand commencer ?

Il est aujourd'hui conseillé de laisser bébé avancer à son rythme. Plusieurs mécanismes entrent en jeu, dans le comportement et les capacités physiques de bébé, qui vont lui permettre non pas d'apprendre à aller sur le pot, mais d'acquérir cette capacité, tout comme il a découvert comment ramper, marcher.

Il doit maîtriser ses sphincters, ce qui lui permettra de se retenir. Il doit aussi savoir pousser sur commande et comprendre, de façon basique, que ce qui rentre dans le corps, finit par en sortir. Il doit identifier le « pipi » et le « caca », c'est-à-dire, a minima, reconnaître ces mots. En général, l'ensemble de ces aptitudes s'acquiert entre deux et trois ans, la propreté venant dans le même temps.

À 1 an, certains bébés sont déjà en mesure de faire savoir qu'ils veulent aller aux toilettes. Il faut bien reconnaître qu'ils sont peu nombreux ! Pour ce qui est de percevoir ce qui se passe dans son corps, vous pouvez mettre votre enfant sur la voie en lui expliquant pourquoi vous le changez. Petit à petit, il comprendra ainsi ce que « pipi-caca » veut dire. Pour le reste, il va falloir guetter les signes qui vous indiquent qu'il est prêt.

> Un bébé d'un an peut être sensibilisé à la propreté qu'il acquerra plus tard.

© Monika Adamczyk - Fotolia.com

On dit parfois qu'un enfant est apte à pousser et à se retenir lorsqu'il est capable de monter un escalier et donc de pousser sur ses jambes et de se retenir dans la descente. Il peut aussi marquer davantage de gêne et d'inconfort lorsqu'il a les fesses mouillées, en pleurant ou en tirant sur sa couche. Il peut enfin avoir les fesses encore sèches après la sieste, ce qui vous indique qu'il s'est retenu.

La méthode

Dans un premier temps, faites-lui simplement découvrir son pot. Voilà en effet un bien curieux objet qu'il va falloir apprivoiser. Laissez-le s'asseoir dessus tout habillé, déposez-y la couche sale devant lui pour montrer son utilité. Quand vous sentez que bébé est prêt, mettez-le sur le pot à heures fixes : au réveil, après manger, avant d'aller dormir. Ne le laissez en place que quelques minutes, et s'il pleurniche ou s'agite, n'insistez pas. Ne culpabilisez jamais votre enfant. À l'inverse, si vous arrivez à vos fins, félicitez-le mais sans excès. Évitez les phrases du type *« Quel beau caca ! »* : s'il est beau, pourquoi le jetez-vous ? Votre enfant aura peut-être le réflexe de tripoter le contenu du pot : pour lui, tout cela reste un peu magique. Expliquez-lui les choses calmement, sans vous offusquer : il n'est pas *« un vilain petit cochon très sale »*. En devenant propre dans la journée, votre enfant vient de faire un très grand pas. Être propre pendant la nuit lui demandera encore quelques mois.

Sur le pot

- **N'imposez pas la propreté à votre enfant.**
- **Sachez détecter les signes qui vous indiquent qu'il est prêt.**
- **Le pot doit être stable et de taille adaptée.**
- **Mieux vaut employer un pot qu'un réducteur de toilettes.**
- **S'il ne veut pas rester en place, pleure ou s'agite, n'insistez pas.**
- **Essayez les couches-culottes, que bébé peut enlever seul.**
- **Mettez-lui des jupes ou pantalons faciles à baisser.**
- **L'été, laissez-lui souvent les fesses à l'air.**
- **Si cela ne vous heurte pas, vous pouvez aller aux toilettes devant lui, pour l'aider à comprendre.**
- **Quand vous commencez l'apprentissage, informez-en la nounou pour qu'elle suive la même méthode que vous.**

ATTENTION, BÉBÉ ARRIVE...

À huit mois, la position assise n'a plus de secret pour votre enfant, et l'art du quatre-pattes lui est de plus en plus familier. Il commence à se déplacer efficacement et les semaines qui viennent vont lui permettre de gagner en rapidité.

Après des semaines d'efforts, bébé a enfin trouvé la combine pour se dresser sur son séant : il suffit de se cramponner aux barreaux du parc. Il peut rester assis de plus en plus longtemps, son dos est à présent bien robuste. Il se baisse sans problème pour attraper les jouets qui traînent autour de lui, en mettant tout son poids sur une fesse ou sur l'autre. Vous serez peut-être surprise d'entendre votre médecin vous dire que bébé fait le « parachutiste ». Cela signifie que lorsqu'il est assis, si quelque chose le déstabilise, il sait tendre les bras pour parer une éventuelle chute. Il maîtrise donc bien l'équilibre en position assise.

Il rampe un peu mieux. Son corps ne lui paraît plus aussi lourd, il arrive à le soulever en prenant appui sur ses mains et ses pieds.

Un jouet fascinant : la cuillère

Ses deux mains sont bien coordonnées, et, à force d'essayer de ramper sans doute, il a pris de la force dans les biceps. Désormais, il peut soulever son biberon à deux mains et le boit presque tout seul. Il s'investit d'ailleurs de plus en plus dans la prise des repas. Il ne se contente plus d'ouvrir passivement la bouche à l'approche de la cuillère. Il veut toucher la cuillère, palper la nourriture. Mieux vaut ne pas mettre un beau chemisier blanc avant de nourrir bébé et bien protéger la chaise haute avant de commencer.

Si l'utilisation de la cuillère est encore loin d'être acquise, bébé a néanmoins fait de gros progrès dans sa manière non pas de se saisir, mais de tenir les objets. Avant, il les embrassait à pleines mains. Aujourd'hui, il commence à bien utiliser son pouce avec lequel il forme une pince, souvent avec le petit doigt, puis de plus en plus avec l'index. Ses mains étant de plus en plus habiles, elles deviennent aussi utiles que la bouche dans la découverte du monde qui l'entoure. Bébé peut faire passer longuement un jouet d'une main vers l'autre, pour mieux l'observer sous toutes ses coutures.

Son discours se fait plus varié : avant, il répétait, par phases, des sons identiques. Désormais, il apprend à enchaîner des sons différents. Il a bien saisi toute la diversité du langage des adultes.

[IL SE DÉPLACE, SES JEUX SE DÉVELOPPENT. À 8 MOIS, BÉBÉ EST UN PETIT ÊTRE PLUS « COMPLET ».

Des échanges plus nourris

Lorsque vous parlez tous les deux, l'un face à l'autre, vous remarquerez que votre enfant reproduit de plus en plus vos mimiques mais aussi vos gestes. Vers huit mois, il apprend à faire « au revoir » de la main.

La diversité des compétences acquises en fait, à de multiples égards, un petit être plus « complet ». Toujours aussi curieux, ouvert sur le monde, bébé va commencer à véritablement jouer avec ses cubes, peluches… Pour les parents, c'est une nouvelle dimension d'échange, passionnante, qui se met alors en place.

Huit mois est également un âge clé dans la construction de la personnalité de votre enfant. Il marque le début d'une réelle prise de conscience de son altérité. On associe souvent à cet âge le « stade du miroir ». Il y a quelques mois, placé devant une glace, bébé faisait des signes et des gazouillis à l'attention de celui qu'il prenait pour un autre bébé. À huit mois, dans la même posture, il commence à se poser des questions et si le concept d'un reflet de la réalité est bien difficile à comprendre à un si jeune âge, il perçoit bien que le visage adulte dans la glace est celui de sa mère, et que ses mouvements entraînent une réaction symétrique dans la glace. Il va lui falloir encore quelques mois pour pleinement intégrer tout cela, mais déjà, bébé se perçoit comme un être séparé de sa mère. Cette prise de conscience provoque en lui une forte angoisse à l'idée d'être privé de celle-ci et à la pensée d'être confronté à des étrangers.

Bébé à 8 mois

- **En prenant appui, il parvient à s'asseoir seul.**
- **Il fait le parachutiste : il sait utiliser ses bras pour se protéger d'une chute éventuelle.**
- **Il rampe beaucoup mieux.**
- **Il sait tenir son biberon et aimerait bien tenir sa cuillère.**
- **Il ne se contente plus de sucer les objets ; maintenant, il les mordille.**
- **Il commence à jouer : il compare les objets, en pose un pour en prendre un autre, les cogne les uns contre les autres…**
- **Avant, pour tenir un objet, il formait une pince avec toute sa main. Désormais, « sa pince » mobilise davantage le pouce et l'index.**
- **Il a peur d'être séparé de sa mère.**
- **Il craint les adultes qu'il ne connaît pas.**

Bougez avec votre bébé

Au bout de quelques mois, la curiosité de bébé s'éveille. Ne la mettez pas en sommeil : aussi longtemps qu'il s'intéresse à tout, faites-lui découvrir le parc, la rue, votre quartier. Et profitez-en pour vous changer les idées !

Quelques pas quotidiens au grand air, hors des quatre murs de l'appartement sont recommandés dès la sortie de la maternité, si tôt que la mère a repris ses forces. Dans les premiers temps, ce n'est d'ailleurs pas à bébé que la balade fait le plus de bien. Calé au fond de son landau, il dort à poings fermés. Pendant ce temps, maman se change les idées, et constate avec étonnement que le monde n'a pas cessé de tourner. Quand l'enfant grandit, cette sortie lui permet de se frotter à la réalité du monde extérieur, de se familiariser avec les bruits de la ville.

> L'écharpe de portage est appréciée pour sa simplicité et sa qualité de maintien.

La promenade n'est d'ailleurs pas toujours chose aisée en milieu urbain où on privilégiera les parcs : difficile de se détendre et de prendre un bon bol d'air frais entre deux rangées de voitures !

Le caractère quotidien ne doit pas devenir impératif. On est parfois mieux chez soi, surtout lorsqu'il fait -10 degrés. Ne restez pas cloîtrée pour autant dès que s'annoncent les premiers frimas. Adaptez simplement la tenue de bébé à la saison.

Le bolide de bébé

La poussette-canne, légère, pliable, s'avérera bien pratique pendant les premières années de bébé. Choisissez-la haute, et pourvue d'amortisseurs et d'un système de blocage des roues de bonne qualité.

Tant que bébé ne tient pas assis, la poussette est en revanche tout à fait inadaptée. Il vous reste alors deux choix, radicalement différents : le landau ou le porte-bébé.

Ces dernières années, le second a largement détrôné le premier, et les raisons sont nombreuses. Si le landau met bébé bien à l'abri des intempéries et lui permet de trouver le sommeil en étant bien allongé, il est en revanche assez onéreux et ne sert que quelques mois. Même dans sa version convertible, il reste encombrant et peu pratique en ville. Le porte-bébé permet quant à lui un contact plus étroit avec l'enfant et a le grand avantage de laisser les bras libres. L'argument fait souvent mouche auprès des jeunes parents.

Sur le ventre, le dos, la hanche…

Si vous vous décidez pour le porte-bébé, il faudra encore vous y retrouver dans la jungle des produits proposés. Le

© Sarah Musselman - iStockphoto.com

panel oscille entre deux extrêmes : l'écharpe, inspirée des modes de portage traditionnels, et le porte-bébé classique. Celui-ci présente communément un aspect moins esthétique, mais ses armatures et son jeu de harnais le rendent plus sécurisant aux yeux des parents. De plus en plus, cependant, l'écharpe séduit par sa simplicité, son aspect naturel.
Au-delà du concept et de l'esthétique, le choix doit être fait selon des critères objectifs. Avant toute chose, les épaules et le cou de bébé doivent être bien maintenus. Certains porte-bébé sont pourvus d'un appui tête de grande dimension mais qui n'empêche pas, pour autant, à la tête de basculer sur le côté. N'hésitez pas à essayer avant d'acheter pour vous assurer que l'ergonomie du porte-bébé est bonne.
L'écharpe est plébiscitée par les spécialistes car elle respecte la forme arrondie du dos de bébé, tout en le maintenant bien solidement. C'est un mode de portage évolutif qui accompagne l'enfant de la naissance à ses trois, voire quatre ans. Le nouveau-né s'y love comme dans un cocon, l'enfant, quant à lui, y retrouve facilement la mobilité de la tête et des bras. Il existe une multitude de nœuds pour fixer l'écharpe qui permettent de varier les positions : en berceau, contre votre ventre, à la naissance, puis sur votre hanche, ou sur votre dos. Si vous n'avez aucune amie en mesure de vous initier, surfez sur la toile : vous trouverez une foule de cours et d'ateliers de mamans prêtes à vous enseigner tous leurs trucs.

Bébé en VADROUILLE

- **Sortir tous les jours est bénéfique pour la mère et l'enfant.**
- **Bébé a besoin de se familiariser avec son environnement.**
- **N'utilisez pas de poussette avant les six mois de bébé.**
- **Achetez une poussette ou un landau qui respecte les normes de sécurité.**
- **Soyez attentif au système de blocage des roues et aux amortisseurs.**
- **Choisissez un modèle de poussette qui met l'enfant à l'abri des gaz d'échappement.**
- **Testez le porte-bébé avant de l'acheter.**
- **Assurez-vous que le porte-bébé maintient bien la tête de l'enfant.**
- **Faites-vous aider, pour la première utilisation d'une écharpe.**
- **Si vous en ressentez le besoin, prenez des cours de portage.**

ATTENTION, BÉBÉ À BORD !

Plus personne ne penserait aujourd'hui prendre le volant en laissant bébé dans son couffin, sur la banquette arrière. En presque vingt ans, le siège auto est devenu un réflexe obligatoire. Voici les paramètres à intégrer pour ne pas se tromper à l'achat.

À l'avant, à l'arrière, nacelle ou siège... il y a de quoi être un peu perdu au moment de l'achat. Il est donc important de connaître vos obligations : aucun enfant de moins de 10 ans ne peut prendre place à l'avant d'un véhicule et tout enfant de moins de 1,50 m doit être retenu, non pas avec la ceinture habituelle des adultes, mais grâce à un dispositif spécifique.

Il existe, comme toujours, des exceptions à la règle qui permettent à un enfant de moins de 10 ans de prendre place à l'avant : par exemple, si son siège peut être installé dos à la route (l'airbag passager est alors désactivé), si le véhicule ne dispose que de deux places, ou encore si les places à l'arrière du véhicule sont déjà toutes occupées par des enfants de moins de 10 ans.

Quant au siège utilisé, il doit correspondre à la morphologie de l'enfant. Pour guider les parents, tous les sièges homologués sont classés en cinq groupes correspondant à son poids : 0 (jusqu'à 10 kg), 0+ (jusqu'à 13 kg), 1 (jusqu'à 18 kg, soit 4 ans environ), 2 (jusqu'à 25 kg soit 7 ans environ), 3 (jusqu'à 36 kg soit 10 ans environ).

CHOISIR SON SIÈGE

Pendant sa première année, bébé pourra donc expérimenter les modèles du groupe 0 ou 0+.

Pour le premier âge, vous aurez classiquement le choix entre deux dispositifs : la nacelle et le siège « coque ». La nacelle est idéale pour les longs trajets car bébé, qui s'y trouve bien allongé, pourra dormir à son aise. Son usage reste cependant très limité dans le temps car votre enfant s'y sentira vite à l'étroit ; elle est de plus encombrante et peu pratique à manœuvrer. La coque, qui s'installe dos à la route, est réputée plus protectrice ; dans une position demi-assise, le dos de bébé est relativement ménagé.

Sécurité, modularité, confort voire même esthétisme : on attend du siège auto bien des qualités. Les fabricants se sont engouffrés dans la brèche et l'offre est aujourd'hui très diversifiée. Les modèles les plus élaborés peuvent facilement atteindre les 300 euros. On peut alors être tenté d'en acheter un d'occasion. Comme souvent, en matière de puériculture, acheter une deuxième main n'est pas une bonne idée : depuis 1992, les normes de sécurité ont amplement changé. Si vous souhaitez faire des économies, optez plutôt pour un modèle compatible avec plusieurs tranches d'âge : on trouve ainsi des sièges

[SÉCURITÉ, MODULARITÉ, CONFORT : LE SIÈGE AUTO DOIT AVOIR TOUTES LES QUALITÉS.

© Dron - Fotolia.com

appartenant à deux groupes (0 et 1, ou 1 et 2), voire trois groupes (1, 2 et 3).

Avant d'acheter, essayez le siège ou demandez une démonstration au vendeur. Ne vous fiez pas à l'emballage qui vous promet une utilisation « universelle », sur tout type de véhicule. En effet, certains ont la mauvaise surprise de constater que les ceintures de leur véhicule sont trop courtes. À savoir : certains véhicules sont équipés d'un dispositif « Isofix ». Pratique, il permet de fixer plus simplement le siège auto grâce à des clips et sans la ceinture.

Sur la route des vacances...

Pour qu'un long trajet en voiture ne se transforme pas en cauchemar, votre enfant doit être habitué au siège auto. Essayez de le faire voyager régulièrement, pour qu'il supporte bien, le moment venu, d'être retenu par un harnais. Le siège auto ne suffit pas à assurer sa sécurité : pensez à verrouiller les portières arrière et à remonter leurs fenêtres et ne posez pas de bagage sur la plage arrière.
Quand vous ne pouvez pas éviter de rouler aux heures les plus chaudes de la journée, aérez le véhicule, protégez les fenêtres de bébé, donnez-lui souvent à boire. Faites des pauses régulières et laissez place nette à côté de bébé pour pouvoir aller, de temps en temps, vous asseoir à côté de lui. Et si c'est panique à bord, utilisez l'arme absolue : la cassette de chansons enfantines, à reprendre tous en chœur.

Avant d'acheter

- **Les sièges auto sont classés en cinq groupes : 0, 0+, 1, 2, 3.**
- **Les sièges 0 et 0+ sont adaptés au plus jeune âge.**
- **Certains sièges font partie de plusieurs groupes pour une utilisation prolongée.**
- **Les bébés peuvent être installés dans une nacelle ou dans une coque.**
- **Évitez les sièges d'occasion qui ne respectent peut-être plus les normes de sécurité.**
- **Essayez le siège avant de l'acheter.**
- **Vérifiez que le siège est homologué.**
- **Habituez bébé à faire de courts voyages en voiture.**
- **Si vous partez pour un long trajet, évitez les heures chaudes de la journée.**
- **Protégez votre enfant du soleil et donnez-lui régulièrement à boire.**

La crise du huitième mois

On la nomme « crise des 8 mois » ou « angoisse des 8 mois » comme pour lui donner un caractère inévitable. En réalité, cet épisode, comme la poussée dentaire ou les coliques des premiers mois, est vécu de façon différente par chaque enfant.

La crise des 8 mois, les parents en entendent beaucoup parler, mais de quoi s'agit-il exactement ? D'une perturbation soudaine du comportement de bébé qui peut paraître paradoxale. En effet, depuis plusieurs mois, bébé s'emploie à devenir plus autonome. Alors que ses efforts commencent à porter leurs fruits, puisqu'il peut ramper, attraper ses jouets, traverser seul une pièce, il se montre brusquement plus lié à sa mère que jamais. Il pleure dès qu'elle sort de la pièce ou qu'on le confie aux bras pourtant attentionnés d'un ami de la famille. Pendant des mois, bébé est passé sans sourciller de mains en mains, pourquoi réagit-il de la sorte ? En grandissant, il prend simplement conscience que sa mère et lui sont deux êtres distincts et qu'elle n'est pas toujours auprès de lui. Bébé n'a encore qu'une très vague conscience du temps et n'est évidemment pas capable d'anticiper ; quand sa mère disparaît de son champ de vision, elle l'abandonne. Si toute séparation lui paraît insurmontable, être confié aux bons soins d'un étranger l'est tout autant. On donne d'ailleurs classiquement deux autres noms à la crise des huit mois : angoisse de la séparation ou peur des étrangers. Cette crainte nouvelle le poursuit jusque dans ses nuits : alors qu'il dormait bien, le voilà à présent qui se réveille de plus en plus régulièrement sous l'effet des cauchemars. Cette phase passera inaperçue chez certains petits, se déclenchera à 6 mois ou 1 an chez d'autres. Elle peut parfois durer plusieurs mois. Elle ne s'attache d'ailleurs pas uniquement à la mère, mais aussi au père, aux grands-parents, à la nounou, bref, à toute personne qui s'occupe régulièrement de lui et qu'il identifie comme visage familier et rassurant dans la masse des inconnus.

Comment réagir ?

Face à un bébé craintif, qui pleure dès que vous vous échappez, il faut naviguer entre deux extrêmes : ne le laissez pas s'isoler, se blottir en permanence « dans vos jupes ». Ne lui faites pas non plus violence en lui imposant les bras d'inconnus qui l'inquiètent.

Évitez de le gronder ou de vous moquer de lui en lui disant qu'il « fait son gros bébé » : quoi de plus normal puisqu'il n'a que quelques mois ! Lorsque votre enfant est confronté à un visage nouveau qui l'inquiète,

> Pour le bébé, quand sa mère quitte son champ de vision, elle disparaît complètement.

prenez-le dans vos bras et emmenez-le à la rencontre de cette personne. Présentez-la et plaisantez un moment avec elle : en vous voyant parler en toute confiance, votre enfant verra qu'il n'a rien à craindre. Ce nouveau venu dans la vie de bébé doit aussi faire quelques efforts pour être apprécié : encouragez-le à sourire, à parler à votre enfant, à faire de petites grimaces. Après une petite demi-heure de jeux, bébé sera sans doute plus enclin à faire vraiment connaissance.

Quand il faut s'absenter

Si vous vous occupiez de votre enfant à temps complet jusque-là, le moment est mal choisi pour commencer à le faire garder : il a besoin de repères solides. On dit souvent que les bébés qui passent leur journée à la crèche, ou avec une assistante maternelle, sont moins angoissés que les autres. Il se peut cependant que la séparation devienne pour quelque temps plus difficile. Ne le laissez pas seul face à ses inquiétudes, ne vous éclipsez pas sur la pointe des pieds pendant qu'il regarde ailleurs. Agissez comme aux premiers jours de crèche : laissez-lui un objet familier ou un doudou. Expliquez toujours à votre enfant ce qui arrive. Dites-lui que vous vous absentez pour quelques heures, qu'il va bien s'amuser, et que vous passerez le chercher pour rentrer ensemble à la maison. Il ne comprendra pas tout, mais votre ton calme et sincère le rassurera.

Grosse angoisse

- **La crise des 8 mois est provoquée par une prise de conscience : bébé et sa mère sont deux être distincts.**
- **Il a peur d'être séparé de toute personne qui s'occupe régulièrement de lui : parents, grands-parents, nounou…**
- **Il est intimidé par les visages inconnus.**
- **La crise des 8 mois se manifeste différemment chez chacun.**
- **Elle peut commencer à 6 mois, 8 mois, ou plus tard.**
- **Elle peut durer plusieurs mois.**
- **Elle entraîne parfois des cauchemars.**
- **Aidez-le à « affronter » les étrangers.**
- **Prenez le temps de le rassurer quand vous devez vous absenter.**
- **Cette crise n'est pas une régression, mais une étape normale du développement de bébé.**

Bébé prend un peu de hauteur

Fini le plancher des vaches : ce mois-ci, bébé prend son courage à deux mains, pousse sur ses jambes et se redresse enfin. Les bonnes surprises ne s'arrêtent pas là : peut-être entendrez-vous un premier « papa » ou « mama ».

Bébé s'assoit désormais tout seul, en comptant sur la seule force de ses bras et rampe efficacement. Ce qu'on connaît déjà ne tarde pas à devenir ennuyeux : à peine gagnée la bataille du quatre-pattes, il vise à présent la station debout. Quand il est redressé, il tient tout seul, en se cramponnant à un meuble. Les premiers temps du moins, il ne garde pas cette position très longtemps. À force de tanguer sur ses pieds, il finit par chuter lourdement sur son popotin. Vous pouvez continuer à encourager son goût de la marche en lui faisant parcourir vos espaces de vie. Tenez-le de préférence non pas par les mains mais sous les aisselles.

Au neuvième mois, les jouets connaissent une nouvelle utilité. D'abord, bébé ne se contente pas de les manipuler grossièrement ou de les aplatir sur la table pour faire du bruit. Il commence à les analyser et aussi à entrevoir leur fonction. Il peut, par exemple, apprendre à tirer sur la ficelle du doudou pour entendre sa musique…

C'est sûr, il l'a dit !

La ribambelle des syllabes continue. Ce long discours se charge d'une intonation tour à tour chantante, interrogative : bébé reproduit la musique de la langue telle qu'il la saisit. Au hasard de cette multitude de sonorités à laquelle il s'essaie pour imiter votre langage, il se peut qu'un « papa » ou « mama » surgisse.

Naturellement, votre cœur de parent vous poussera à y voir un immense progrès, et à penser que votre enfant vous a expressément désigné. Difficile de savoir si tel est bien le cas. Ce qui est certain, en revanche, c'est que si vous encouragez votre enfant à chaque fois qu'il émet ces sons (*« Bravo mon chéri, tu as raison, c'est bien ton papa »*), il comprendra rapidement l'utilité et le sens de ce mot, et l'utilisera alors de façon volontaire.

L'ensemble de ces acquis va être vérifié à l'occasion d'une visite obligatoire chez votre médecin qui établira à cette occasion le certificat de santé du neuvième mois.

Plus encore que le mois dernier, le jeu est un moyen d'échanger, avec papa et maman d'abord, puis avec toute personne qui vient à sa rencontre. Bébé va en effet esquisser petit à petit le geste du don, en tendant la main d'abord puis, en lâchant délibérément l'objet dans la main de l'autre.

> Bébé commence à vous tendre ses jouets : il comprend l'importance du don et de l'échange.

Ce geste a une dimension sociale évidente : donner, échanger, c'est une manière d'être accepté qui sera notamment mise à profit à la crèche, avec ses premiers copains. On sait aussi que bébé a tendance, à cet âge, à être angoissé, principalement bien sûr par l'idée de perdre sa mère, mais plus généralement par tout ce qui rejoint cette idée de voir un repère disparaître. En acceptant de se défaire d'un jouet, même pour un instant, il fait un beau pas en avant.

Un sacré tempérament

Mais alors que bébé se montre capable d'agir en véritable petit altruiste, d'autres aspects de sa personnalité se développent, sans doute moins plaisants. Neuf mois, c'est aussi l'âge des premières vraies colères, cris et crises de larmes lorsque vous prenez une décision qui ne convient pas à bébé. Il montre des signes d'opposition, détourne la tête des aliments, se cache le visage pendant la toilette, continue à jeter par terre, avec un peu plus de force, ce qui passe entre ses mains. Vous savez que votre enfant comprend ce que « non » veut dire, vous savez également qu'il ne tarde pas à s'apercevoir qu'il a mal agi. Il faut donc faire appel à son intelligence pour désamorcer avec fermeté et diplomatie ces petites divergences de vue, sans ajouter votre énervement au sien. Ces signes d'une personnalité naissante sont plutôt encourageants : votre bébé se développe bien et s'exprime en toute confiance.

Bébé à 9 mois

- **Il s'assoit sans avoir besoin d'appui.**
- **Il se déplace rapidement à quatre pattes.**
- **Il parvient à se redresser, en se tenant fermement aux meubles.**
- **Il ne reste pas debout très longtemps : l'équilibre lui fait encore défaut.**
- **Il comprend le fonctionnement des jouets simples.**
- **C'est le moment de sortir les tableaux et jeux d'éveil multifonctions.**
- **À force d'imitation, il prononce ce qui ressemble à un premier mot.**
- **En l'encourageant, vous lui permettrez d'utiliser « papa » et « maman » à bon escient.**
- **Il se met, petit à petit, à donner, ou plutôt prêter, ses jouets.**
- **Il fait des colères, et s'emporte parfois de façon soudaine et surprenante.**

Les acquis se renforcent

Mobilité, langage, jeux d'observation ou d'adresse et manipulation d'objets plus fine... À 10 mois, les tout-petits consolident l'ensemble des capacités qu'ils viennent d'acquérir, dans tous les domaines.

Tenir sa tête à 4 mois, se redresser à 9 mois... Certains âges font figure de jalons, de repères pour tous les parents. Les 10 mois n'en font pas partie : aucun acquis symbolique n'y est associé. Comme chaque enfant suit un chemin qui lui est propre, ces 10 mois pourront être marquants pour votre enfant à vous : une première dent qui se sera bien fait attendre, un premier pas des plus précoces...

Le cabotage

Le mois dernier, votre bébé se cramponnait à la table basse, jetant toute son énergie dans cette volonté de rester debout le plus longtemps possible. En quelques semaines, sa résistance s'est sans doute bien améliorée et voilà bébé prêt à tenter un déplacement en position verticale. Courageux mais pas téméraire, il ne pense pas une seconde à lâcher son précieux support.

Les deux mains bien fermement en appui, il va marcher en crabe, de gauche à droite, de droite à gauche. Cette phase de cabotage peut être très longue pour certains enfants : ils cherchent leur équilibre et sentent bien jusqu'où ils peuvent aller dans leur découverte. Inutile donc de leur forcer la main. En revanche, il faut les encourager le plus possible et leur donner confiance.

Ne restez pas collée à votre enfant, dans la crainte d'une chute, qui viendra forcément. Reculez-vous de deux ou trois bons pas, accroupissez-vous pour être à sa hauteur et motivez-le à vous rejoindre.

Parallèlement, bébé continue bien évidemment à explorer le monde à quatre pattes. Il passe relativement facilement d'une position à l'autre (couché, assis, à quatre pattes, debout). Une seule chose l'épuise : l'immobilité. Évidemment, cela peut compliquer la toilette, le change ou les séances d'habillage.

Vous devrez adapter votre manière de faire à ses nouvelles aptitudes, en le laissant se redresser cramponné à vous, en lui donnant une chaussette pendant que vous enfilez l'autre...

Le mot passe-partout

Son vocabulaire s'enrichit avec l'apparition du mot « fourre-tout ». Formé d'une ou deux syllabes, ce nouveau mot n'évoque pas grand-chose à votre oreille. Mais pour votre enfant, « dada » est chargé de sens, il ne l'emploie pas au hasard. Et s'il a commencé à parler le mois dernier, il y a de fortes chances pour qu'il maîtrise désormais à merveille « papa » et « maman », deux mots

> Comment cela ? Vous ne voyez pas ce que « dada » veut dire ? Pour bébé, c'est limpide !

qui, longtemps encore, vous sembleront magiques et mélodieux. Côté jeux, la manie du moment tient à remplir et à vider. Assis devant sa corbeille de jeu, bébé en sort toutes les peluches les unes après les autres. Comble du bonheur pour les parents, il éprouve, pour l'heure, le même plaisir à remettre ses jouets à leur place.
Dans son bain, les tasses à remplir et à vider l'amusent toujours autant. Il faut aussi penser à lui donner quelques objets un peu plus stimulants qui lui permettront de travailler sa motricité fine. Il existe une foule de jeux adaptés à cet âge, des anneaux que l'on enfile autour d'un axe au traditionnel faux premier puzzle en bois dans lequel l'enfant doit simplement insérer des triangles et des carrés.

Vous avez sans doute, à la maison, quelques objets qui suffiront à son bonheur, des boîtes gigognes en carton à rentrer l'une dans l'autre par exemple. L'attention de bébé est en général de courte durée mais il suffit qu'il découvre un jeu passionnant pour qu'il recommence encore et encore sans jamais se lasser.
Plus votre enfant grandit, plus il a besoin d'être confronté au monde extérieur et de découvrir ce qui s'y passe. Sortez vous promener aussi souvent que possible. Puisque, de plus en plus, il veut que vous l'aidiez à marcher, faites-lui faire quelques pas au parc. La terre et l'herbe fraîche, ça change de la moquette du salon !

Bébé à 10 mois

- **Il arrive à rester debout de plus en plus longtemps.**
- **Bébé fait du cabotage : il assure ses premiers déplacements en s'accrochant à la table basse ou au canapé du salon.**
- **Il est parfois un peu craintif et a besoin que vous lui redonniez confiance.**
- **Il est plein d'énergie, toujours en mouvement.**
- **Vous devez souvent le changer ou le savonner debout, et le distraire pendant que vous l'habillez.**
- **Il a trouvé son mot « fourre-tout » : deux syllabes qu'il utilise pour signifier tout un tas de choses.**
- **Il joue à remplir et vider.**
- **Il aime emboîter les objets les uns dans les autres.**
- **Il apprend en répétant encore et encore.**
- **Il consolide ses acquis.**

Pas encore prêt à se lâcher

À 11 mois, votre enfant a des plages d'éveil de plus en plus étendues, ce qui vous permet de jouer davantage tous les deux. Tout ce que vous faites le passionne, il vous suit à travers la maison. Il veut participer.

À 11 mois, le pas de bébé se fait plus assuré mais il a toujours besoin d'appui. S'il s'entraîne depuis deux mois déjà, les premiers pas ne sont peut-être plus très loin. Observez bien votre enfant : lui arrive-t-il, lorsqu'il est debout, de lâcher quelques instants le meuble ? Est-il capable, en se tenant bien, de s'accroupir pour ramasser un jouet tombé à terre, puis de se redresser sans encombre ?

À force de le tenir par la main, votre dos souffre peut-être. En dehors du youpala, dont l'utilisation est souvent remise en cause, il existe aussi les pousseurs. En se tenant à la poignée ou au dossier de ces jouets montés sur quatre roues, bébé avance sans avoir peur de chuter. À défaut de jouet adapté, misez sur le système D : passez un traversin sous ses bras et maintenez-le par les extrémités de la pièce de tissu.

Développer l'imaginaire

Votre enfant maîtrise désormais deux ou trois petits mots. Si vous avez, de longue date, pris l'habitude de lui parler, pour lui expliquer ce que vous faites ou pour rappeler les règles, il est certainement à même de comprendre des phrases simples (« donne-moi ça », « où est papa ? »).

Bébé vous imite de mieux en mieux. Vous pouvez d'ailleurs vous lancer dans un concours de mimiques : sourire, fermer les yeux, froncer les sourcils. Profitez-en pour enrichir, jeu après jeu, son vocabulaire. Apprenez-lui à reconnaître les yeux, le nez, la bouche, les parties de son corps. Nommez régulièrement tous les objets de votre environnement dont le rôle est bien compris par l'enfant : le biberon, le lit… Bébé reprend aussi vos gestes et vos attitudes. Il se peut qu'il câline son doudou comme vous le câlinez. Plus imaginatif, bébé devient aussi plus autonome dans ses jeux. Cette créativité ne demande qu'à être entretenue : c'est le moment de sortir vos petits personnages et autres marionnettes grâce auxquels vous pourrez raconter des histoires simples et animées. Pensez également aux petits livres et aux imagiers : apprenez à bébé comment y retrouver tous les objets de la maison que vous lui avez appris à connaître.

Des balles et des cubes

À 11 mois, bébé sait lancer depuis un moment. Vous

> Le bébé de 11 mois comprend des mots simples : sortez les livres et les imagiers.

n'avez plus aucun doute là-dessus depuis qu'il vous a montré avec quelle force il pouvait faire valdinguer par-dessus les barreaux du parc les jouets qui ne trouvent plus grâce à ses yeux. Ce mois-ci, il va apprendre à viser en jouant à la balle. Choisissez la bien molle, en mousse par exemple, et pas trop grosse. Comme toujours, si elle est colorée, c'est encore mieux. Soyez attentive aux règles fixées dans le cadre du jeu : si vous permettez à votre enfant de jouer à la balle entre vos bibelots en cristal et votre jardin japonais, il comprendra mal que vous lui interdisiez de faire de même une demi-heure plus tard. Quand les jeux se font actifs, et risquent d'occasionner des dégâts, vous pouvez apprendre à votre enfant qu'il est préférable de s'amuser sur le tapis de jeu, dans le couloir ou dans sa chambre.

En quelques semaines, votre enfant a probablement appris à se servir, même maladroitement, d'une cuillère. Il adore manipuler les petits objets dont se servent les grands : un crayon, un jeu de clés... Pour l'amuser durablement, les cubes sont sans doute, avec la balle, le jeu le plus incontournable à cet âge. Votre enfant, qui a découvert les formes dans les semaines passées en tentant d'emboîter les objets les uns dans les autres, est prêt à entamer ses premières constructions. Il lui faudra quelques années, et l'aide d'un papa qui a forcément gardé une âme de petit bâtisseur, pour réaliser son premier château fort !

Bébé à 11 mois

- **Il marche en se tenant aux meubles.**
- **Pour lui donner plus d'autonomie, mettez à sa disposition un pousseur.**
- **En station debout, il peut lâcher ses mains quelques instants.**
- **En se tenant, il peut s'accroupir pour ramasser un objet par terre.**
- **Il utilise deux ou trois mots simples à bon escient.**
- **Il comprend très bien ce que vous lui demandez, quand vous lui parlez avec des mots simples.**
- **Il savait faire « bonjour » et « bravo » avec les mains, désormais il montre aussi du doigt.**
- **Il commence à empiler les cubes.**
- **Il aime jouer à la balle, mais ses lancers sont imprécis.**
- **Il est attentif à vos réactions : quand vous souriez de ses facéties, il recommence.**

Un pied devant l'autre

La nature fait bien les choses : il est fréquent que bébé fasse ses premiers pas autour de son premier anniversaire, un peu comme s'il voulait « marquer le coup ». Si ce jour n'est plus très loin, gardez l'appareil photo à portée de main.

Après une phase de « pédalage » dans le vide, les parents remarquent souvent, vers 6 mois, l'ébauche d'une envie de marcher. Quand bébé est maintenu en position verticale, il cesse d'être passif et commence à repousser, avec de plus en plus de vigueur, les genoux de maman sous ses petits petons. À sept mois, il fait même des bonds. Il attend de bien maîtriser le quatre-pattes, vers 8 mois, pour tenter de se redresser. Le simple fait de tenir en position semi-droite, le derrière plombé par la couche, les pieds mal assurés, est déjà un premier exploit. Petit à petit, bébé, un peu plus confiant, commence à faire quelques pas, les deux mains en appui sur un meuble.

> Ne vous inquiétez pas lorsque bébé chute. La couche-culotte est un bon amortisseur.

Comment l'aider ?

Rien ne sert de précipiter les choses. Bébé avance comme toujours à son rythme et cela lui réussit. Sans le brusquer, vous pouvez néanmoins l'encourager : le bord du canapé est un itinéraire bien monotone, surtout quand on l'arpente dix fois par jour. Prenez votre enfant par les deux bras, et faites-lui traverser les pièces. Aidez-le à aller à la rencontre de son papa, de sa grand-mère. Voir la joie sur leurs visages le motivera plus encore. On a souvent le réflexe de tenir l'enfant par les mains. Avancer les bras tirés en l'air est assez inconfortable pour lui. Ce n'est pas non plus idéal pour son équilibre : vous remarquerez que son ventre à tendance à partir en avant, et qu'il tangue sur ses pieds. Pour qu'il prenne mieux ses appuis, sans avoir mal aux épaules, tenez-le (sans le porter) par les aisselles. Pour ménager votre dos, vous pouvez utiliser un morceau de tissu, ou un harnais. Il est souvent décrié parce qu'on lui reproche d'assimiler les enfants à de dociles chiots en laisse. Il existe cependant plusieurs types de harnais : si certains sont en effet conçus pour empêcher les enfants, en ville notamment, de courir en tous sens, d'autres sont spécialement adaptés aux premiers pas et ne serviront plus dès que bébé maîtrisera la marche. Ils ont la forme d'une grande culotte montant jusqu'aux aisselles. De part et d'autre se trouve une anse qui vous permet de bien maintenir votre enfant sans vous pencher.

D'autres mamans restent fidèles au traditionnel trotteur : l'enfant est déposé dans une culotte fixée à un cadre qui repose sur des roulettes. Une simple impulsion sur les gambettes lui permet de faire cinquante bons centimètres.

© Monkey Business - Fotolia.com

Il ne doit pas être utilisé plus d'une heure par jour, et toujours sous l'œil vigilant d'un adulte. Dans le même style, on trouve aussi le pousseur, petit véhicule à roulettes particulièrement stable sur lequel bébé s'appuie pour avancer dans une relative sécurité, toujours sous le regard attentif d'un adulte.

Ça coince

Avant de trotter comme un lapin, bébé tombera des dizaines de fois sur ses fesses ; heureusement qu'il y a les couches ! Pour éviter les incidents fâcheux, faites place nette dans la pièce où bébé s'exerce : il ne doit trouver aucun obstacle sur son chemin. Pensez à poser des coins en mousse sur les angles saillants de vos meubles. À chaque fois qu'il chute sur le postérieur, bébé semble interdit : pendant une fraction de seconde il est sans réaction, cueilli par la surprise. Bien souvent, tout dépendra de vous : si vous accourez comme après une catastrophe, il fondra en larmes. Si vous souriez et l'encouragez à se redresser, il reprendra ses esprits.

Il peut s'écouler un peu de temps avant que bébé ne puisse se passer d'un appui, ou de votre main. La marche à 1 an est loin d'être une règle. Si bébé se redresse à peine à 14 mois, pas de panique. En revanche, si votre enfant ne marche toujours pas à 18 mois, il est préférable de consulter le médecin pour l'accompagner de façon adaptée.

Savoir MARCHER

- **À la maternité, bébé avait un réflexe de marche automatique.**
- **Dès les 6-7 mois, bébé montre un intérêt pour la position verticale.**
- **La phase de cabotage, ou bébé marche en se cramponnant, peut être assez longue.**
- **Rassurez votre enfant lorsqu'il chute.**
- **Sécurisez votre intérieur autant que possible.**
- **Utilisez trotteur et jumper avec parcimonie.**
- **La marche de bébé semble au départ presque « anormale » : pieds à demi posés, jambes un peu arquées.**
- **Si cette démarche n'évolue pas, parlez-en à votre médecin.**
- **Les enfants marchent en général entre 12 et 15 mois.**
- **Si votre enfant ne marche pas à 18-20 mois, rapprochez-vous de votre médecin.**

Non, c'est non : poser des limites

Fixer des règles est toujours difficile de prime abord : cela suppose que l'enfant soit en mesure de comprendre et que les parents sachent parler d'une seule voix et de façon mesurée. Tout cela demande quelques semaines de réglage.

Que faire face à un enfant de 7 mois qui laisse tomber son jouet de sa chaise haute ? Un parent, même énervé, ne peut pas tout sanctionner : il ne faut pas confondre curiosité naturelle et volonté de nuire. Imposer des règles, c'est savoir parler à bon escient, toujours en douceur et en expliquant pourquoi vous agissez ainsi. Il ne s'agit pas de vous justifier de votre rigueur, mais simplement de donner à votre enfant les clés de base pour comprendre ce que vous, parents, attendez de lui, et ce qu'il peut et ne peut pas faire. Les règles sont rarement intégrées du premier coup : il vous faudra répéter. La partie la plus difficile de ce travail d'éducateur sera sans doute de savoir garder un visage strict même quand ses pitreries vous feront rire, pour ne pas laisser de place au doute. Le bébé de 1 an excelle dans l'art de dire non. Il faut voir le bon côté des choses : il a parfaitement compris le sens de ce précieux mot, vous pouvez donc l'utiliser. Mobile, il a progressivement accès à plus d'endroits et d'objets. Que de bêtises en perspective ! Apprenez-lui ce mot : bêtise. Continuez à être ferme, sans excès, pour qu'il sache où sont les limites. Un bibelot qui tombe et se brise vous fournira peut-être l'occasion de percevoir sur la mine de bébé un petit air penaud et renfrogné : il aura compris tout seul sa bêtise.

Jeux de vilains

Parmi les « bêtises », certaines ont un caractère particulier : il s'agit des coups et des morsures. S'agissant d'un bébé de moins de 1 an, les secondes sont plus fréquentes que les premiers : la bouche est un organe privilégié pour le jeune enfant. Cette agressivité est souvent orientée vers la mère, puisque bébé est ultra-sensible à ses réactions, à ses refus qui provoquent un sentiment de frustration. La morsure survient fréquemment à la crèche. L'enfant qui mord n'est pas « mauvais » ; pour autant, il doit toujours être sanctionné. Pour cela, nul besoin de le mordre en retour : une bonne explication est hautement préférable.

De manière générale, évitez d'avoir recours aux gifles, fessées et autres tapes. Ces gestes sont la plupart du temps exécutés dans l'instant, sans réfléchir. Presque aussitôt, le parent regrette son acte. Sans culpabiliser, il est important de réfléchir à la sanction qui suit la bêtise : pour être efficace, elle doit toujours être proportionnée.

> Si votre enfant n'arrête pas de dire « non », il comprend que l'on peut interdire.

Une attitude ferme et rassurante

Lorsque votre enfant est particulièrement angoissé, il se peut qu'il réagisse plus fortement à une réprimande que vous ne l'auriez envisagé. Il fond en larmes, comme choqué, déboussolé : dans ces moments-là, il a tout simplement peur de vous perdre. Tout en maintenant votre discours, n'hésitez pas à le prendre dans vos bras et à le rassurer : votre amour ne faiblit pas quand vous vous fâchez. Inversement, il se peut aussi bébé boude lorsqu'il se fait reprendre. Si votre attitude a été mesurée, ne faiblissez pas de peur qu'il vous en veuille : vous ne lui rendriez pas service.

Il est bien plus facile de jouer avec bébé que de se montrer sévère et de risquer de le voir pleurer. Pour cette raison, certains parents peuvent avoir tendance à ne vouloir assumer que le beau rôle. Il faut veiller à ce que les deux parents parlent d'une seule voix pour éviter les problèmes futurs. Pour que votre enfant voie clair dans les règles du jeu fixées par les adultes, celles-ci doivent être aussi constantes que possible. Ceci suppose que vous communiquiez avec l'assistante maternelle ou toute personne qui garde votre enfant, les grands-parents notamment. Quel que soit leur point de vue, il est important qu'ils se rangent à votre opinion : vous êtes le parent.

Règles du jeu

- **On ne peut pas tout sanctionner : bébé fait aussi des bêtises parce qu'il apprend.**
- **N'interdisez pas ce que vous avez autorisé la veille : soyez cohérent.**
- **Quand vous interdisez quelque chose, expliquez pourquoi.**
- **Expliquer ne veut pas dire se justifier.**
- **Si votre enfant a tendance à mordre, ne le laissez pas faire. Ne le mordez pas en retour : expliquez avec des mots.**
- **Évitez gifles et fessées : les sanctions doivent être proportionnées.**
- **Si votre enfant fond en larmes après s'être fait grondé, vous devez le rassurer.**
- **Ne changez pas d'attitude de peur qu'il vous en veuille.**
- **Les deux parents doivent agir de la même façon.**

ET LE PAPA DANS TOUT ÇA ?

Par nature, la grossesse est une aventure de femme. L'arrivée d'un bébé bouleverse pourtant tout autant le papa. D'ailleurs, il est admis et conseillé que tous deux mettent, à part égale, leur nez dans les couches, les bains et les biberons.

Un corps qui change, des coups de pied, des hormones qui s'en mêlent…
La maternité devient une réalité pour les futures mamans bien avant que bébé ne pointe le bout de son nez. Évidemment, pour le papa, c'est une autre histoire. Lui ne vit la grossesse qu'à travers vous, et pour peu que vous la lui fassiez partager, en lui racontant ce que vous ressentez. L'enfant reste longtemps un pur concept. Beaucoup de futurs papas s'imaginent bien élever un enfant de huit ou dix ans, un petit bonhomme avec lequel on peut discuter, faire des activités.

Le bébé, ce petit être aux proportions étranges, ne devient réalité que lorsqu'il est déposé dans leurs bras.

UNE PLACE À PRENDRE

Pendant les semaines qui vont suivre, pourtant, il pourra encore se sentir écarté du duo fusionnel que forment la mère et l'enfant, surtout si celle-ci allaite.

À la maternité, les soignants s'appuient de plus en plus sur le père et l'aident à prendre possession de ce nouveau rôle : on lui propose d'assister à l'accouchement, on l'incite à donner, avec l'auxiliaire de puériculture, le premier bain.

À la maison, le nouvel équilibre se fera avec du temps et beaucoup de dialogue. Certains pères auront besoin d'être encouragés par les mamans, presque « autorisés » à prendre soin du bébé. Pour d'autres encore, être un père, pendant les premiers mois, ce sera avant tout être un conjoint utile, qui vous assiste lorsque vous êtes fatiguée. Malgré votre propre épuisement, il faudra aussi penser à vous enquérir de l'état de votre compagnon : le papa blues existe aussi ! Il faudra lui donner confiance en ses capacités à s'occuper de votre enfant et lui montrer comment, à travers les bains, les changes ou les câlins, il peut être aussi proche de bébé que vous.

Le malaise des premières semaines est loin d'être une règle. Certains pères trouvent rapidement leurs marques. Les soins courants que nécessite bébé seront autant de tâches dont ils assumeront spontanément leur part. Ils changeront bébé avec application, l'emmèneront jouer au parc, le porteront fièrement en écharpe… bref, ils se comporteront en véritables mères poules.

[POUR LES PÈRES D'AUJOURD'HUI, IL N'Y A PLUS DE HONTE À POUPONNER.

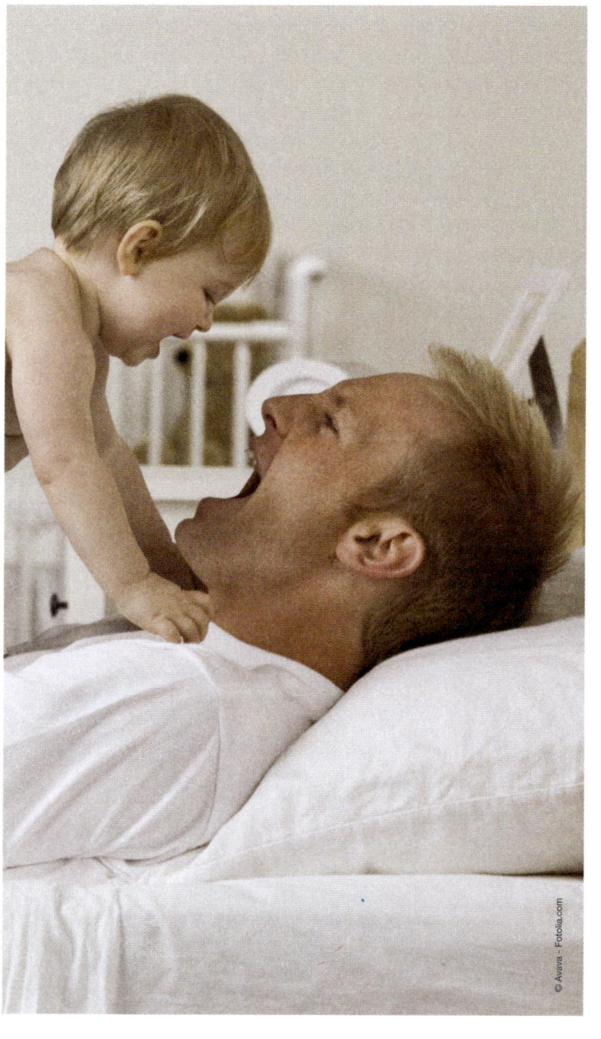

Le nouveau père

Pression de la société qui pousse au partage des tâches, ou libération d'un instinct paternel trop longtemps contraint à se cacher pour ne pas risquer de témoigner de la sensiblerie?

Ces deux facteurs, auxquels s'ajoute la progression du travail des femmes, se sont sans doute conjugués pour faire éclore ce que les médias appellent les nouveaux pères.

L'expression caractérise toute une génération d'hommes qui ne cachent plus leur tendresse à l'égard de leur progéniture, et ont décidé de s'investir pleinement, dès la petite enfance, dans l'éducation de leurs enfants.

Le phénomène n'est pas marginal : selon un sondage réalisé en 2004 par l'institut Ipsos pour *Enfant Magazine*, 86 % des pères seraient prêts « *si cela avait peu d'impact financier pour eux, à prendre un congé paternité de quelques mois au moment de la naissance.* »

Les pères en viendraient-ils à trop materner leurs bébés au point de créer une confusion dans leur esprit ? Le débat est ouvert, et la nature apporte une partie de la réponse en donnant à la mère les moyens d'allaiter, et au père, la grosse voix, la barbe et l'allure massive qui rend bébé tout penaud à la moindre bêtise.

Plutôt rassurant, ce désir de « paterner » est la promesse d'un heureux départ dans la vie, pour un enfant également désiré et choyé par ses deux parents. Il signe aussi, pour les mamans, la possibilité de se reposer sur un partenaire averti, qu'il lui faudra encore souvent accompagner avec un peu d'indulgence les premiers temps.

Papa s'implique

- **Une majorité de pères s'investissent aujourd'hui dans le quotidien de bébé.**
- **Le père n'est plus seulement un « chef de famille ».**
- **Les rôles du père, comme de la mère, sont ainsi redéfinis.**
- **La figure paternelle est toujours bien identifiée par l'enfant.**
- **Malgré leur enthousiasme, certains ont besoin des encouragements de leur compagne.**
- **Pour les pères, il est difficile d'appréhender la réalité d'une grossesse.**
- **Le « papa blues » existe aussi.**
- **9 pères sur 10 seraient prêts à interrompre leur activité pour le bien de bébé.**
- **Ils disposent de 14 jours de congé, après la naissance.**
- **Ils peuvent prendre un Congé parental d'éducation.**

Vivre avec un enfant adopté

Le jour où bébé rejoint votre foyer signe la fin d'une longue attente. Loin de penser que le plus dur est fait, vous pressentez déjà que ce n'est pas la fin, mais bien le début d'une nouvelle et non moins longue aventure.

Cela peut paraître paradoxal, tant les parents adoptants ont dû attendre qu'un enfant leur soit confié, mais il n'est pas rare qu'ils se sentent complètement démunis, presque cueillis par surprise, à l'arrivée de leur bébé. Dans les faits, ils deviennent parents d'un enfant de plusieurs mois du jour au lendemain. Rien d'étonnant à ce qu'une déprime, plus ou moins profonde, se fasse jour. Les parents ont tôt fait de se culpabiliser de gâcher ainsi les plus belles semaines de leur vie. Il faut pourtant s'autoriser cette respiration : du point de vue des parents, comme de celui de l'enfant, l'adoption est une greffe qui doit prendre.

> L'AMOUR NE RÉSOUT PAS TOUT, LE TEMPS ET LA PATIENCE SONT ESSENTIELS.

Le temps d'une greffe

Si le besoin réciproque est là, les liens d'affection et de confiance mettront des mois à se construire. Les parents devront peu à peu composer avec la réalité de leur enfant, sans doute bien différente de celle qu'ils imaginaient. Ils ont eu la chance d'accueillir un enfant de quelques mois à peine, et découvrent que le quotidien avec lui n'est pas fait que de câlins et de calmes siestes.

Aux difficultés « classiques » de la petite enfance, s'ajoutent les immanquables traces que l'abandon aura laissées : les troubles du sommeil et de l'alimentation sont fréquents.

Plus tard, ce sont des troubles du comportement, et de l'attachement qui peuvent surgir : bébé aura tendance à être plus « pot de colle » que les autres, à angoisser de façon bien plus profonde lorsque vous le laisserez à la crèche. Au contraire, il peut arriver qu'il ne se montre absolument pas jaloux de votre présence, passant de personne en personne sans sourciller, comme s'il n'avait pas encore acquis la différence entre les bras aimants d'un parent, et ceux de l'entourage.

Sur le plan de l'évolution, l'adoption est un facteur qu'il faudra prendre en compte pendant quelques mois : votre bébé se développera peut-être à un rythme différent des autres, sans pour autant présenter de retard.

La vie à trois

Pendant les mois qui suivent l'arrivée de bébé dans son nouveau foyer, il continue à être suivi de près : un professionnel de l'Aide sociale à l'enfance vous rend visite régulièrement, afin de s'assurer que la période d'adaptation se passe sans difficulté.

Ces visites sont diversement vécues par les jeunes

parents : certains apprécient de pouvoir se confier à une personne qui peut les comprendre, d'autres tolèrent mal cette nouvelle incursion dans leur vie privée et craignent d'être jugés.
Au quotidien, les écueils à éviter sont très nombreux : désir de trop bien faire, peur de dire non à un enfant qui a été privé de tout, conviction ferme, et souvent déçue, que l'amour porté à l'enfant résout tous ses problèmes présents et à venir.
Dès les premiers jours, se pose en outre la question de savoir comment aborder, avec l'enfant comme avec l'entourage, le sujet de l'adoption. Certains tiennent encore à ne rien dire, d'autres se feront un devoir de répéter régulièrement à leur enfant qu'il est né « ailleurs » : l'équilibre entre ces deux attitudes est difficile à trouver. C'est pourtant un point capital : un enfant de moins d'un an n'aura à l'évidence aucun réel souvenir de sa vie passée, c'est seulement par vous qu'il accédera et comprendra sa propre histoire.

Le prénom est aussi une question épineuse qu'il appartient aux seuls parents de trancher.
D'un côté, le prénom, surtout lorsque l'enfant a été adopté à l'étranger, constitue son seul lien permanent avec ses origines, et son identité première, dont il est douloureux de se détacher.
De l'autre, donner un nouveau prénom à son enfant, c'est matérialiser sa seconde naissance au sein de son nouveau foyer.

Adopter **en pratique**

- **Plus de 10000 demandes d'adoption sont déposées chaque année.**
- **80 % des adoptions se font à l'étranger.**
- **Même préparée, l'adoption reste un bouleversement.**
- **L'adoption peut occasionner une déprime.**
- **La vie réelle ne correspond jamais aux fantasmes des futurs parents.**
- **Un enfant adopté aura besoin de plus de présence que les autres.**
- **Pendant quelques mois, l'enfant sera suivi par l'Aide sociale à l'enfance.**
- **Un bilan de ces visites est intégré à la requête en adoption.**
- **Le jugement d'adoption n'interviendra qu'au bout de six mois.**
- **En cas d'adoption internationale, il faudra souvent informer régulièrement le pays d'origine.**

Choisir et employer une nounou

Avant d'être parents, on confond souvent assistantes maternelles et gardes à domicile. « *Tout ça, ce sont des nounous !* » se dit-on. Si elles remplissent le même rôle, ces deux professionnelles de la petite enfance ont deux statuts bien différents.

L'assistante maternelle garde les enfants à son domicile. Pour avoir le droit d'exercer, elle a suivi une formation de 120 heures. Elle a aussi obtenu un agrément du Conseil général qui a contrôlé sa capacité à accueillir des enfants dans des conditions de sécurité satisfaisantes. La garde d'enfant, quant à elle, se déplace à votre domicile et n'a pas besoin d'être formée pour travailler.

Le choix sera souvent dicté par les finances. Quand on n'a qu'un seul enfant, le confier à une assistante maternelle, qui perçoit au minimum 2,48 euros de l'heure, est une solution plus abordable. Dès le deuxième bébé, la question mérite d'être réétudiée. En effet, le salaire de base d'une nounou à domicile, sans tenir compte de l'expérience, de l'ancienneté et de l'éventuelle qualification, reste le smic, quel que soit le nombre d'enfants présents à la maison. Si certains de vos amis ont des enfants en bas âge, sachez que vous pouvez diviser les frais en deux en pratiquant la « garde partagée » : la nounou s'occupera des enfants alternativement dans l'une et l'autre des familles.

La perle rare

Pour trouver une garde d'enfant, le bouche-à-oreille et les petites annonces, chez la boulangère ou dans le journal local, seront vos meilleures armes. Récupérer les coordonnées des assistantes maternelles des environs est plus simple : contactez le Relais assistantes maternelles le plus proche de chez vous ou téléphonez à votre mairie.

Quand on a cherché longtemps, on peut être tenté de recruter la première personne sérieuse qui se présente. Prenez la peine de bien discuter avec votre nounou et mettez-vous d'accord sur les grands principes d'éducation : faut-il insister pour que bébé mange, lui faire faire sa sieste à heures fixes ? Posez votre enfant dans ses bras, vérifiez que le courant passe bien entre eux et que votre nounou est sûre d'elle. Si vous confiez bébé à une assistante maternelle, n'hésitez pas à visiter son domicile pour juger par vous-même de sa sécurité et de sa propreté.

Formalités et aides

La personne qui gardera votre enfant sera votre employée. Cela signifie que vous devrez signer un contrat de travail. La tâche est plus ardue qu'il n'y paraît. Des modèles de

> Employer une nourrice ou une assistante maternelle implique de nombreuses formalités.

contrats sont annexés aux Conventions collectives nationales qui encadrent ces deux professions. Ces deux textes, à lire dans le détail, sont téléchargeables sur le site de la Fédération nationale des particuliers employeurs (www.fepem.fr). Cette fédération sera également un interlocuteur précieux pour toutes vos demandes d'information. En votre qualité d'employeur, vous devrez également vous déclarer à l'Urssaf. Pour simplifier les formalités d'immatriculation, de calcul des cotisations et d'édition des bulletins de salaire, un centre dédié à l'emploi de nounous a été créé. Pajemploi dispose d'une plateforme téléphonique (0820 00 72 53) et d'un site Internet www.pajemploi.urssaf.fr qui sont deux points de passage incontournables.

Pour compenser les frais de garde, vous percevrez, sous conditions de revenus, le complément de libre choix du mode de garde, inclus dans le dispositif PAJE. La CAF prend également en charge les cotisations sociales, dans leur totalité si vous employez une assistante maternelle, en partie seulement dans le cas d'une garde à domicile. Autre soutien financier de poids : un crédit d'impôts conséquent vous sera consenti. Il peut atteindre jusqu'à 50 % de vos dépenses, plafonnées à 12 000 euros pour un enfant avec une garde à domicile, et à 2 300 euros par enfant pour une assistante maternelle. Enfin, si votre entreprise propose des chèques emploi service universel, elle participera elle aussi au financement de la garde de vos enfants.

NE PAS CONFONDRE

- **Assistante maternelle et garde d'enfants sont deux professions différentes. Toutes deux sont employées par les parents.**
- **Il est impératif de signer un contrat et de se déclarer à l'Urssaf.**
- **Ces formalités sont simplifiées par le service Pajemploi.**
- **Conventions collectives et modèles de contrat sont disponibles à la Fepem.**
- **Les frais engagés sont compensés par des aides de la CAF et des crédits d'impôts.**
- **L'assistante maternelle travaille à son domicile. La garde d'enfants travaille au domicile des parents.**
- **La garde d'enfants n'est pas une bonne à tout faire.**
- **Il est possible de « partager » l'emploi d'une garde d'enfants entre plusieurs familles.**

PETIT GUIDE DES PRESTATIONS SOCIALES

Avec une troisième personne à la maison, il va falloir réviser le budget familial. Les quatre prestations comprises dans le dispositif PAJE couvrent, sous condition de ressources, une partie des principaux postes de dépenses induites par bébé.

Il y a six ou sept ans, se repérer dans le maquis des prestations sociales tenait avant tout de l'exercice de mémoire : APE, AFEAMA, AGED... Depuis le 1er janvier 2004, tous ces sigles ont été balayés par un seul : la PAJE. Cette Prestation d'accueil du jeune enfant est en quelque sorte un système d'allocations modulables en fonction de votre situation.

La PAJE propose quatre aides différentes. D'abord, une prime à la naissance, versée au septième mois de grossesse et qui se monte, au 1er janvier 2011, à 903,07 euros. Ensuite, une allocation mensuelle, dite « de base » de 180,62 euros par enfant, jusqu'à son troisième anniversaire. Pour percevoir cette allocation, vous devez prouver que vous faites suivre régulièrement votre enfant par un médecin, c'est-à-dire que vous respectez le calendrier des visites obligatoires, à savoir, pour la première année, celles du huitième jour et du neuvième mois. Le certificat de santé établi à l'issue de ces visites vous permet de continuer à percevoir l'allocation de base. Pour prétendre à ces deux aides financières, le foyer ne doit pas dépasser un certain plafond de ressources. En 2011, ce seuil se monte, pour un enfant, à 33 765 euros, s'il est élevé par une personne seule, et à 44 621 euros s'il est élevé par un couple.

Enfin, deux dernières prestations sont comprises dans ce dispositif PAJE : le complément de libre choix d'activité, destiné à ceux qui mettent leur carrière entre parenthèses pour s'occuper de bébé, et le complément de libre choix du mode de garde.

UNE NOUNOU POUR LUI TOUT SEUL

Parfois c'est un choix délibéré et, parfois, on n'a pas pu faire autrement ; quoi qu'il en soit, il arrive que bébé ne soit pas accueilli dans une crèche. Il vous reste alors deux options : l'assistante maternelle agréée, qui reçoit votre enfant chez elle, ou la garde à domicile. Quelle que soit la solution que vous privilégiez, faire appel à un professionnel vous donne droit au complément de libre choix de mode de garde, dont le montant varie en fonction des ressources du foyer. Si vos revenus sont modestes, cette solution restera sans doute plus onéreuse que ne l'aurait été la crèche, mais cette prestation peut cependant prendre en charge une grosse partie de la facture : seuls 15 % doivent impérativement être réglés par vous,

> LES PRESTATIONS SOCIALES SONT LIÉES À UNE OBLIGATION DE SUIVI MÉDICAL.

© Alex Hinds - Fotolia.com

quels que soient vos revenus. Pour les budgets les plus serrés, les foyers dont les ressources s'inscrivent sous le seuil de 19 513 euros, l'allocation se monte à 441,63 euros pour un enfant de moins de 3 ans. L'aide passe à 278,48 euros pour les revenus compris entre 19 513 euros et 43 363 euros, puis à 167,07 euros au-delà. Les fourchettes sont évidemment plus larges à partir du deuxième bébé et une prestation plus réduite continuera à vous être versée jusqu'au sixième anniversaire de l'enfant. Les cotisations sociales sont également prises en charge, en tout ou partie.

Quand la situation se complique

Si vous élevez votre enfant seule, vous pouvez bénéficier de l'allocation de soutien familial, à la condition que l'autre parent de l'enfant ne vous apporte aucun soutien matériel et financier pendant deux mois consécutifs. En 2011, elle se monte à 88,44 euros par mois. Si vous ne pouvez prétendre à cette allocation, mais ne parvenez pas à toucher une pension alimentaire fixée par un jugement, la CAF peut se charger de son recouvrement.

Si vous percevez le RSA, ou Revenu de solidarité active, sachez que celui-ci est revalorisé à la naissance d'un enfant : pour une personne seule, et suivant le barème 2011, le montant forfaitaire passe ainsi de 467 euros à 700 euros. Les enfants sont également pris en compte dans le calcul de l'allocation logement.

Aides à la carte

- **La PAJE est au centre du système d'aide prévue par la CAF.**
- **La PAJE comprend quatre aides différentes.**
- **Toutes sont calculées en fonction des ressources.**
- **Après la prime de naissance, une allocation de base est versée chaque mois.**
- **Une aide à la garde d'enfant (hors crèche) est prévue.**
- **Le COLCA vous permet d'être indemnisée, si vous cessez de travailler après la naissance de votre enfant.**
- **Les allocations familiales sont versées à partir du deuxième enfant.**
- **Des aides spécifiques existent pour les parents seuls et sans ressources.**
- **La CAF peut aider à recouvrer une pension alimentaire.**
- **Allocations logement et RSA sont revalorisés après une naissance.**

Un an de souvenirs

Même les événements les plus forts finissent par s'estomper. On cherche des moments précis et l'on ne retrouve que quelques images chargées d'émotion. Pour qu'il n'en soit pas de même avec la naissance de votre enfant, prenez les devants.

Certaines mamans, impatientes, s'attellent, dès que leur ventre s'arrondit, à collecter anecdotes, témoignages de la famille et photos. Outre le traditionnel cahier d'écolier ou le non moins classique album photo, il existe aujourd'hui divers formats adaptés à cette tâche. Les éditeurs lancent régulièrement de nouveaux livres de naissance qui vous permettent de tout consigner et de ne rien oublier, mais que les mamans habiles de leurs mains et adeptes de scrapbooking créeront d'elles-mêmes avec plus d'originalité. Pour les internautes les plus chevronnées, des plates-formes de blogs spécialisées ont vu le jour. Certaines permettent de restreindre l'accès par un mot de passe, afin d'éviter que vos photos ne se baladent un peu partout sur la Toile.

De quoi se souvenir ?

Cherchez en vous, sondez votre entourage : les premiers souvenirs remontent souvent à la maternelle, rarement avant. Votre petit travail de mémoire pourra donc se prolonger bien au-delà du premier anniversaire. Votre objectif de départ pourra être de créer un ensemble vivant : quand vous l'offrirez à votre enfant, il y retrouvera plus que des images figées de l'époque, des éléments de récit qui lui rendront son quotidien d'alors palpable. Dès lors, on pressent l'intérêt de ne pas forcément se borner au suivi chronologique de la vie de bébé. Ce qui compte, ce n'est pas uniquement que votre enfant grandisse, ait sa première dent ou chausse sa première paire de lunettes de soleil. Ce qui se passe dans votre vie à vous impacte aussi sa vie de petit enfant : vous changez d'emploi, vous déménagez, vous avez des hobbies. Votre enfant aura sûrement de vagues souvenirs d'un appartement plus petit, d'une maman qui tout d'un coup s'habille en femme d'affaires ou d'un papa dont on entend le pied frapper en rythme au plafond parce qu'il s'est mis à l'accordéon. Des années plus tard, il aura plaisir à se replonger dans tous ces souvenirs. Lorsque l'on ambitionne de brosser un large portrait de sa vie, se pose la question des limites que l'on compte apporter au récit. Le quotidien n'est pas fait que de moments gais : il y a les baisses de forme, les moments de tension voire de séparation dans le couple… Bref, vous allez devoir faire preuve de sélection, trouver la bonne manière de raconter sans enjoliver, mais en préservant votre enfant de ce qui n'appartient qu'à

> Les photos seules ne disent pas tout : prenez la plume et remplissez les blancs.

© Nyul – Fotolia.com

vous. Outre votre enfant, vous projetez peut-être de partager ces albums texte et photos avec un cercle plus ou moins large de parents et d'amis. Un tel choix impose d'autres critères de sélection : votre copine de fac trouve sans doute votre bambin très mignon, mais le détail en douze plans de son premier repas à la petite cuillère risque de ne pas la passionner autant que vous.

Un peu d'originalité

Le texte, les photos et les vidéos, c'est bien, mais il y manque toujours un peu de relief. En plus de votre journal, vous pourrez créer une boîte à trésors ; on trouve également ce type d'objets dans le commerce. Vous y rangerez méticuleusement tous les petits objets importants qui jalonnent la vie du tout jeune enfant. Voici un petit inventaire à la Prévert, non exhaustif : bracelet de naissance, tenue de naissance, premiers chaussons, première sucette, faire-part, courrier des proches, éventuelle robe de baptême, premier doudou délaissé, mais aussi journal du jour de la naissance et pourquoi pas empreintes ou moulages des mains et des pieds, faits avec des produits adaptés, bien évidemment. Au fil des années, de lettres au Père Noël en cadeaux de fêtes des mères, votre collection s'enrichira à un point tel que ce sera peut-être une malle entière que vous aurez à transmettre !

Souvenirs **souvenirs**

- **Il existe des livres de naissance prêts à compléter.**
- **Ils sont à remplir au fur et à mesure, pour ne rien oublier.**
- **Un tel journal de bord peut être rempli pour votre enfant ou pour votre plaisir.**
- **En fonction du destinataire, demandez-vous ce que vous pouvez raconter.**
- **Ne vous limitez pas au quotidien de bébé : parlez aussi de vous.**
- **Vous pourrez continuer à compléter ce journal pendant plusieurs années.**
- **Fabriquez ou achetez une « boîte à trésors ».**
- **Conservez-y tous les petits objets symboliques de l'arrivée de bébé.**
- **Mettez de côté ses affaires de maternité.**
- **Vous pouvez prendre l'empreinte ou le moulage de la main de bébé.**

Il souffle sa première bougie

Ce mois a une saveur particulière. On ressort les photos de naissance, on se souvient de toutes les étapes charnières, du premier allaitement au premier mot. Bébé, quant à lui, déploie des trésors de concentration pour réussir à marcher.

Après s'être pendant des semaines accroché aux meubles, bébé a pris confiance en lui. Il fait des pas plus grands, plus rapides, se lâche quelques instants, passe de meuble en meuble. Avec un peu de chance, ce mois-ci, il va faire son vrai premier pas, un peu comme s'il voulait marquer d'un geste symbolique son premier anniversaire. Bien naturellement, vous allez l'encourager à progresser, malgré les chutes. Faites-lui découvrir les joies des balades en pleine nature, sans en demander trop : quelques petites minutes d'exercice intense seront bien suffisantes pour votre sportif en herbe ! Où que vous alliez, continuez à prendre avec vous la poussette-canne.

Un côté Mimi Cracra

À table aussi, bébé agit comme un grand. La diversification alimentaire est bouclée : il mange presque de tout, a expérimenté un tas de textures. Il s'est familiarisé avec les petits morceaux, avidement croqués avec ses six quenottes, parfois moins. Son plaisir suprême : tenir tout seul sa cuillère et la remplir avec les moyens du bord, c'est-à-dire régulièrement avec les doigts.

D'ailleurs, toute substance qui peut se triturer, se malaxer, le passionne. Autour d'un an, et au grand dam de ses parents, bébé développe ce qu'ils pourront appeler un « goût du sale », mais qui n'est pour leur enfant que la traduction de sa joie à découvrir qu'il peut agir sur la matière. Mettre le pied dans une flaque de boue ou se tartiner les doigts de purée de carotte font partie de ces expériences jouissives et nécessaires.

Il sait s'occuper tout seul : il peut vous faire de jolis dessins qui tiennent davantage du gribouillis. Les jeux d'encastrement et de construction ont toujours ses faveurs : bébé commence à bien repérer les formes et peut vous faire de jolies petites piles de cubes qu'il sera ravi de mettre à terre.

Bref, dans tous les domaines, le comportement de bébé se résume en un mot : autonomie. Il y a douze mois, vous teniez dans vos bras un tout petit bébé. Aujourd'hui, vous avez devant vous un solide petit bonhomme. Attendez encore quelques mois et il vous le dira tout seul : « *Je suis un grand !* »

[N'hésitez pas à responsabiliser votre bébé : il adore participer.

Comme un grand

S'il a toujours besoin de vous savoir proche, il peut également être jaloux de son espace et de cette liberté de mouvement acquise au prix d'une année d'apprentissage. C'est frustrant pour les parents, mais dès lors qu'ils sont en mesure de trotter, certains petits sont si débordants d'énergie et aspirés par le monde extérieur qu'ils deviennent rebelles aux câlins. Mais que les parents se rassurent : pour de longues années encore, il n'y aura jamais rien de mieux que les bras de papa-maman pour soulager un gros chagrin, une petite maladie ou un coup de fatigue.
L'heureuse contrepartie de cette affirmation de bébé, c'est qu'il va de plus en plus en plus vouloir vous démontrer qu'il sait se débrouiller comme les grands : volontaire, il appréciera que l'on sollicite son aide pour porter la salière jusqu'à la table, une pomme que vous venez d'acheter jusqu'à la cuisine…
Toujours prêt à faire de nouvelles découvertes, bébé en fera une bien captivante ce mois-ci : la bougie.
Cette première année que vous venez de vivre tous ensemble vaut bien une petite fête familiale. Pas besoin de vous ruiner pour l'organiser : côté déco, quelques ballons colorés et deux-trois guirlandes de papier que bébé pourra froisser feront bien l'affaire. Pour le gâteau, pensez à l'adapter à l'âge de bébé. Une génoise toute simple conviendra très bien. Enfin, et surtout, n'oubliez pas de dégainer l'appareil photo, histoire de garder de cet événement un précieux souvenir.

Bébé à 1 an

- **Le premier pas survient souvent autour de 12 mois.**
- **Grisé par cette autonomie, bébé a un peu moins soif de câlins.**
- **Il a le « goût du sale » et tripote tout ce qui lui passe sous la main.**
- **Il commence à faire des dessins : gribouillis et lignes plus ou moins droites.**
- **Il aime les jeux d'encastrement et de construction simples.**
- **Ses menus se rapprochent de ceux du reste de la famille.**
- **Il est fier de pouvoir vous aider et aime qu'on le sollicite.**
- **Vous allez pouvoir organiser sa première fête d'anniversaire.**
- **Décorez votre salon avec bébé : ballons, guirlandes…**
- **Optez pour un gâteau adapté à son âge, ni trop gras, ni trop sucré.**

UN LONG CHEMIN

On dit souvent des enfants qu'ils poussent comme des champignons. L'analogie est plutôt pertinente : en 12 mois, votre bébé va tripler son poids et sa taille progressera de près de 50 %. Du nouveau-né à l'enfant de 1 an, que de changements !

La taille et le poids de votre enfant sont surveillés très régulièrement, au moins une fois par trimestre, à l'occasion de vos visites chez le médecin. Vous pouvez vous-mêmes observer l'évolution de bébé en vous reportant aux courbes de croissance qui figurent à la fin de son carnet de santé.

Si les facteurs génétiques jouent un rôle important dans la détermination de la taille future de votre enfant, les hormones, de croissance et thyroïdienne, sont également déterminantes, de même que l'équilibre de son alimentation. Enfin, l'Organisation mondiale pour la santé, dans les conseils qu'elle prodigue aux jeunes parents, intègre désormais le suivi de la croissance staturo-pondérale au suivi du développement global de l'enfant. Cela signifie qu'un environnement socio-économique ou affectif difficile peut avoir un impact négatif sur la croissance de bébé, alors que des conditions de vie saines et une famille soudée lui donneront les meilleures chances de se développer harmonieusement.

BÉBÉ GRANDIT

La taille moyenne de l'enfant à la naissance est de 50 centimètres. Un an plus tard, celle-ci aura progressé de 50 % pour atteindre 75 centimètres. L'évolution de la courbe est particulièrement forte au premier semestre. De 1 à 3 mois, bébé gagnera en moyenne 3 centimètres par mois. Au deuxième trimestre, il grandira de 2 centimètres chaque mois. À partir de 6 mois, il prend environ 1 centimètre par mois et cette tendance se maintiendra pendant toute la deuxième année. La morphologie de bébé va également changer : à la naissance, le volume de sa tête paraissait disproportionné par rapport au reste de son corps. Pendant ses douze premiers mois, le tronc de bébé se développe, le corps se rééquilibre puis les membres s'allongent.

Vous remarquerez que le médecin ne se contente pas de passer bébé à la toise ; il s'attache également à mesurer le pourtour de sa tête. Le périmètre crânien de bébé va en effet progresser fortement au cours de sa première année, passant de 35 centimètres en moyenne à la naissance, à 46 centimètres vers le premier anniversaire, soit une augmentation de plus de 30 %.

[L'ÉQUILIBRE ALIMENTAIRE S'APPREND TRÈS TÔT : CERTAINS PETITS SONT EN SURPOIDS DÈS LA MATERNELLE.

© Galina Barskaya - Fotolia.com

Bébé s'arrondit

Âgé d'à peine 1 mois, bébé consomme 700 ml de lait chaque jour, soit environ 17 % de son poids. À l'échelle d'un adulte de 70 kg, cela correspondrait à une ration quotidienne de 12 kg ! Avec un tel régime, il est bien normal que bébé « profite ». À la naissance, il pèse en moyenne 3,4 kg ; un an plus tard, il aura presque triplé son poids de naissance. Au premier semestre, il prendra en moyenne 600 g par mois, soit environ 20 g chaque jour. La courbe s'adoucit à partir du sixième mois. Au troisième trimestre, bébé prendra environ 400 g par mois, puis 300 g par mois au quatrième trimestre. Pendant sa deuxième année, bébé prendra environ 1 kg tous les six mois.

Mois après mois

- **À 1 mois, bébé mesure 50 cm et pèse 3,4 kg.**
- **À 2 mois, bébé mesure 53 cm et pèse 4 kg.**
- **À 3 mois, bébé mesure 57 cm et pèse 4,6 kg.**
- **À 6 mois, bébé mesure 66 cm et pèse 7,3 kg.**
- **À 9 mois, bébé mesure 70 cm et pèse 8,6 kg.**
- **À 12 mois, bébé mesure 73 cm et pèse 9,5 kg.**
- **À 24 mois, bébé mesure 85 cm et pèse 11,8 kg.**
- **Outre la génétique, les hormones de croissance et thyroïdienne jouent un rôle important dans la croissance.**
- **Une alimentation équilibrée, correspondant à l'âge et aux besoins de l'enfant, est déterminante.**
- **Des conditions de vie saines et stables, l'amour d'une famille sont également des facteurs à prendre en compte.**

INTR

© Yousuke Yano - iStockphoto.com

© Donna Coleman - iStockphoto.com

© uchar - iStockphoto.com

ODUCTION

Pour bien accompagner bébé dans sa première année, tout est question de tendresse, d'attention et d'un peu de méthode !

NiDerLander - Fotolia.com

Si on ne vous répétera jamais assez qu'en dernier ressort, c'est votre instinct de maman qu'il convient d'écouter, il n'en reste pas moins que les réflexes maternels se travaillent. Les pages qui suivent sont une base sur laquelle vous allez élaborer, jour après jour, votre propre méthode pour bien prendre soin de bébé.

Notre guide balaie l'ensemble des nombreuses questions qui viennent immanquablement à l'esprit des parents pendant la première année aux côtés de bébé. Certaines d'entre elles sont très pragmatiques : comment baigne-t-on bébé, comment le changer, comment l'habiller rapidement ?

Le bien-être de votre bébé est en effet au cœur de vos préoccupations. Avec un enfant en bas âge à la maison, les petits soucis de santé tourneront souvent autour des infections saisonnières et des désordres digestifs. Or, vous allez découvrir qu'il est possible d'agir efficacement pour prévenir les premières et soulager les seconds.

Classées par thèmes, trouvez les réponses concrètes à toutes vos interrogations de jeunes parents.

Vous avez maintenant toutes les cartes en main pour passer une bonne première année avec votre bébé !

Gennadiy Poznyakov - Fotolia.com

Prématurité : les questions

MON BÉBÉ est né il y a trois semaines. Depuis quelques jours, il respire tout seul comme un grand. Pourra-t-il bientôt sortir ?

Pour que votre enfant quitte l'hôpital, l'équipe médicale n'attendra pas qu'il rattrape le poids classique d'un enfant né à terme. Votre bébé devra, en revanche, être autonome non seulement sur le plan respiratoire, mais aussi au niveau digestif. Cela signifie qu'il doit être en mesure de téter convenablement et sans trop d'efforts afin de pouvoir continuer à bien se développer une fois rentré à la maison. Sa température doit également être stable.

ÇA Y EST, nous sommes tous les trois à la maison. Je reste pourtant inquiète. Quelles précautions dois-je prendre au quotidien ?

Vous devez agir comme toutes les autres mamans, sachant que les bonnes pratiques s'imposent avec plus de force dans votre cas. Vous devez être vigilante sur le plan de l'hygiène. Ménagez le système respiratoire de votre bébé, qui reste fragile : épargnez-lui la fumée du tabac ou des voitures, le contact avec des personnes souffrantes, les promenades dans des lieux bondés... Privilégiez les modes de garde individualisés. Surveillez au quotidien son état général et n'hésitez jamais à téléphoner à votre médecin lorsque quelque chose vous paraît anormal.

MON PETIT bout est né prématuré. Après la sortie de l'hôpital, quelles séquelles pourraient se révéler ?

Il est difficile de faire un inventaire complet des problèmes de développement induits par la prématurité. Si un grand nombre de prématurés grandissent normalement, selon une étude réalisée par l'Inserm, 40 % des grands prématurés souffriraient de séquelles plus ou moins importantes. Il peut s'agir d'un handicap moteur, d'un retard mental, de troubles de la compréhension, de difficultés respiratoires ou d'une déficience visuelle ou auditive. La plupart des inquiétudes sont levées pendant les premières années, le suivi pouvant se poursuivre jusqu'à six ans.

MON FILS a aujourd'hui six mois. Il est né prématurément mais se porte bien. Pourtant, aujourd'hui encore, je me sens coupable de ne pas avoir mené ma grossesse « jusqu'au bout ».

Bien que vous n'ayez absolument rien à vous reprocher, le malaise que vous ressentez est compréhensible. Dites-vous que si votre enfant grandit bien, c'est grâce à vous. Si vous ne parvenez pas à vous convaincre que vous êtes une bonne maman, n'hésitez pas à parler de cette souffrance, avec votre conjoint mais aussi avec votre médecin.

LE MÉDECIN nous dit de ne pas comparer notre enfant avec les autres bébés du même âge. J'aimerais savoir quand il aura rattrapé son retard.

Votre enfant prématuré marchera ou parlera plus tard que les autres. Pour autant, il n'est absolument pas en retard ; il se développe sur un rythme différent. Les médecins en tiennent compte, c'est d'ailleurs pourquoi ils parlent en « âge corrigé », en faisant référence à l'âge qu'il aurait eu s'il était né à terme. Ce rapport entre âge réel et âge corrigé sera fait jusqu'à l'âge de deux ans environ.

MON MÉDECIN vient de recommander que nous donnions du lait 2e âge à notre bébé qui a trois mois

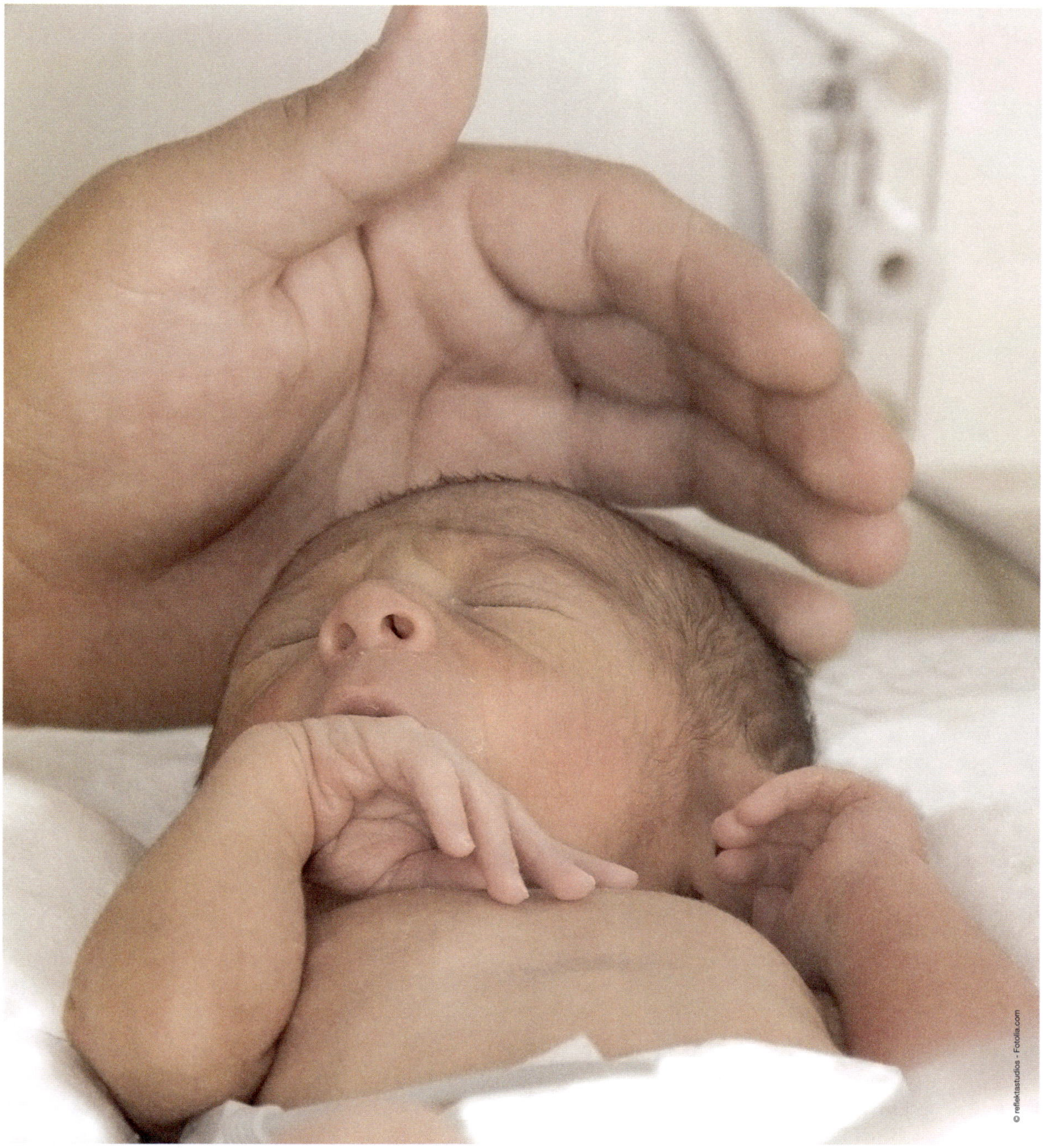

et demi. Je trouve cette préconisation surprenante.

Les prématurés ont des besoins plus importants que les enfants nés à terme. Même lorsque bébé est allaité, il est parfois indiqué de lui donner un complément de lait spécialement formulé, ainsi que des vitamines. Si votre médecin préconise aujourd'hui un passage au lait 2e âge, c'est parce qu'il est plus riche et l'aidera à bien prendre du poids.

MON BÉBÉ est né 7 semaines avant le terme. Quelle conséquence cela aura sur mon congé maternité ? J'aimerais passer du temps avec lui lorsqu'il sortira de l'hôpital.

La durée du congé maternité est de 16 semaines, dont 6 avant l'accouchement. Ces semaines de congé prénatal qui n'ont pas été utilisées viennent allonger votre congé postnatal. De plus, comme vous avez accouché 7 semaines avant la date prévue, vous avez droit à une semaine d'indemnisation supplémentaire. Pour ce qui est de pouvoir conserver quelques semaines de congé, sachez que si votre bébé est hospitalisé plus de 6 semaines, vous pouvez retravailler. Vous utiliserez les congés non pris quand il rentrera à la maison.

Bébé : attention fragile !

MON BÉBÉ, qui a cinq jours, a les seins comme tuméfiés depuis hier. Je trouve cela bizarre, d'autant que c'est un garçon !

Il est en train de vivre sa crise génitale. Plus ou moins marquée selon les bébés, celle-ci survient dans les jours qui suivent la naissance. Elle est consécutive à une chute du taux d'hormones. Les seins prennent un peu de volume, de même que les organes génitaux. Les filles peuvent même avoir des sortes de petites règles. Tous ces petits symptômes disparaissent rapidement.

NOUS AVONS consulté car ma fille ne bougeait plus le bras gauche. C'était une pronation douloureuse : nous lui avions déplacé un os ! Le médecin l'a remis en place mais depuis, j'ai peur de la blesser à nouveau.

Lors d'une pronation douloureuse, la tête du radius se déloge. Cela se produit lorsque l'on tire l'enfant par le bras. Parfois, c'est un geste fait dans l'urgence, pour parer une chute. Au quotidien, vous devez simplement éviter ces tractions. Quand votre enfant vous tend la main pour que vous la releviez de terre, attrapez-la plutôt par les aisselles.

MON MARI a toujours peur de blesser notre fils à cause de sa fontanelle. Y a-t-il un risque que nous lui fassions mal sans le savoir ?

La fontanelle, ce petit losange mou sur le sommet du crâne de bébé, inquiète toujours les parents. Ceux-ci ignorent souvent qu'il en existe plusieurs qui donnent au crâne de bébé l'élasticité nécessaire pour se développer. Ces zones cartilagineuses sont plus solides qu'on ne le croit : le crâne de bébé a résisté à un accouchement ! Il ne faut s'inquiéter que lorsque votre enfant reçoit un choc, à l'occasion d'une chute, par exemple. Les fontanelles finissent par se fermer, autour d'un an et demi, parfois plus tôt.

PEU APRÈS la naissance, j'ai vu que ma fille avait un gros bleu sur la fesse. J'ai cru qu'elle avait subi un choc mais un aide-soignant m'a parlé de tache ethnique. Existe-t-il un traitement ?

Ce drôle de bleu n'a, en effet, rien à voir avec un hématome et n'est absolument pas douloureux. On l'appelle, en général, tache mongoloïde. C'est une simple pigmentation de la peau, couleur ardoise ou gris bleu, qui n'a rien de pathologique. Cette tache apparaît le plus souvent sur les fesses ou le bas du dos. Beaucoup de bébés asiatiques, ou méditerranéens, la portent à la naissance. Elle part sans aucun traitement avant les 10-12 ans.

QUAND MON FILS semble inconsolable, je ne peux pas m'empêcher de penser qu'il a mal quelque part. Comment puis-je savoir ?

Les soignants utilisent plusieurs « échelles » pour tenter de savoir si bébé souffre. En voici deux. La première, l'EDIN, vous invite à observer cinq critères : crispation du visage, corps agité (contraire de détendu), difficulté ou incapacité à trouver le sommeil, contact de plus en plus difficile puis refusé, bébé inconsolable. La seconde, appelée NFCS, s'intéresse au visage pour y repérer quatre signes de souffrance : sourcils froncés, paupières serrées, sillon nasolabial prononcé et bouche ouverte.

JE VIENS juste d'avoir mon bébé et j'aimerais me sentir plus en confiance,

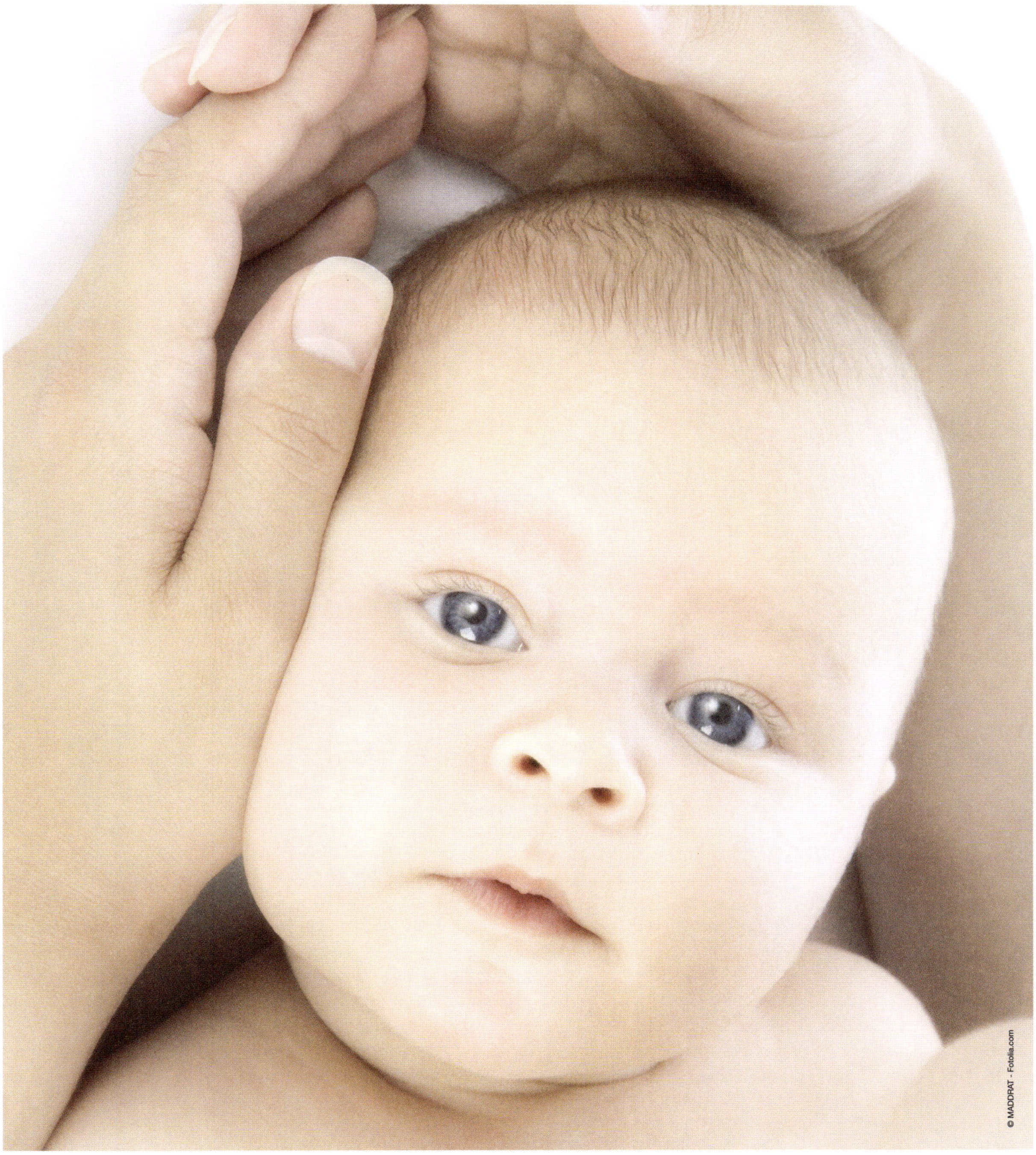

« varier » les positions. Comment faire pour qu'il soit toujours bien tenu ?

Les premiers mois, bébé a surtout besoin d'être blotti contre vous. En position verticale, maintenez-le à la fois à la base du dos et derrière la nuque, en lui laissant le haut du visage bien dégagé. Vous pouvez aussi le porter en berceau, au creux de vos bras. Lorsqu'il a des coliques, changez de sens : portez-le, toujours en berceau, mais sur le ventre. Dès que bébé tiendra sa tête, vous vous sentirez plus à l'aise et pourrez le porter dos contre vous, pour qu'il puisse regarder tout autour de lui.

MA SŒUR m'a fait remarquer que mon fils a l'arrière du crâne un peu plat. J'imagine que cela peut venir de sa position pour dormir, sur le dos. Qui dois-je consulter ?

Rapprochez-vous de votre médecin et d'un ostéopathe. Il est, en effet, courant que le crâne des tout-petits s'aplatisse très légèrement. Cela porte un nom : la plagiocéphalie positionnelle. Parfois, cette « tête plate » révèle un torticolis. Heureusement, le crâne de bébé est malléable. Quand votre enfant est réveillé, variez les positions pour qu'il ne soit pas toujours sur le dos. Quelques séances avec un kinésithérapeute ou un ostéopathe pourront éventuellement être prescrites.

Identité et nationalité

MON CONJOINT et moi aimons bien les prénoms peu communs. Comment savoir s'ils seront du goût de notre fille ? Nous lui en avons donné un second, plus « classique ». Pourra-t-elle l'utiliser si elle le souhaite ?

Votre enfant pourra choisir, comme prénom usuel, tout prénom inscrit sur les registres de l'état civil. Elle n'aura aucune démarche à effectuer et pourra indifféremment opter pour son premier, deuxième, ou troisième prénom dans la vie courante. En revanche, en exerçant ce droit elle pourra se heurter à une incompréhension de la part de certaines institutions ou administrations. Pour clarifier sa situation, votre enfant pourra demander que la mention « prénom usuel » soit ajoutée à sa carte d'identité.

ON M'A DIT que l'état civil ne refuse plus les prénoms originaux. Est-ce vrai ?

C'est en partie vrai : l'officier d'état civil inscrit les prénoms que les parents lui donnent. Cependant, il a la possibilité (et le devoir) de saisir le procureur de la République dès lors qu'un prénom lui paraît « contraire à l'intérêt de l'enfant ». Le juge aux affaires familiales peut donc décider, a posteriori, de supprimer le ou les prénoms en question des registres de l'état civil. Tout est affaire de sensibilité, et le prénom d'un personnage de fiction, même si vous le trouvez joli, peut encore être considéré comme inapproprié.

NOUS AVONS ADOPTÉ une petite Ilena et nous aimerions qu'elle garde une trace de son « identité de naissance ». Peut-elle garder son premier nom de famille ?

Il est en effet possible que l'enfant adopté conserve son nom d'origine mais dans le cadre d'une adoption simple. En effet, l'adoption plénière rompt les liens entre l'enfant et ses parents biologiques, ce qui n'est pas le cas de l'adoption simple. Le nom de l'adoptant est ajouté à la suite du « premier nom » de l'adopté.

EN PRÉVISION d'un voyage, j'ai voulu ajouter le nom de mon enfant à mon passeport : cela m'a été refusé. Un bébé de 10 mois ne va tout de même pas avoir son propre passeport ?

Cela vous étonne, et pourtant, il en est bien ainsi depuis 2006. Tout mineur doit avoir un passeport personnel. Comme les enfants changent plus vite que les adultes, il ne sera valable que cinq ans. Heureusement, il est nettement moins cher que le passeport des grands : le coût en timbres fiscaux est de 17 euros (ou 20 euros si les photos sont réalisées en mairie). À noter qu'il passe à 42 ou 45 euros à 15 ans.

JE CONFIE mon petit Martin à ma grande sœur : il va passer deux jours avec elle et son mari en Espagne. Une carte d'identité est-elle suffisante ?

Lorsqu'un enfant voyage sans ses parents à l'étranger, la carte d'identité doit être accompagnée d'une autorisation de sortie du territoire. Celle-ci s'obtient gratuitement en mairie. Elle doit être demandée par l'un des parents muni de sa carte d'identité et de celle de son enfant, du livret de famille et d'un justificatif de domicile. Si votre fils dispose déjà d'un passeport, il pourra voyager sans autorisation.

JE SUIS anglaise, mon conjoint est

français. J'ai accouché en Angleterre mais nous souhaitons vivre en France. Est-ce que notre fils est considéré comme français ?

Dès lors que l'un de ses parents a la nationalité française au moment de la naissance, votre fils est lui aussi français. Peu importe où il est né.

MON ÉPOUSE et moi-même sommes portugais mais nous vivons en France depuis quinze ans. Notre bébé est né en France mais apparemment, il n'est pas considéré comme français. Pourquoi ?

Votre enfant, né en France de parents étrangers, sera automatiquement français… à 18 ans ! Il faudra qu'il soit en France au moment de sa majorité, et qu'il puisse démontrer qu'il y a vécu pendant au moins cinq années depuis ses 11 ans. Vous pouvez demander à ce que la nationalité française soit reconnue dès ses 13 ans, en effectuant une déclaration de nationalité auprès du greffier en chef du tribunal d'instance.

Petits soucis après bébé

C'EST IDIOT, mais je n'ai pas voulu parler d'hémorroïdes à mon médecin. Ça commence à me gâcher la vie. Que puis-je faire ?

Les hémorroïdes sont fréquentes après l'accouchement, et si vous êtes sujette à la constipation, ça ne fera qu'augmenter cette sensation douloureuse. Pour mettre fin à cette crise hémorroïdaire, luttez en priorité contre les troubles du transit : hydratez-vous, consommez des fibres. En attendant, pour vous soulager, essayez ce remède de grand-mère : le bain de siège à l'eau tiède ou froide, trois à quatre fois par jour. Enfin, votre médecin pourra vous prescrire une crème pour endormir la douleur.

J'AI EU MA FILLE il y a un mois, et mon ventre est zébré de vergetures. Comment les faire disparaître ?

Les vergetures dépendent de l'élasticité de votre peau et du poids pris pendant votre grossesse. Il va vous falloir beaucoup de patience, et une hydratation quotidienne de la peau. Les vergetures ne disparaîtront pas, mais elles vont se rétracter un peu. D'ici quelques mois, leur coloration s'estompera ce qui les rendra beaucoup moins visibles.

J'AI ACCOUCHÉ il y a un mois et demi et, depuis deux semaines, je perds mes cheveux à un rythme impressionnant. Je commence vraiment à m'inquiéter.

Vous avez dû constater, pendant votre grossesse, que vos cheveux avaient plus de tenue et plus de brillance. Après l'accouchement, ces neufs mois en beauté se paient. La perte de cheveux peut durer un bon mois, et trouve sa cause dans une baisse des hormones œstrogènes. Si la chute persiste plus d'un mois, rapprochez-vous de votre dermatologue. Il vérifiera que vous n'avez pas de carence en fer et pourra vous prescrire des vitamines.

J'AI ACCOUCHÉ il y a une semaine et j'ai la désagréable impression de transpirer non-stop. J'en suis à dormir sur une serviette-éponge. Que m'arrive-t-il ?

Une transpiration excessive peut apparaître dès la fin de la grossesse, mais c'est souvent après l'accouchement qu'elle se manifeste. Elle trouve sa cause dans un bouleversement hormonal. Tout rentrera progressivement dans l'ordre. Certaines mamans témoignent de la persistance de ce trouble jusqu'à l'arrêt de l'allaitement. En attendant, demandez à votre pharmacien de vous conseiller un déodorant détranspirant. Le produit n'est pas très agréable à utiliser mais soulage en quelques applications.

DEPUIS MON ACCOUCHEMENT, il y a dix jours, je saigne un peu tous les jours. Est-ce que mes cycles se remettent déjà en place ?

Pendant une quinzaine de jours après l'accouchement, les femmes perdent du sang. Ce sont les lochies, rouge vif au début, plus claires ensuite. Leur volume peut être comparable à celui des règles. Ce ne sont pourtant pas des menstruations, mais un mélange de petits caillots de sang et de muqueuse utérine. Les lochies seront plus abondantes si vous avez accouché par césarienne, ce qui ne doit pas vous inquiéter.

J'AI ACCOUCHÉ il y a cinq jours, et je ne suis toujours pas allée aux toilettes. Je mange pourtant des repas équilibrés. D'où vient le problème ?

La constipation est systématique après un accouchement.

Le transit intestinal a été bouleversé, et la peur d'arracher les fils de l'épisiotomie n'arrange rien. Que les jeunes mamans se tranquillisent, ils sont bien accrochés ! La constipation dure en général deux ou trois jours. Hydratez-vous, adaptez votre régime (pruneaux et autres) et essayez les suppositoires à la glycérine. Si la constipation persiste au-delà d'une semaine, demandez conseil à votre médecin.

JE M'ATTENDAIS à avoir des fuites urinaires pendant ma grossesse, mais pas plusieurs semaines après l'accouchement.

Est-ce que cela va rentrer dans l'ordre tout seul ?

Après l'accouchement, les fuites urinaires sont en effet courantes, que vous soyez prise d'un fou rire ou essayiez de soulever un objet lourd. Pour mettre fin à cette « incontinence à l'effort », une seule solution : tonifier votre périnée, dont les muscles se sont relâchés pendant l'accouchement. Ce sera le but de la rééducation périnéale : la Sécurité sociale rembourse jusqu'à dix séances de kinésithérapie prescrites par votre médecin. Il faut parfois poursuivre ces exercices pendant plusieurs semaines.

La rééducation périnéale

J'AI ACCOUCHÉ par césarienne, donc je n'ai pas eu d'épisiotomie ni de déchirure. Dois-je quand même faire une rééducation ?

Même si vous avez accouché par césarienne, votre médecin peut juger utile de vous prescrire des séances de rééducation. Le périnée est un réseau de muscles qui soutient les viscères ; si l'accouchement est à l'évidence un moment traumatisant pour le périnée, neuf mois de vie commune avec un bébé qui joue au trampoline sur vos muscles peuvent également laisser des traces. Certaines fragilités ne se manifestent que bien des années plus tard, au moment de la ménopause, par exemple.

APRÈS L'ACCOUCHEMENT, j'ai bien récupéré et je n'ai aucun problème particulier. Comment savoir si j'ai vraiment besoin d'une rééducation périnéale ?

Un « gros » bébé, un accouchement difficile, des fuites urinaires, une petite boule dans le vagin (descente d'organe) ou une gêne persistante sont autant de signes ou facteurs qui indiquent que vous avez besoin d'une rééducation périnéale. Cette question sera abordée dans le cadre de la consultation postnatale qui est obligatoire dans les 8 semaines suivant l'accouchement. Vous ferez alors un bilan complet qui permettra au médecin de prescrire le bon nombre de séances.

À MES YEUX, une séance de kinésithérapie, c'est nécessairement « sportif » et plein de manipulations. Y a-t-il un autre moyen de faire sa rééducation ?

Les professionnels de la santé utilisent globalement les mêmes méthodes et les séances reposent sur un travail tout en finesse et presque « de précision » qui n'a rien de brutal. Ceci dit, outre les kinésithérapeutes, les sages-femmes sont aussi habilitées à conduire ces séances de rééducation.

J'AI ACCOUCHÉ il y a deux semaines. Quand pourrai-je commencer la rééducation ?

Les séances de rééducation ne sont pas à faire dès la sortie de la maternité : l'épisiotomie doit avoir le temps de cicatriser. En général, elles sont conseillées deux mois après l'accouchement. Il est préférable d'attendre le retour de couches : pendant l'allaitement, le contexte hormonal ne favorise pas le tonus musculaire. Naturellement, cette précaution est inutile si vous avez décidé de donner le sein à votre enfant pendant longtemps. Avant que les séances ne commencent, pensez à toujours protéger votre périnée en ne laissant pas la constipation s'installer et en évitant de porter des charges lourdes.

C'EST VRAI, je ne suis pas médecin, mais il me semble qu'en faisant des abdos ou du « stop pipi », je peux très bien m'en sortir toute seule à la maison…

Il ne faut pas confondre rééducation et gymnastique. Pour beaucoup, retrouver la forme, c'est faire « des abdos ». Ce réflexe est à proscrire, du moins tant que les séances de rééducation ne sont pas terminées. Ce type d'exercice conduit à exercer une pression sur un périnée encore trop fragile. Pour d'autres raisons, s'exercer à stopper le jet d'urine est contre-productif. Lorsque cette méthode est utilisée de façon régulière, elle conduit bien souvent à des infections urinaires.

J'APPRÉHENDE un peu les séances

de rééducation. Comment se déroulent-elles exactement ?

Le kinésithérapeute, ou la sage-femme, va d'abord chercher à évaluer votre situation, pour adapter le contenu des séances. Il va ensuite vous apprendre à localiser et à mobiliser votre périnée en respirant de façon appropriée. Il vous demandera de le contracter de différentes manières et mesurera votre « performance » avec une sonde vaginale ou manuellement. Il vous apprendra quelques exercices que vous pourrez poursuivre à la maison, pour tonifier votre périnée et certains muscles de la sangle abdominale.

J'AI ENTENDU parler de cônes pour rééduquer son périnée toute seule. Je me demande si c'est vraiment efficace.

En effet, il existe des cônes vaginaux qui permettent de tonifier le périnée et sont souvent utilisés pour réduire les problèmes de fuites urinaires. Ils sont parfois conseillés, mais seulement en relais d'une rééducation accompagnée par un professionnel. Leur principe est simple : ils ressemblent à des tampons, mais sont en acier chirurgical, et donc réutilisables. On les met en place, et on contracte le vagin pour les maintenir. C'est un bon exercice de fond à faire tous les jours pendant 10 minutes environ.

Les soins du cordon

QUAND JE passe un coton-tige sur le cordon de mon bébé pendant les soins, je ramène quelques dépôts. Cela veut-il dire que le cordon s'infecte ?

Ce n'est pas parce que le cordon vous semble « sale » ou qu'il saigne légèrement qu'il est infecté. Rougeur, gonflement, odeur inhabituelle, voilà quelques-uns des signes qui doivent vous inciter à contacter votre médecin. Ils peuvent s'accompagner de fièvre, d'une perte d'appétit, d'un état somnolent.

À CHAQUE FOIS que je pratique les soins autour du cordon, mon bébé se met à pleurer. Je prends pourtant toutes les précautions possibles et je suis douce. Est-il possible que je lui fasse mal ?

Le cordon a l'aspect d'une grosse croûte, et comme une grosse croûte, il est insensible. Il n'y a pas de raison pour que votre enfant souffre lorsque vous pratiquez les soins. Peut-être a-t-il froid, parce qu'il reste nu un peu trop longtemps à son goût. Peut-être encore est-il simplement surpris par la sensation du liquide frais (désinfectant, ou éosine) qui coule sur son ventre.

À LA MATERNITÉ, on m'a montré comment protéger le cordon sous deux compresses avant de bloquer le tout sous la couche. Toutes ces épaisseurs sont-elles vraiment utiles ?

La compresse est utile dans la mesure où elle évite le frottement, synonyme d'irritation mais aussi de contact avec des impuretés. Il faut bien avouer que de nombreux parents se sentent bien plus rassurés lorsque le cordon est caché sous un body. Certains professionnels recommandent de laisser le cordon sécher librement, sans compresse ni filet. La durée de cicatrisation est alors bien raccourcie. Demandez au médecin qui suit votre enfant son avis sur la question.

ENFIN, ce fichu cordon est tombé ! À nous les papouilles sur le ventre, sans craindre de faire mal à notre fille. Peut-on dès à présent arrêter les soins ?

Après la chute du cordon, il est conseillé de continuer les soins pendant quelques jours, jusqu'à ce que la petite plaie laisse sa place à un nombril bien net. La chute du cordon n'est parfois pas complète, un petit bourgeon de chair peut apparaître, voilà pourquoi il faut « parfaire » la cicatrisation, et ne pas hésiter à montrer au médecin, ou à une puéricultrice de la PMI, toute évolution qui vous semble anormale.

MON FILS a deux semaines et son cordon n'est toujours pas tombé. Il a bien séché, mais pas moyen de le décrocher, il semble solidement fixé. Dois-je consulter ?

En premier lieu, il ne faut jamais tirer sur le cordon ombilical. Cela ne sert à rien, et peut par contre occasionner des petits saignements désagréables. La cicatrisation du cordon est très différente, d'un bébé à l'autre. Pour certains, le cordon tombe juste à la sortie de la maternité, et pour d'autres, cela prend plus de deux semaines. Tant que le cordon ne présente pas d'infection, il n'y a pas lieu de s'inquiéter, il faut simplement poursuivre les soins. Si le cordon ne se décide pas à tomber au bout d'un mois, ou d'un mois et demi, le pédiatre pourra « l'aider à tomber ».

LE CORDON de ma fille est tombé ce matin. En faisant les soins ce soir, je

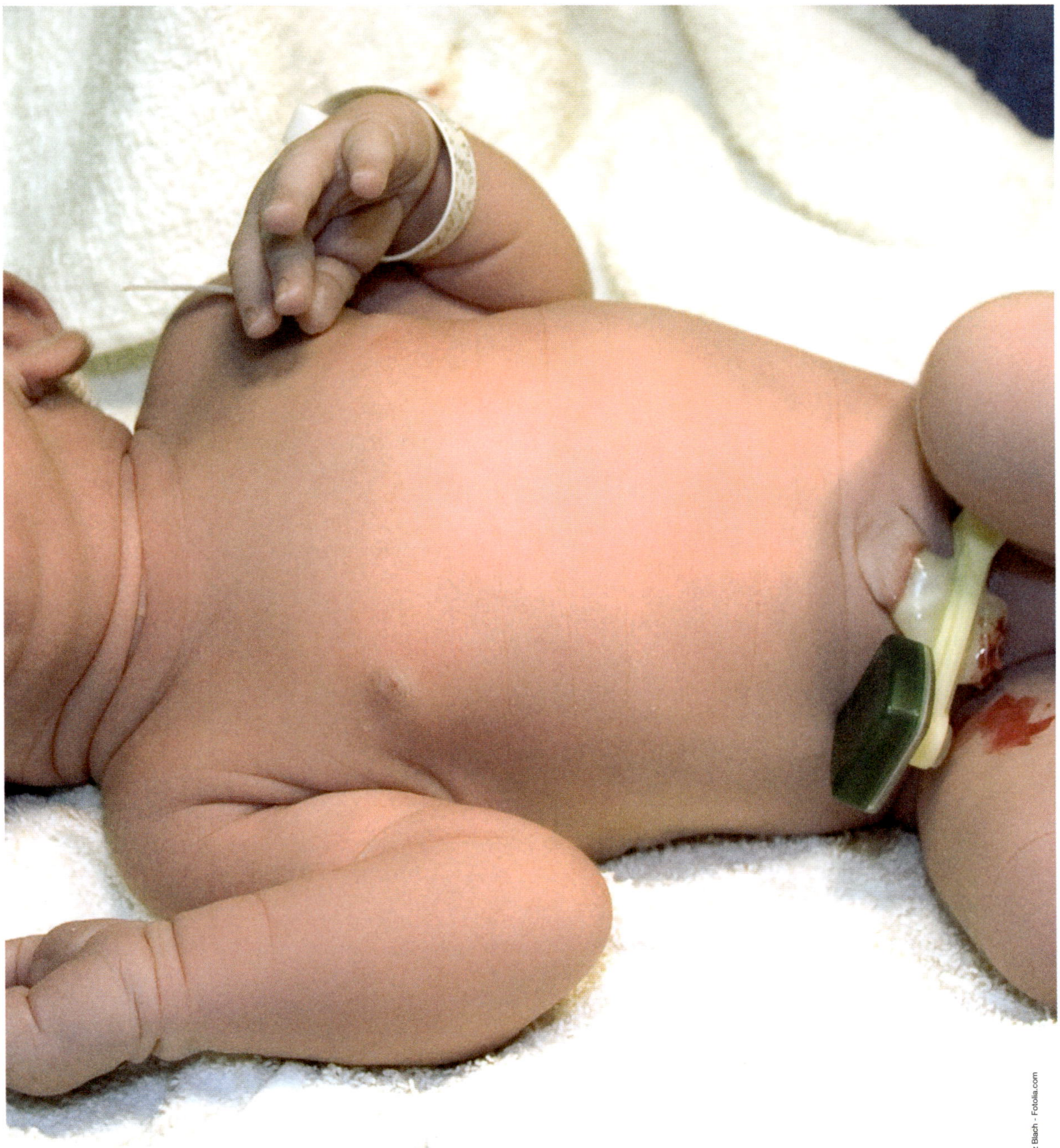

© Mariusz Blach - Fotolia.com

vois un peu de sang sur le coton-tige, est-ce normal ?

De légers saignements peuvent se produire lorsque le cordon commence à tomber, ou juste après. Ils sont en général tout à fait anodins. Il faut simplement nettoyer ce sang avec un coton-tige et poursuivre les soins comme d'habitude. Vous pouvez demander conseil à votre médecin si ces saignements persistent pendant plus de deux jours.

LE CORDON de mon bébé est tombé il y a plusieurs jours et la plaie est cicatrisée. Pourtant, son nombril fait comme une boule. Est-ce un morceau du cordon qui est resté sous la peau ?

Il arrive assez fréquemment qu'une petite boule se forme sous la peau du nombril. Cette boule n'est pas dure : si vous exercez une pression dessus, elle disparaît.
Il s'agit d'une hernie ombilicale, c'est un petit bout d'intestin que vous percevez. Plus fréquente chez les bébés à peau noire, cette hernie est totalement bénigne et indolore. Elle se résorbe la plupart du temps d'elle-même avant l'âge de trois ans. Si tel n'est pas le cas, elle pourra être opérée pour des raisons purement esthétiques.

Ces mots qui font peur

ON M'A répété plusieurs fois que pour prévenir la mort subite du nourrisson, il ne fallait pas coucher bébé sur le ventre. Y a-t-il quelque chose d'autre que l'on peut faire ?

Le choix du matelas est également important : celui-ci doit être bien ferme, et correspondre le mieux possible aux dimensions du lit. Cela signifie qu'il doit aller en butée contre les barreaux.
On conseille aujourd'hui, pour éviter les étouffements de bannir les oreillers, et de remplacer drap du dessus et couverture par une gigoteuse dans laquelle on glissera bébé pour la nuit.
La chambre doit être aérée, à l'abri des fumées de tabac.
Si l'enfant est sujet à des vomissements, vous pouvez vous procurer un coussin de proclive que vous glisserez sous son matelas pour surélever sa tête.

QU'EST-CE QUE la mort subite ? Est-il possible qu'il n'y ait vraiment aucune alerte ?

On a lié la mort subite avec une forme d'apnée du sommeil.
Désormais, on pense que ce syndrome résulte d'une combinaison de plusieurs facteurs neurologiques, cardiaques, respiratoires, digestifs… Le faible poids du nouveau-né, ou l'utilisation de drogues par la mère peuvent le favoriser.
La mort subite n'est précédée d'aucun pleur ou cri pouvant alerter les parents. Les consignes de prévention ont fait baisser de façon drastique le nombre d'enfants touchés, passé de plus de 1500 en 1987, à 350 dix ans plus tard.

MON FILS, qui a 8 mois, se retourne toutes les nuits. Comment faire ? Je ne vais pas l'attacher, tout de même !

Dès lors que votre enfant est assez grand pour se retourner seul, il devient en effet impossible de lui imposer une position pour toute la nuit. Il faut donc accepter, sans s'angoisser, que votre enfant remue pendant la nuit, et bien respecter les autres consignes de prévention (matelas ferme et absence de couverture).

LA MÉNINGITE est à mes yeux d'autant plus terrifiante qu'elle paraît « frapper » au hasard. Comment les enfants l'attrapent-ils ?

La méningite peut trouver son origine dans une angine, ou une otite, mais la « porte d'entrée » du germe n'est pas nécessairement identifiée.
Dans tous les cas, il importe de savoir que la méningite n'est pas la maladie gravissime tant redoutée. Huit fois sur dix, la méningite est virale, et se traite de façon simple et très efficace. La méningite bactérienne (à méningocoques ou pneumocoques) est la forme grave de la maladie, où le pronostic vital est engagé, et qui nécessite une hospitalisation immédiate.

ON DIT souvent que la méningite se reconnaît à la raideur de la nuque. C'est impossible à voir chez un nourrisson ! Comment savoir si mon bébé a une méningite ?

Les signes de la méningite sont effectivement moins faciles à détecter sur un bébé.
Elle se manifeste par une fièvre, combinée à des vomissements, et une fontanelle bombée que l'on peut ne pas détecter, car elle est plus ou moins prononcée selon l'état de déshydratation du bébé. Dans tous les cas, une ponction lombaire sera nécessaire pour poser le diagnostic.

MON FILS a été vacciné contre la

méningite. Cela signifie-t-il qu'il est bien protégé ?

Votre enfant ne peut être protégé que contre certains types de méningites bactériennes car il n'existe pas de vaccin contre la méningite.
Dès ses deux mois, on peut faire vacciner bébé contre la méningite à pneumocoques. Il existe également des vaccins contre la méningite à méningocoques de type A et C, et la méningite occasionnée par l'*Haemophilus influenzae* type B, qui a aujourd'hui quasiment disparu.
En revanche, il n'existe pas encore de vaccin universel contre les toujours très virulents méningocoques de type B. Un premier vaccin a été élaboré, mais il n'est efficace que contre une souche de ce type de méningite.

LA PEUR de faire du mal à mon bébé me bloque un peu dans nos jeux. À partir de quel moment un jeu innocent fait-il courir à mon enfant le risque d'être « secoué » ?

Ce syndrome résulte de gestes violents : on secoue bébé pour arrêter ses pleurs.
Au quotidien, il convient simplement de tenir compte de la fragilité de la nuque de bébé, en évitant, par exemple, de faire son jogging avec un nouveau-né dans le porte-bébé, de « faire l'avion », de le lancer en l'air pour le faire rigoler.

Bébé s'éveille à son rythme

QUAND JE REGARDE certains parents, j'ai l'impression qu'ils retombent en enfance. Pour ma part, je n'aime pas trop « parler bébé ». Suis-je trop dure ?

Avec leur enfant, les parents adoptent souvent, de façon naturelle, une intonation différente, plus douce, parfois un peu plus haut perchée : l'enfant comprend rapidement que cette voix lui est réservée, il s'y montre réceptif. En revanche, déformer volontairement des mots, c'est induire l'enfant en erreur en lui apprenant un double langage parasite.

J'AI DU MAL à faire en sorte que mon fils de 1 an s'intéresse à nos activités. À chaque fois, il a l'air captivé pendant deux minutes, puis il zappe. Dois-je m'inquiéter de ce manque de concentration ?

Il n'y a, a priori, aucune raison de s'alarmer face à un manque d'attention. La réaction de votre enfant témoigne de sa curiosité naturelle et de son ouverture au monde. Pour l'instant, il a besoin de variété?; la capacité à se concentrer viendra avec le temps. Ne le forcez pas à poursuivre une activité qui l'ennuie.

MA FILLE, Lucie, vient de fêter ses 14 mois et fait toujours du quatre-pattes. À son âge, son grand frère trottait. Que puis-je faire pour qu'elle marche plus vite ?

Beaucoup de bébés ne marchent pas encore à 14 mois, mais l'apprentissage est néanmoins en cours. Respectez son rythme et stimulez-la sans lui forcer la main. Vous pouvez, par exemple, prendre un large carton retourné sur le sol. Redressez votre fille, aidez-la à prendre appui sur le carton, placez-vous derrière elle et laissez-la avancer. Permettez-lui d'évoluer dans un environnement dégagé, sans objets qui entravent son passage et levez ses appréhensions : n'accourez pas dès qu'elle chute sur les fesses.

J'AI PARFOIS l'impression que mon fils ne réagit vraiment à notre présence que quand nous sommes pile en face de lui. Comment savoir s'il a un problème d'audition ?

Un bébé qui continue à dormir sans sourciller dans un environnement bruyant, dont les babillages n'évoluent pas, ou qui ne réagit pas à l'appel de son prénom à 1 an, voilà quelques signes qui peuvent vous amener à consulter. Les troubles de l'audition passent souvent inaperçus, car les enfants compensent avec leurs autres sens, vue notamment, et brouillent ainsi l'intuition de leurs parents. Seul un médecin pourra poser le diagnostic.

J'AI ÉTÉ SURPRISE de constater qu'à la crèche, il n'y avait pas de youpala. Tous mes petits frères ont appris à marcher avec. Pourquoi cet outil si malin n'est-il plus utilisé ?

Le principal problème du youpala tient aux accidents qu'il provoque : dans son trotteur, bébé risque de se cogner à grande vitesse, ou encore de chavirer. Si vous tenez à en utiliser un, restez toujours près de bébé. Sa taille doit être adaptée : si les jambes sont constamment fléchies, le modèle ne convient pas. Enfin, sachez que le youpala peut retarder l'âge de la marche : quand on peut se déplacer rapidement sur quatre roues sans effort,

pourquoi se donner la peine de poser un pied devant l'autre ?

J'AI ACHETÉ plusieurs livres de puériculture qui indiquent l'âge auquel notre enfant est supposé parler, s'asseoir, etc. Notre fille est toujours en décalage. Dois-je consulter un médecin spécialisé ?

Les livres ne peuvent qu'énoncer des moyennes. En cela, ils constituent des points de repère. Si votre fille est en décalage par rapport à ce que vous lisez, elle n'est pas pour autant en retard. Les difficultés de développement psychomoteur sont très difficiles à évaluer pour un néophyte. Faites confiance au médecin et si vous le jugez nécessaire, prenez un deuxième avis médical.

JE NE SUIS pas encore décidée sur le mode de garde. L'idée d'une nounou me plaît bien, mais je me demande si la crèche ne favoriserait pas plus son éveil?

L'éveil est directement lié à l'environnement dans lequel évoluera bébé et aux stimulations qu'il recevra, qu'il passe ses journées avec une nounou ou en crèche. L'atout d'un lieu de garde collectif réside avant tout dans la possibilité qui est offerte à votre bébé de côtoyer d'autres enfants et d'apprendre qu'il ne peut pas focaliser l'attention des adultes sur sa seule personne. En cela, la crèche prépare peut-être davantage à l'école.

Maman, mon infirmière

J'AI TOUJOURS peur de faire mal à mon fils en lui prenant sa température anale : il se tortille, c'est long, c'est désagréable. Comment prendre sa température de façon rapide et douce ?

La température anale est toujours considérée comme la plus fiable. Si vous tenez à ne pas trop embêter bébé, vous pouvez opter pour le thermomètre auriculaire. Relativement onéreux, il mesure la température tympanique en une poignée de secondes grâce aux infrarouges. Avec cette méthode, des erreurs (à la hausse ou à la baisse) sont possibles. La mesure peut par exemple être faussée par un bouchon de cérumen.
Il faut bien tirer l'oreille de bébé en arrière pour dégager l'accès au tympan, effectuer la mesure dans les deux oreilles et compléter, avec le même instrument, par une prise de température frontale.

J'AI UN petit problème technique : le pédiatre a prescrit des suppositoires à mon fils, mais quand je lui donne, il les expulse aussi sec. Comment faire pour que cela n'arrive pas ?

Mieux vaut attendre le moment du change, et donc que les selles soient passées, pour donner un suppositoire à votre fils. Mettez-le sur le dos, repliez ses jambes contre son ventre, enfoncez le suppositoire et juste après, maintenez ses fesses bien fermées pendant quelques instants. Pour éviter que le suppositoire ne ressorte, vous pouvez le tremper dans de l'eau bien froide pour le durcir, et l'enfoncer, bout plat en premier.

MA FILLE a un sirop à prendre et je ne compte plus les petites cuillères de liquide collant qui ont été renversées sur moi aujourd'hui. Comment puis-je procéder ?

Donner un médicament à la cuillère à un bébé n'est pas chose aisée. Le premier risque est celui d'un mauvais dosage : autant que possible, utilisez une cuillère doseuse. Bébé doit être assis, bien maintenu. Appuyez d'une main sur son menton, et de l'autre, inclinez la cuillère à la commissure des lèvres. Les mamans impatientes (et un peu brusques) opteront pour une méthode radicale : pincer le nez de bébé pour le forcer à ouvrir la bouche bien grand.

À LA CUILLÈRE, il n'y a rien à faire : je n'arrive pas à lui donner son médicament. Y a-t-il une méthode pour administrer un traitement facilement ?

Vous pouvez diluer le traitement dans un petit biberon, en prenant soin de ne pas mettre trop d'eau pour que bébé prenne toute la dose. Autre méthode, la seringue (sans aiguille, évidemment) : vous glissez l'extrémité dans la bouche de bébé, en maintenant bien sa tête pour éviter tout mouvement brusque. Il ne vous reste plus qu'à appuyer sur le piston ! Encore plus simple, la sucette à médicament : elle est munie d'un réservoir où verser le médicament que bébé absorbe en tétant.

JE DOIS mettre du collyre dans les yeux de Julien, mais il s'agite dans tous les sens. Je n'y arrive pas, j'ai peur de lui faire mal.

Il faut aller le plus vite possible pour que votre enfant n'ait pas le temps de trop anticiper ce geste. S'il s'agite, il vous faudra en premier lieu bloquer fermement ses bras.
Ensuite, avec des mains bien propres, maintenez sa paupière ouverte et versez les gouttes dans l'angle interne

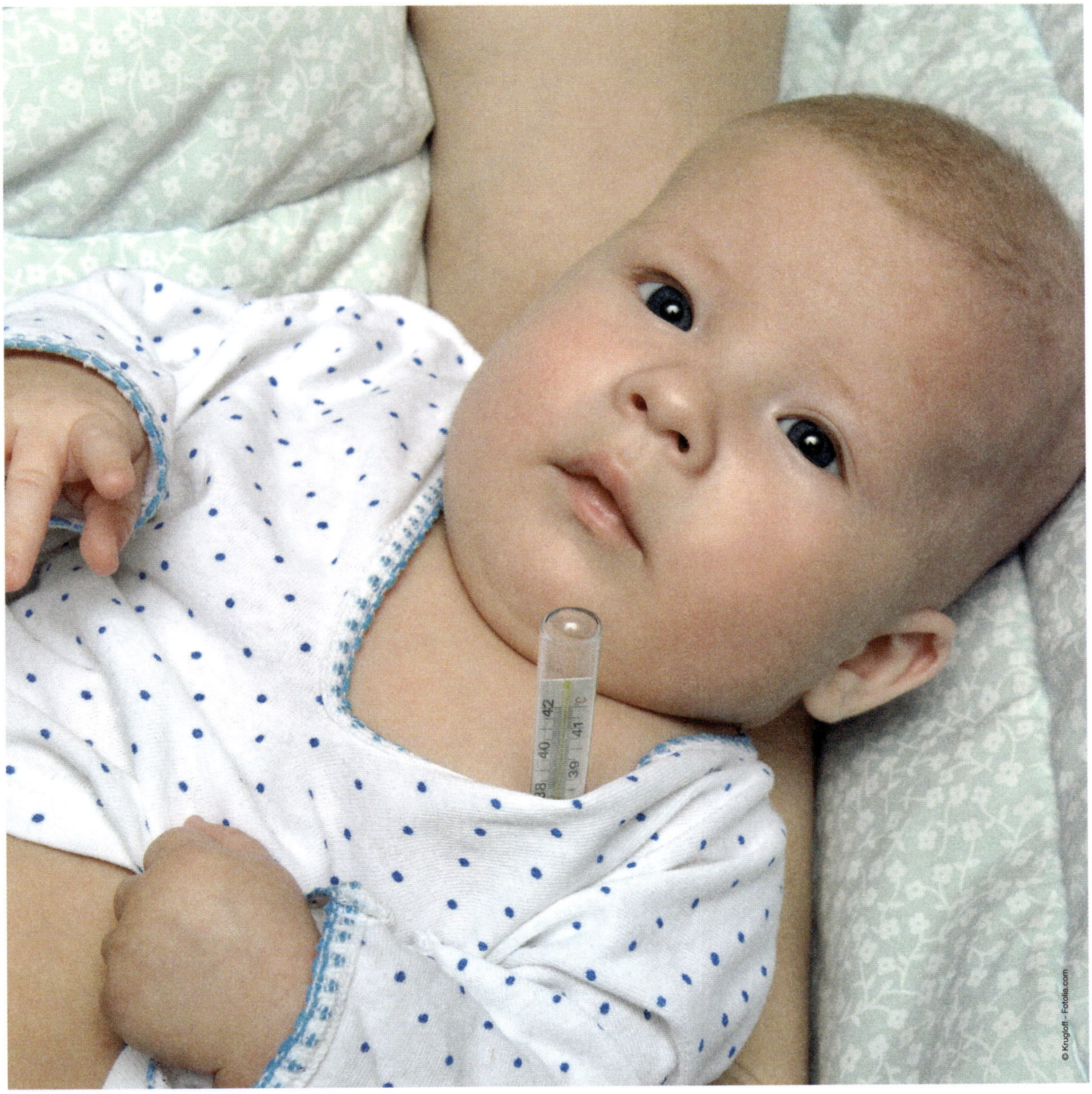

de l'œil. Si votre enfant est trop énervé, n'insistez pas ; vous recommencerez quand il se sera calmé.

LA PHARMACIE m'a conseillé un traitement homéopathique pour ma fille. Le hic, c'est que je ne sais pas comment lui faire sucer ses granules : elle n'a que 8 mois.

Le plus simple est d'écraser les granules et de les diluer dans un petit biberon d'eau, ou de les faire fondre dans une eau réchauffée. Avec un bébé de 8 mois, vous pouvez également tenter de faire fondre ces granules en les coinçant entre la lèvre et la gencive, pour qu'ils ne soient pas avalés tout rond.

MON PÉDIATRE exige que je fasse subir à ma fille le vaccin ROR alors qu'il n'est pas obligatoire. Avec tout ce qu'on entend, je me dis que la prudence, c'est sans doute de refuser le vaccin.

Le vaccin ROR (Rougeole, Oreillons, Rubéole) a une mauvaise image, en grande partie due à une étude parue en 1998 et qui évoquait la possibilité d'un lien de causalité entre vaccin ROR et autisme. Cette étude avait circulé dans toute l'Europe après avoir été publiée dans la prestigieuse revue britannique *The Lancet*. Début 2010, celle-ci a fini par revenir sur cet article, désavouer totalement l'étude et rappeler l'importance du vaccin ROR.

EN CAS D'URGENCE

L'IDÉE QUE mon enfant s'étouffe m'angoisse beaucoup. J'aimerais savoir comment m'y prendre si jamais cela se produit.

Deux cas doivent être distingués : si l'enfant tousse et devient rouge, mais respire tout de même, conduisez-le aux urgences sans l'allonger, pour ne pas compliquer encore sa respiration. S'il s'étouffe complètement, bleuit et n'arrive plus du tout à respirer, prévenez les secours. Asseyez-vous, couchez rapidement l'enfant sur le ventre, en travers de vos genoux, la tête plus basse que le reste du corps. Tapez fermement entre ses omoplates jusqu'à l'expulsion de l'objet. Si au bout de cinq coups, rien ne vient, retournez l'enfant. Exercez, avec deux doigts, cinq pressions au milieu du torse, sous les mamelons. Alternez tapes sur le dos et pressions sur le torse jusqu'à l'expulsion de l'objet.

LOUIS COMMENCE à marcher, et nous passons nos journées à lui courir après. Il va finir par tomber, et pas sur sa couche. Faudra-t-il l'emmener aux urgences ?

Il faut apprendre à adapter la réaction à l'importance de l'incident. Si votre nourrisson chute de la table à langer, une consultation s'impose. S'il tombe de toute sa hauteur, et se cogne la tête, observez-le bien pendant les 24 heures suivantes. Ces signes doivent vous inciter à vous rendre à l'hôpital : perte de connaissance, même brève, convulsions, état groggy, somnolence, comportement inhabituel, déplacement instable, pâleur, vomissement, écoulement de sang du nez ou des oreilles. Enfin, pendant la nuit suivante, il est préférable de réveiller l'enfant toutes les trois heures pour vérifier que tout va bien.

J'AI UN petit appartement, sans séparation entre cuisine et salon. Que doit-on faire si, par exemple, bébé se renverse une casserole d'eau bouillante dessus ?

Peu importe la cause de la brûlure (feu ou eau bouillante), il faut appeler les secours, et arroser pendant 10 minutes la blessure à l'eau fraîche, directement dans la douche. Il ne faut jamais déshabiller l'enfant. Ôter la dernière couche de vêtements risque de lui arracher la peau. Face à une toute petite brûlure, après avoir rincé la plaie, recouvrez-la de tulle gras.

ON DIT que les enfants sont toujours malades, et j'ai l'impression que le mien est encore plus fragile que les autres ! Que dois-je faire quand mon fils a de la fièvre ?

La température d'un tout-petit peut monter très vite. N'écoutez pas grand-mère qui vous conseille de mettre votre enfant sous une pile de couvertures. Il a chaud, découvrez-le ! Vous pouvez aussi lui donner un bain en veillant à ce que la température de l'eau soit de deux degrés inférieure à sa température à lui. Donnez-lui, dans la quantité adaptée, l'antipyrétique que vous avez l'habitude d'utiliser (paracétamol, principalement). Si la température augmente, ou ne semble pas vouloir baisser, appelez votre médecin.

IL FAIT beau et nous ne voulons pas nous priver d'un déjeuner en terrasse à cause de quelques insectes. Quels sont les bons gestes, si bébé se fait piquer par une guêpe ?

Enlevez le dard avec une pince à épiler passée à la flamme, lavez la piqûre à l'eau et au savon et posez sur le membre

© shocky - Fotolia.com

endolori des glaçons entourés dans un linge. Si votre enfant présente un signe d'allergie (malaise, sueur, difficulté à respirer, gonflement...) emmenez-le aux urgences.

NOUS AVONS un chien qui est docile mais notre fils, lui, n'est pas très doux dans ses caresses. Nous faisons toujours attention, mais en cas de dérapage, comment procéder ?

Quand bébé se fait mordre par un animal, il faut simplement nettoyer la plaie à l'eau et au savon, et bien sécher. Prenez ensuite le carnet de vaccinations de votre enfant, et celui de votre animal de compagnie, et filez chez le médecin.

J'AI LU que quand un enfant avale un produit potentiellement dangereux, il est déconseillé de le faire vomir, ce qui paraît pourtant être un bon réflexe. Est-ce vrai ?

C'est tout à fait exact, un second « passage » du produit nocif pourrait en effet causer plus de dégâts encore. Il faut immédiatement conduire l'enfant aux urgences, ou prévenir les secours. Le temps que ceux-ci arrivent, il faut essayer d'identifier la nature du produit avalé, et surtout, la quantité ingérée. Ces informations assureront l'efficacité et la rapidité des soins à venir.

LES OREILLES, LES YEUX...

QUAND JE mets du sérum physiologique dans le nez de bébé, il avale tout ! Je ne vois vraiment pas l'intérêt de cette méthode !

Si votre enfant avale le sérum, c'est parce qu'il n'est peut-être pas dans une position bien adaptée à vos soins. Lorsque vous mettez du sérum dans le nez de bébé, allongez-le sur le dos et tournez sa tête sur le côté.
Si votre enfant s'agite un peu trop, ou que vous ne parvenez pas, pour une quelconque raison, à avoir un résultat efficace avec cette méthode, changez-en ! Vous pouvez utiliser un mouche-bébé ou des mèches enduites de sérum.

PUIS-JE UTILISER un coton-tige pour les oreilles de mon fils ?

Il est déconseillé d'enfoncer un coton-tige, au demeurant bien gros, dans l'oreille de bébé. La toilette de ses oreilles se limite au pavillon, c'est-à-dire à l'oreille externe. Il ne faut rien introduire dans le conduit auditif de bébé. En cherchant à nettoyer ses oreilles en profondeur, vous risquez au contraire de repousser le cérumen et créer un bouchon. Par ailleurs, un coton-tige enfoncé un peu trop profondément peut endommager le tympan qui, chez l'enfant comme chez l'adulte, est une membrane fragile.

LE MATIN, mon bébé a souvent les yeux pleins de « crottes » sèches. J'essaie de passer avec un coton, mais je n'arrive pas à tout décoller.

Les yeux collés au réveil sont un classique. C'est pour cela que l'on recommande de nettoyer tous les jours les yeux de bébé. Le coton n'est pas une bonne idée : il se peut qu'il peluche. N'essayez pas de décoller les dépôts à sec, ou d'ouvrir les yeux de votre bébé. Imbibez aussi généreusement que nécessaire une compresse de sérum physiologique. Passez doucement sur le coin de l'œil, de l'intérieur vers l'extérieur.

J'UTILISE un mouche-bébé par aspiration pour ma fille. Ce qui me gêne, c'est que la nounou s'en sert aussi. Je le stériliserais bien, mais je ne suis pas sûre qu'il résiste à l'eau bouillante !

Vous pouvez nettoyer votre mouche-bébé tous les jours à l'eau et au savon. Concernant la stérilisation, si l'emballage du mouche-bébé n'indique pas qu'il peut supporter un bain d'eau bouillante, pensez à la stérilisation à froid, avec les pastilles. Vous pouvez d'ailleurs faire subir le même traitement à la petite brosse à dents de votre fille, si elle en a une.

MON BÉBÉ a six mois, et à chaque fois que je veux lui couper les ongles, il bouge dans tous les sens. Du coup, je les laisse pousser et il se griffe. Comment puis-je procéder ?

Couper les ongles de bébé requiert en effet que celui-ci soit calme et coopératif. Asseyez votre enfant sur vos genoux, le dos contre vous, et saisissez fermement sa main.
S'il s'énerve, n'insistez pas inutilement au risque de vous énerver vous aussi : sa manucure se fera en plusieurs fois, et tant pis pour l'esthétique !
Utilisez une paire de petits ciseaux à bout arrondi spécialement conçus à cet effet.

LE BAIN quotidien est un moment que j'apprécie, mais tant qu'il n'a pas perdu son cordon, je me demande s'il ne faudrait pas que j'arrête, pour ne pas le ramollir.

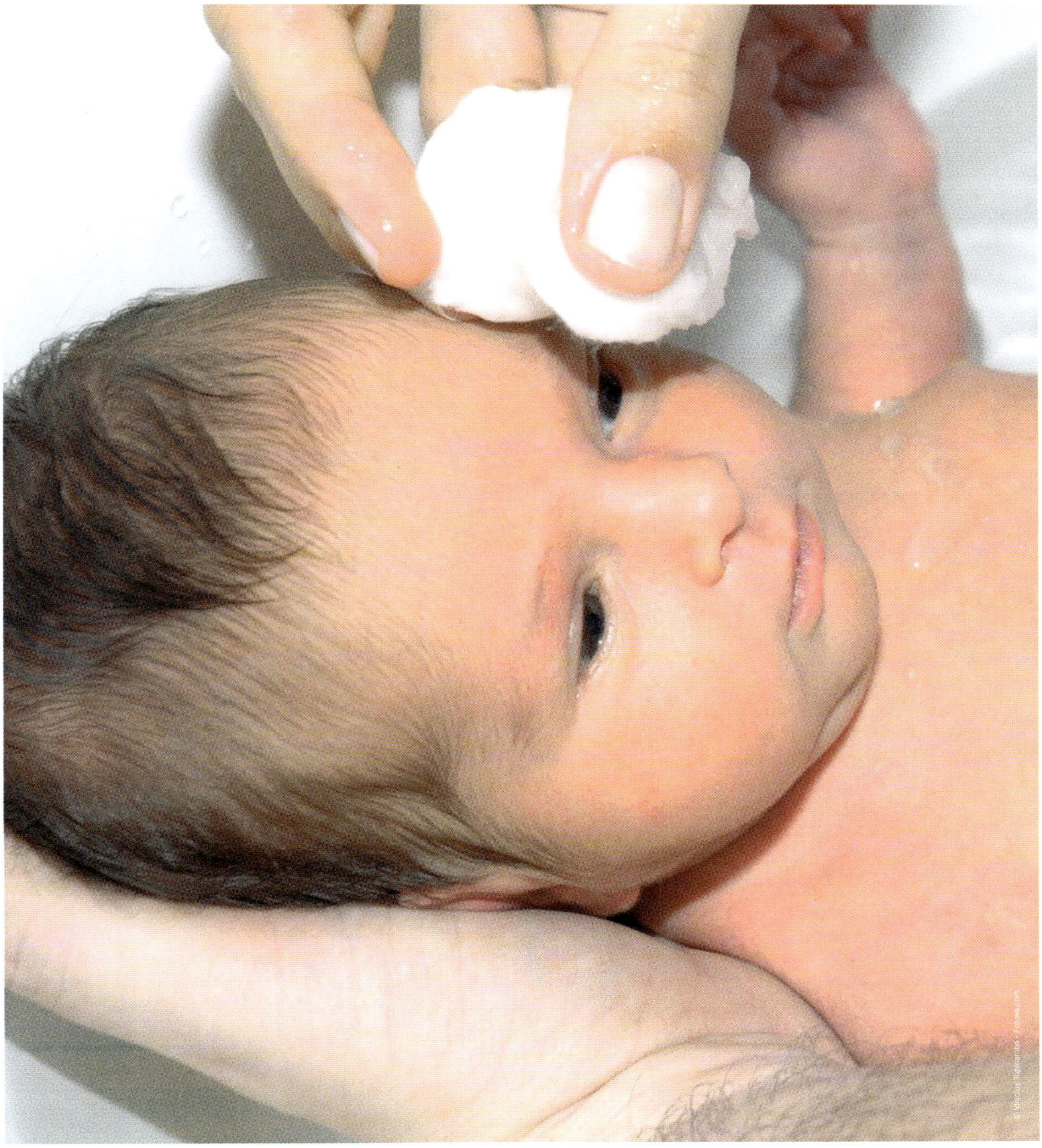

À l'évidence, le bain peut avoir tendance à ralentir la chute du cordon. Mais ce n'est pas une raison pour priver bébé d'un moment qu'il goûte avec délices. Cela dit, bébé n'a pas besoin d'un bain pour être propre, mais d'être savonné et rincé, ce que vous pouvez faire au gant. Dans tous les cas, il est surtout important de bien sécher le cordon, après la toilette ou le bain, avec une compresse.

MA TANTE me conseille de nettoyer les yeux de mon bébé avec du lait maternel. J'avoue que je n'ose pas trop, je crains que cela ne soit en fait mauvais pour ses yeux.

Le lait maternel est un remède de grand-mère pour une quantité de petits maux de bébé : la conjonctivite, les rhumes, la peau sèche ainsi que les érythèmes fessiers. L'effet positif du lait maternel sur les yeux de bébé est reconnu dans le traitement des conjonctivites bénignes (sans pus ni gonflement des yeux) : l'OMS recommande même son utilisation dans les pays en développement, où l'accès aux soins est complexe. Cependant, il n'y a aucune raison de ne pas utiliser de sérum physiologique, surtout pour le nettoyage des yeux, puisqu'il a une composition assez voisine des larmes. La meilleure prévention de la conjonctivite réside dans la régularité des soins.

« J'AI MAL À L'OREILLE ! »

EN CAS DE RHUME, bébé tousse, se mouche… Mais comment sait-on qu'il a une otite ?

Quelques signes discrets peuvent vous mettre la puce à l'oreille : un suintement ou un écoulement de l'oreille, un peu de fièvre, parfois des vomissements ou une diarrhée. En l'absence de ces symptômes, il se peut que votre enfant paraisse plus grognon que de coutume, qu'il refuse de manger, ou qu'il porte souvent la main à son oreille. Enfin, si bébé sort juste d'un rhume, ou en souffre actuellement, vos doutes risquent fort de se confirmer.

JE SORS JUSTE de chez le médecin. Il m'a dit que Sarah souffre d'une otite moyenne aiguë. Il y aurait donc plusieurs types d'otites ?

L'otite qualifie une inflammation de l'oreille. Quand elle se produit entre le pavillon et le tympan, on parle d'otite externe. Si elle survient dans la zone située après le tympan, c'est une otite moyenne. Plus rarement, l'enfant peut aussi souffrir d'une otite interne. L'otite moyenne peut être aiguë, subaiguë, chronique, suppurée… L'otite moyenne aiguë ou OMA est très fréquente chez les enfants de moins de 6 ans. Elle doit être bien soignée pour éviter sa répétition qui peut finir par endommager le tympan et causer des troubles auditifs.

MA FILLE nous a fait six otites coup sur coup. L'ORL recommande la pose de drains. La faire opérer alors qu'elle est si petite suscite en moi beaucoup de questions.

Si aucun geste chirurgical n'est exempt de risques, la pose de drains est une opération à la fois courante et rapide. Le pus qui bombe le tympan lors d'une otite peut le perforer. Pour éviter cela, quand le traitement médicamenteux n'est pas suffisant, on pratique une petite incision dans le tympan, ou paracentèse. En cas d'otite à répétition, on pose sur le tympan, après l'incision, un drain aussi appelé yoyo ou diabolo. Cet aérateur transtympanique est un tube de quelques millimètres qui permet aux sécrétions de s'écouler facilement. Il tombera tout seul au bout de quelques mois.

JE SUIS ALLÉE CONSULTER L'ORL parce que j'avais l'impression que mon fils entendait moins bien. Il a diagnostiqué une otite séreuse alors que Christophe ne semble pas avoir mal.

En effet, l'otite séreuse est indolore, c'est la raison pour laquelle elle est particulièrement difficile à repérer. C'est une forme d'otite moyenne qui survient après une autre otite : le pus situé derrière le tympan est parti, mais des sécrétions sont restées qui bouchent la caisse du tympan et gênent la transmission des sons tant que la maladie n'est pas traitée.

MON AÎNÉ a souvent eu des otites lorsqu'il était en bas âge. J'aimerais bien que cela ne recommence pas avec sa petite sœur. Y a-t-il un moyen de prévenir cette maladie ?

Les otites moyennes sont souvent la conséquence d'un rhume ou d'une autre infection : la trompe d'Eustache, qui relie la gorge à l'oreille moyenne, permet aux microbes de « remonter ». Si votre enfant est malade, mouchez-le et nettoyez très régulièrement son nez. Bannissez l'usage du coton-tige, évitez de laisser votre fille boire en position allongée. Séchez bien ses oreilles après le bain. Enfin, le tabagisme passif favoriserait l'apparition des otites et l'allaitement maternel contribuerait à leur prévention.

MON BÉBÉ a beaucoup de cire dans les oreilles. Je n'arrête pas de les lui nettoyer mais elles ont toujours l'air d'être sales.

Certains individus fabriquent plus de cérumen que d'autres et les enfants en bas âge ont tendance à avoir une production particulièrement abondante. Il ne faut pas s'acharner sur le nettoyage des oreilles : loin d'être un problème, le cérumen, au contraire, sert à protéger l'oreille des microbes et bactéries. Pour le nettoyage, limitez-vous au pavillon de l'oreille sur lequel vous passerez une compresse imprégnée de sérum physiologique.

L'OREILLE DE MON FILS est pleine de cérumen qui forme une sorte de bouchon. Comment puis-je le dissoudre et éviter qu'il ne se reforme.

La naissance de bouchons dépend à la fois de la production de cérumen et de la forme du conduit auditif parfois très étroit. Pour les éliminer, vous devez utiliser une solution huileuse que vous trouverez en pharmacies. Mettez-en quelques gouttes dans l'oreille. Laissez agir une poignée de minutes, puis rincez. Si le bouchon a durci, un médecin le retirera.

COUCHES ET ÉRYTHÈME

COUCHE LAVABLE ou couche jetable, qu'est-ce qui coûte le moins cher et qu'est-ce qui est le plus efficace ?

Les couches jetables sont réputées plus absorbantes. Pourtant, les couches lavables ont fait d'énormes progrès. Les culottes spéciales, en tissu recouvert de polyuréthane, ou en polaire, que l'on ajoute par-dessus, les rendent bien étanches, et vous pouvez de plus leur ajouter une garniture en polaire. Côté efficacité, à condition de faire le bon choix, c'est donc a priori match nul. Sur le plan économique, si les couches lavables sont chères à l'achat (de 12 à 20 euros l'unité), certaines s'adaptent à la taille de bébé et le suivent jusqu'à ce qu'il soit propre. En général, elles ne conviennent qu'aux bébés de plus de 4 kg. Même s'il faut compter avec le coût d'entretien, l'économie se fait sur la durée.

J'AI ENTENDU parler du liniment oléo-calcaire comme d'un excellent produit pour les fesses de bébé. Qu'est-ce que c'est exactement et où puis-je m'en procurer ?

Le liniment oléo-calcaire sert tout à la fois à nettoyer les fesses de bébé et à les hydrater. Le liniment s'achète en pharmacie, mais on peut aussi le fabriquer très simplement à la maison. Il suffit de mélanger énergiquement et à parts égales de l'eau de chaux, que vous trouverez en pharmacie, et de l'huile d'olive, bio de préférence. Économique, 100 % naturel, le liniment se conserve deux mois sans problème dans un flacon et constitue aussi un démaquillant de premier choix pour maman.

J'AI LA FIBRE ÉCOLO et j'aimerais utiliser des couches lavables. Cela dit, je crains de ne pas avoir le courage de faire face à l'entretien qu'elles demandent...

Il est certain que la couche lavable est contraignante. Pour vous faciliter la vie, vous pouvez toutefois utiliser les couches dites « tout en un », qui passent entières à la machine. On peut également acheter une boîte ou un rouleau de film jetable spécialement adapté : il se place au fond de la couche et permet de récupérer les selles, ce qui simplifie grandement le nettoyage.

MON FILS commence à avoir des rougeurs au niveau des fesses. Comment puis-je faire pour qu'elles partent rapidement ?

Si des rougeurs commencent à apparaître sur les fesses de votre bébé, demandez à votre pharmacien de vous conseiller une crème à base d'oxyde de zinc que vous appliquerez à chaque change. Si des petites plaies se forment, badigeonnez-les d'éosine, qui aidera à les sécher. Changez la couche de bébé plus souvent, en utilisant des couches ultra-absorbantes et dès que possible, laissez-le les fesses à l'air.

MON BÉBÉ a souvent les fesses rouges. Je sèche pourtant toujours bien sa peau. Cela pourrait-il avoir un lien avec les produits que j'utilise ?

De plus en plus de mamans utilisent des lingettes pré-imprégnées. Elles sont pratiques, mais elles peuvent irriter, à la longue, la peau fragile des bébés. Le talc est aujourd'hui déconseillé : il favoriserait la macération. Enfin, de manière générale, il est préconisé de toujours utiliser des produits conçus pour les bébés : si vous n'avez plus de lait de toilette, mieux vaut utiliser un banal savon, ou même de l'eau chaude seulement, que d'improviser avec votre propre lait de soin du visage.

MA MÈRE me dit de changer ma fille avant le repas, mais moi, je trouve cela plus pratique de le faire après. Le choix du moment a-t-il une importance ?

Chacune des options a ses désavantages. Changer bébé avant le repas vous le rendra frais et dispos à l'heure de la tétée, mais sa digestion étant courte, tant que son alimentation est liquide, il sera rapidement mouillé et restera ainsi jusqu'au prochain change. D'un autre côté, changer bébé après le repas favoriserait les régurgitations et empêcherait bébé de s'endormir tranquillement. À chacun de choisir ce qui lui paraît le plus opportun.

JE SUIS toutes les précautions d'usage, mais mon bébé a quand même les fesses rouges. Cette fois-ci, ça fait plus d'une semaine que ça dure. D'où cela peut-il venir, et qu'ai-je pu faire de travers ?

L'irritation des fesses peut être causée par plusieurs facteurs : des diarrhées acides et parfois, par un champignon, le candida albicans. Devant un érythème qui résiste à vos bons soins pendant plus de 6 jours, comme le vôtre, il ne faut pas hésiter à consulter le médecin qui saura traiter la cause de cette irritation.

Bébé à fleur de peau

DEPUIS CE MATIN, ma fille a une petite cloque sur les lèvres. Ça ressemble à une ampoule. Est-ce un début de maladie de peau ?

Des cloques apparaissent parfois sur les lèvres des bébés allaités qui ont l'habitude de téter de bon cœur. On les appelle cloques de succion et elles sont générées par un frottement répété sur la peau fine des lèvres. Indolores, elles partiront seules et rapidement. Ne cherchez pas à les percer, vous risqueriez de faire mal à votre bébé.

ANTOINE a une petite fraise, juste sous la bouche. Le pédiatre dit que ça va partir tout seul, mais je suis quand même assez inquiète.

La plupart du temps, en effet, les petits angiomes disparaissent tout seuls avant les 3 ans de l'enfant. D'ici là, il n'y a donc pas besoin de traitement spécifique. Si, dans quelques années, cette fraise n'a pas encore disparu, cela pourra être traité chirurgicalement.

MON FILS est sujet à de fréquentes poussées d'eczéma, très désagréables parce qu'irritantes. Puis-je faire quelque chose pour les prévenir ?

L'eczéma est dû à une multitude de facteurs que vous ne pouvez pas tous contrôler. Vous pouvez cependant tenter de contenir les poussées en hydratant la peau de votre enfant régulièrement avec un produit recommandé par le médecin. Limitez les bains, ainsi que le nombre de produits de toilette que vous utilisez. Éliminez les eaux de toilette alcoolisées de la trousse de bébé. Évitez également le frottement de la peau avec des textiles qui grattent, pulls en laine, par exemple. Enfin, le tabagisme passif est un facteur défavorable.

DES CLOQUES sont apparues sur les fesses de mon fils. Elles ressemblent à de petites brûlures et font des croûtes couleur jaune miel. De quoi s'agit-il ?

Ces symptômes peuvent traduire un impétigo. Chez le tout-petit, la maladie commence par des cloques, souvent près des orifices. Le médecin prescrira un traitement antibiotique qui agira en quelques jours. En attendant, vous avez tout intérêt à bien couper les ongles de votre enfant : à chaque fois qu'il se gratte, l'impétigo peut gagner une nouvelle zone de peau. L'impétigo étant très contagieux, n'amenez pas votre enfant à la crèche tant qu'il a encore des croûtes.

DEPUIS UNE BONNE SEMAINE, mon fils a sur la joue une dartre que je ne parviens pas à éliminer. Y a-t-il un produit miracle ?

Les dartres, ces petites taches blanches qui se desquament, peuvent naître aussi bien sur les joues que sur le reste du corps. Pour les faire partir, il n'y a que l'hydratation et la patience qui paient. Vous pouvez utiliser un savon surgras pour la toilette, puis essayer le cocktail huile d'amande douce et vaseline, ou tout autre produit que vous conseillera le pharmacien. Si ces plaques ne dérangent pas votre enfant, ne vous acharnez pas dessus. Si elles sont irritantes, demandez conseil à votre médecin pour trouver un produit adapté au cas de votre enfant.

MON BÉBÉ de deux mois et demi a des boutons rouges sur le visage, mais pas de fièvre. Ma sœur me dit que ça pourrait être de l'acné. J'étais persuadée que c'était un truc d'ado. Serait-ce possible?

Cela paraît injuste, mais c'est pourtant vrai : les bébés aussi peuvent avoir de l'acné. Une poussée peut survenir quelques jours après la sortie de la maternité : résultant d'une chute d'hormones, les boutons partiront vite. Quand ils apparaissent au bout de quelques mois, ils sont un peu plus coriaces. Une crème antiacnéique peut être prescrite. Pendant la durée du traitement, évitez l'emploi de produits gras, ou de toute crème qui ne vous a pas été recommandée par le médecin. Bien entendu, il est déconseillé de chercher à percer les boutons.

MON BOUT de chou a toujours des problèmes de peau. On m'a parlé du thermalisme. Mon bébé pourrait-il faire une cure, comme les grands ?

Une cure peut soulager l'enfant de façon significative. Les établissements de soin accompagnent le traitement de l'eczéma par douches, bains et autres pulvérisations. Certains accueillent les enfants dès 6 mois. Afin de pouvoir être prise en charge, au moins de façon partielle, par la sécurité sociale, la cure doit être prescrite par le médecin. Elle sera logiquement limitée aux cas où les traitements traditionnels ne donnent pas satisfaction.

Deux maux de saison

POUR SOIGNER la bronchiolite, on a prescrit des séances de kinésithérapie. En quoi cela consiste-t-il et est-ce douloureux ?

En cas de bronchiolite, le traitement médicamenteux est léger et l'essentiel des soins repose sur la kinésithérapie respiratoire. Ces séances vont désencombrer, de façon mécanique, les voies respiratoires de votre enfant.
Avec ses deux mains, le kinésithérapeute fait pression sur son thorax pour faire remonter les glaires. Il appuie ensuite sur son cou pour le faire tousser. Les glaires sont récupérées avec un mouchoir sur le bord des lèvres.
Ces séances sont impressionnantes, d'autant que l'enfant a tendance à pleurer. Mais cela ne veut pas dire qu'il souffre, la preuve : à la fin de la séance, il est calme et respire mieux.

JE VIENS de voir au journal télévisé que si l'on suspectait une bronchiolite, il ne fallait pas aller aux Urgences. Pourtant, s'il a une bronchiolite, mon enfant risque bien d'être hospitalisé, ça n'est pas logique ?

En effet, si votre enfant présente les symptômes de la bronchiolite, votre premier réflexe doit être de consulter votre médecin habituel. Les Urgences sont à éviter : votre enfant risque d'y entrer en contact avec d'autres virus, voire d'attraper la bronchiolite si vous aviez fait erreur et qu'il n'en souffre pas.
Le médecin est tout à fait compétent pour agir efficacement, et dans le délai requis ; aller aux urgences ne fait que surcharger le service.
La plupart du temps, la bronchiolite se soigne très bien, en 8 à 10 jours. À peine 1 % des cas nécessite une hospitalisation ; il s'agit de bronchiolites aiguës, ou touchant des enfants de moins de trois mois, ou des bébés nés prématurément.

MON BÉBÉ a une bronchiolite. Y a-t-il quelque chose que je puisse faire pour l'aider à aller mieux ?

La bronchiolite est très contagieuse. Il faut donc éviter les contacts physiques avec d'autres enfants, et bannir les échanges de jouets (le virus survit plusieurs heures sur du tissu). Il est important de se laver régulièrement les mains et de bien aérer les pièces de la maison. Le nez de bébé sera nettoyé plusieurs fois par jour avec du sérum physiologique, en particulier avant ses repas. Enfin, il est conseillé de glisser un oreiller sous son matelas pour surélever sa tête et l'aider à bien dormir.

MON BÉBÉ de quatre mois présente tous les signes d'une gastro et son grand frère vient d'en avoir une. Que dois-je faire ?

Lorsqu'une gastro-entérite touche un enfant si jeune, vous devez consulter. Avant même de voir votre médecin, achetez en parapharmacie une solution de réhydratation orale que vous mélangerez à de l'eau et donnerez à boire, plusieurs fois dans l'heure, à votre enfant.
Si vous n'arrivez pas à faire boire votre enfant, il faut consulter d'autant plus rapidement ; l'enfant pourra alors être hospitalisé, pour éviter qu'il ne se déshydrate. De façon générale, surveillez l'aspect des selles de votre enfant, son poids et prenez régulièrement sa température. Lavez-vous les mains avant et après vous être occupée de lui.

MON FILS tousse depuis ce matin, et il ne joue pas comme d'habitude. Comment puis-je savoir s'il a attrapé une bronchiolite ?

La bronchiolite commence comme un simple rhume (toux, nez qui coule) auquel s'ajoutent une respiration difficile, souvent accompagnée de sifflements, une

difficulté à boire et à s'alimenter et une perturbation du sommeil.

NOTRE FILS vient d'avoir une bronchiolite. Y a-t-il un risque pour qu'il devienne asthmatique ?

Si votre enfant enchaîne trois bronchiolites, il y a effectivement un risque pour qu'il souffre d'asthme du nourrisson. C'est la raison pour laquelle, lorsqu'une bronchiolite est diagnostiquée, vous devez systématiquement signaler au médecin les antécédents. Si votre enfant est asthmatique, cet état peut tout à fait être passager et ne pas perdurer dans l'enfance ou à l'âge adulte.

J'AI ENTENDU dire que l'on pouvait vacciner les bébés contre la gastro-entérite. Quand doit-on faire ce vaccin ?

Il existe deux vaccins, développés par des laboratoires concurrents. Les vaccins ne protègent que contre certaines gastro-entérites, particulièrement virulentes.
Ces vaccins, obtenus sur ordonnance, s'administrent en plusieurs doses orales, à prendre à partir de 6 semaines.

UN SOURIRE ÉCLATANT

LA PREMIÈRE DENT de Jules est sortie ! Notre seul souci : elle pointe de travers. Doit-on consulter un médecin ou un dentiste ?

Il arrive que les dents de bébé poussent de façon un peu anarchique et cela ne pose aucun problème. La dentition évolue en permanence : une dent peut se redresser en poussant et quand la dentition se complète, elle prend une tournure plus cohérente. De plus, la dentition de lait ne présage en rien de ce que seront les dents définitives. Une fois que l'ensemble des dents sera en place, si les chevauchements sont importants, signe d'une mâchoire un peu petite, vous pourrez consulter un dentiste qui saura accompagner la pousse des dents définitives.

KARIM vient d'avoir 10 mois, et il n'a pas une seule dent. Ma nièce, qui en a un de moins, a déjà deux belles quenottes. Est-ce normal ?

Il en est des dents comme de la marche ou de la croissance en général : chacun avance à son rythme. Peut-être que votre fils n'aura sa première dent qu'à 1 an lorsque certains bébés (ils sont tout de même rares) naissent avec une dent. Passé 1 an, si aucune dent ne pointe, vous pourrez consulter un médecin. Il y a fort à parier qu'il vous conseillera simplement de vous armer de patience.

MA FILLE avait une de ses dents qui changeait de couleur. J'ai filé chez le dentiste. Résultat : elle a une carie. Je ne comprends pas comment un bébé peut avoir des caries en ne s'alimentant que de lait et de petits pots.

Malheureusement, les caries existent à tout âge. Pour éviter leur formation, outre une bonne hygiène, il est important de ne pas laisser s'endormir votre fille avec un biberon de lait ou d'eau sucrée. C'est ce contact prolongé avec le liquide qui finit par attaquer les dents, causant ce que l'on appelle « la carie du biberon ».

LE PÉDIATRE que voit ma meilleure amie a prescrit des gouttes de fluor à son fils, et lui a expliqué que cela permet d'éviter les caries. Mon médecin à moi ne m'a rien donné de tel. Dois-je lui en demander ?

Le fluor est en effet indispensable à tout âge de la vie, pour renforcer l'émail des dents. En revanche, le dosage recommandé est infime. Dans certaines régions, l'eau du robinet est suffisamment riche en fluor pour éviter toute supplémentation. Il peut en être de même pour l'eau en bouteille. Pour cette raison, certains médecins ne prescrivent pas de fluor ; l'auto-médication, ou le dépassement des doses prescrites sont à éviter. Une dose de fluor trop importante entraîne la formation de taches blanches sur les dents qui sont impossibles à éliminer.

ON VOIT dans le commerce du dentifrice parfumé aux fruits pour les enfants. J'ai bien envie d'en acheter pour ma petite puce. Cela dit, comme elle n'a que 8 mois, elle est peut-être encore trop jeune.

Le dentifrice à cet âge est déconseillé, votre enfant risque d'en avaler une bonne quantité à chaque brossage. Bébé apprend à se brosser les dents par mimétisme, en vous regardant faire. Montrez-lui comment vous recrachez le dentifrice : dès qu'il saura comment faire, vous pourrez en mettre sur sa brosse. D'ici-là, n'utilisez que de l'eau.

© Atanasija - iStockphoto.com

MA FILLE vient d'avoir ses deux premières dents, presque coup sur coup ! Dans l'enthousiasme du moment, j'ai acheté une petite brosse à dents pour bébé, avec des picots. Le souci, c'est que je les trouve trop durs ; je ne voudrais pas blesser ses gencives.

Les brosses à dents pour bébé sont spécialement étudiées pour ne pas faire mal à l'enfant. Elles doivent être maniées avec douceur : nul besoin de décaper la gencive de votre fille ! Si vous tenez à lui laver les dents, mais en employant la méthode la plus douce possible, vous pouvez tout simplement les frotter avec une compresse mouillée. Pour des dents de bébé, c'est amplement suffisant !

MA FILLE fait ses dents et elle a l'air de souffrir beaucoup. Elle passe son temps à mordre son petit poing, et un anneau de dentition que je lui ai donné. Je ne sais vraiment pas comment la soulager.

Il existe des gels anesthésiques locaux qui vous seront recommandés par votre pharmacien. Ils s'utilisent deux ou trois fois par jour, en massages de quelques minutes sur la gencive. En complément, vous pouvez également diluer dans un peu d'eau des granules homéopathiques à base de camomille.

UN SOMMEIL PAS SI PAISIBLE

QUAND J'AI MEUBLÉ la chambre de mon bébé, j'ai acheté directement un lit à barreaux. Le berceau était-il vraiment nécessaire ?

Le berceau est un lit de transition, une sorte de cocon dans lequel bébé trouve facilement ses repères : il vient de passer neuf mois lové dans votre ventre. Si vous souhaitez utiliser dès la naissance le lit à barreaux, pourquoi ne pas acheter un réducteur de lit ? Ce petit matelas entouré d'un boudin de tissu qui se pose dans le lit de bébé lui procure le même confort qu'un berceau.

JE DONNE à mon fils une tétine pour qu'il s'endorme. Il finit par la perdre et les pleurs reprennent. Comment faire pour qu'il la retrouve ?

Certaines mamans mettent tout simplement plusieurs tétines dans le lit. Vous pouvez aussi utiliser une pince spéciale qui s'accroche au pyjama mais là encore, il n'est pas certain que bébé se débrouille seul. Le plus simple serait de lui apprendre à trouver son pouce : aucun risque de le perdre de vue.

MA FILLE de cinq mois ne fait pas ses nuits. Une collègue m'a parlé d'un sirop qui aide à dormir. J'ai bien envie de demander au médecin de m'en prescrire...

Les sirops pour endormir les enfants ont mauvaise presse. La composition de ces produits homéopathiques n'a rien à voir avec celle des somnifères pour adultes. En revanche, ce qui peut prêter à discussion, c'est la méthode qui consiste à réguler les écarts de comportement grâce à un produit. Votre enfant ne doit pas grandir en associant endormissement à prise de médicaments. D'autre part, il ne faut pas confondre pleurs au coucher et pleurs pendant la nuit : ces pleurs-là ont toujours un sens, même s'il n'est pas facile à trouver.

ENZO a sept mois aujourd'hui. Que ça soit pour la sieste ou la nuit, il ne s'endort que dans nos bras. Dans son lit, il hurle. Comment faire pour que cela change ?

Les bébés sont capables de s'adapter et d'évoluer. Si vous pensez qu'il est temps qu'Enzo s'endorme seul, couchez-le dans son lit avant qu'il ne soit totalement endormi. Passez encore quelques instants avec lui pour le rassurer, puis quittez tranquillement la pièce. S'il continue à pleurer, revenez le voir toutes les trois minutes, juste pour lui parler, sans le sortir du lit. Les jours suivants, appliquez la même méthode, en espaçant progressivement vos visites.

DEPUIS SA NAISSANCE, j'ai beaucoup de plaisir à regarder mon fils dormir. Je me suis toujours demandé s'il était capable de rêver.

Selon les spécialistes, le fœtus rêve déjà puisque dès le cinquième mois de grossesse, il montre des signes de sommeil paradoxal, qui est la phase au cours de laquelle se produisent les rêves. Le sommeil des nouveau-nés est souvent très agité. Toutes ces mimiques, ces mouvements de paupières, sont encore des signes de sommeil paradoxal. Difficile de savoir à quel point le rêve du nouveau-né est comparable au nôtre, mais il est à peu près certain que ce sommeil agité contribue à la maturation du cerveau de bébé et au développement de sa mémoire.

NOTRE FILS aura bientôt 6 mois, et quand il pleure la nuit, la seule chose

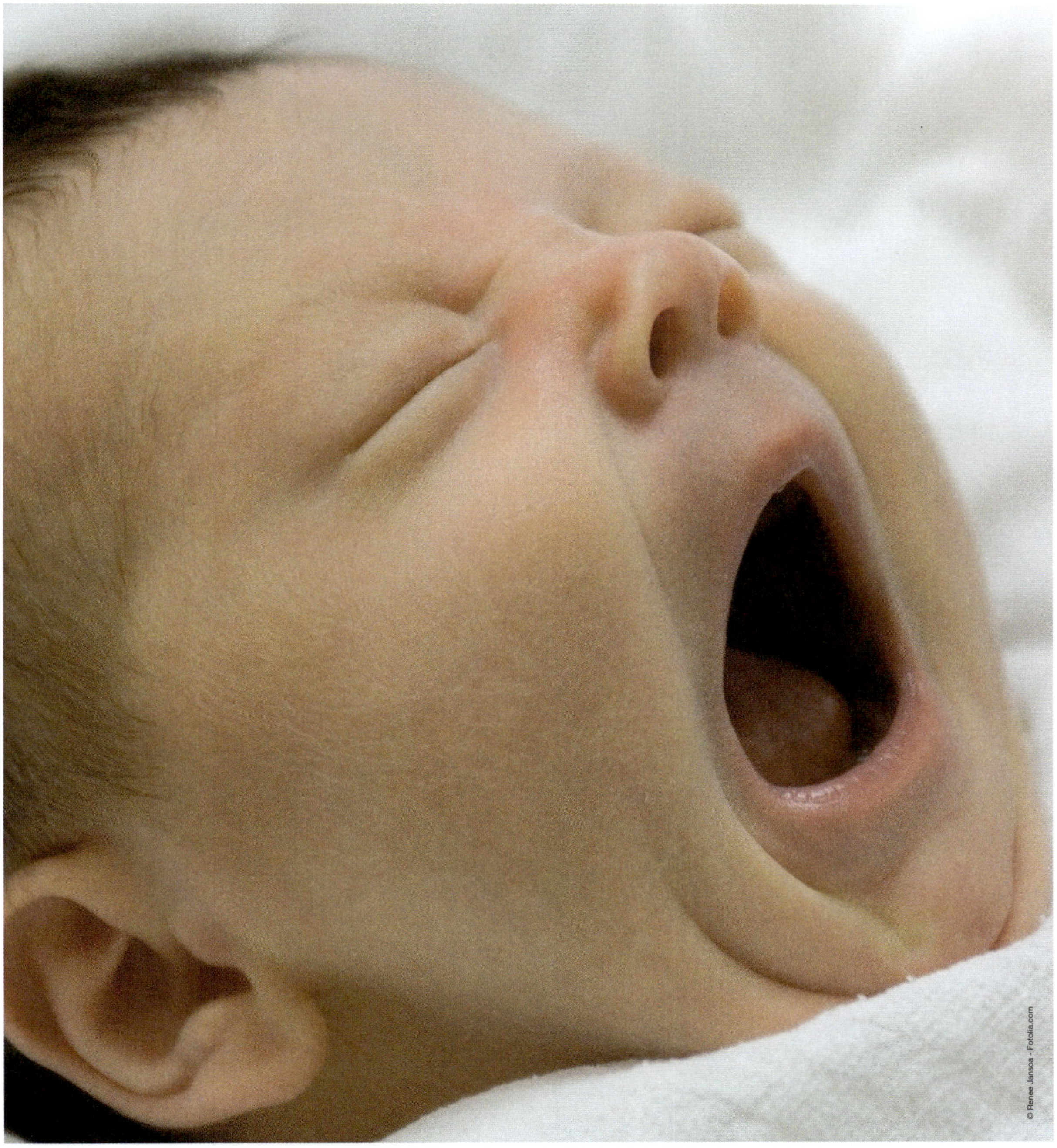

qui le calme, c'est de téter. Il ne devrait pourtant plus manger la nuit. Comment faire ?

Ce n'est pas parce que téter l'aide à se rendormir que votre enfant avait vraiment faim. N'arrive-t-il jamais aux adultes de se lever la nuit pour piocher dans le réfrigérateur juste pour apaiser leurs nerfs ? Votre bébé réclame peut-être seulement votre présence. Essayez de remplacer le petit repas en plus par la combinaison tétine et câlin. Si cela ne fonctionne pas, rapprochez-vous de votre médecin.

DEPUIS QUELQUES JOURS, mon fils développe une attitude très inquiétante au coucher : il s'assoit à moitié dans son lit et se cogne la tête aux barreaux.

Ces attitudes, qui apparaissent souvent avant l'âge de 1 an, s'appellent des rythmies du sommeil. Dans votre cas, il s'agit de *head banging* : ce mouvement répété crée un rythme régulier qui berce bébé et finit par l'endormir. Gronder votre enfant ne servirait à rien : ces mouvements sont exécutés dans un demi-sommeil, presque de façon involontaire. Parlez de ce trouble avec votre médecin, mettez un tour de lit bien moelleux pour habiller les barreaux. Essayez également de poser dans la chambre de bébé un métronome, ou un réveil ancien qui marque les secondes.

À L'HEURE DU BAIN

MON MARI adore prendre des bains avec ma fille de six mois. Tous les deux, ils s'amusent bien mais je me demande si une telle pratique est vraiment recommandée.

Vous n'avez aucun souci à vous faire, du moment que le papa prend quelques précautions : il est préférable qu'il se douche avant, qu'il fasse couler une eau à 37 degrés et qu'il limite le bain à 5 minutes pour éviter les coups de froid. Par ailleurs, votre fille est bien trop petite pour se préoccuper de la nudité de son papa. Pendant combien de temps votre mari pourra-t-il continuer à se baigner avec votre fille ? Pour le savoir, il vous suffit de vous comporter en parents avisés et de bien observer les réactions et les attitudes de votre enfant.

J'AIMERAIS ÉVITER de me tromper et d'avoir à en racheter une : comment bien choisir une baignoire ?

Une baignoire sur pieds, ou qui s'adapte sur la baignoire des adultes, doit avant tout être stable. Pour que cet accessoire soit utilisable longtemps, évitez les baignoires transats qui deviendront inconfortables quand bébé voudra s'asseoir comme un grand. Enfin, n'achetez pas une baignoire trop grande : elle sera moins maniable et vous devrez toujours chauffer une grande quantité d'eau.

QUAND JE DONNE le bain à notre fils, tout se passe bien, mais quand c'est mon conjoint qui s'y colle, plus rien ne va. Qu'est-ce qui coince ?

Si la mémoire et la notion du temps du bébé sont plus qu'aléatoires, votre enfant a, d'une certaine manière, la mémoire des sensations. Si les premiers bains avec votre conjoint se sont mal passés, tous deux appréhendent désormais ce moment. Pour briser ce cercle vicieux, donnez le bain à deux. Votre conjoint sera en confiance et vous percevrez peut-être les gestes (eau dans les yeux ou autres) qui perturbent votre enfant.

NOUS ALLONS PARTIR en vacances et notre petite voiture nous oblige à limiter le volume des bagages. J'aimerais bien laisser la baignoire à la maison. Qu'en pensez-vous ?

Il est important de laver chaque jour votre enfant mais cela n'implique pas nécessairement de lui donner un bain. Si vous tenez au bain, pensez système D : pour quelques jours, à défaut de disposer d'une baignoire, votre bébé se contentera bien d'une bassine. Enfin, il existe également des baignoires gonflables. Lorsqu'elles sont repliées, l'encombrement est minime.

MON FILS souffre actuellement d'une otite. Cela signifie-t-il que je dois supprimer les bains jusqu'à la fin du traitement ?

Dans certains cas, le médecin vous précisera directement que l'eau dans les oreilles doit être évitée. En l'absence de recommandation, restez vigilante. Vous pouvez baigner votre enfant en limitant les éclaboussures.
Sauf si votre médecin vous a précisé le contraire, mouiller les oreilles n'est pas dangereux. C'est, en revanche, assez douloureux.

MA FILLE de 6 mois ne sait pas encore bien s'asseoir, donc je suis obligée de la tenir pendant le bain. J'aimerais savoir s'il existe un système qui me permettrait

de libérer mes deux mains et de profiter davantage du bain en jouant avec ma fille.

Il existe, en fait, plusieurs systèmes qui répondent à votre demande. Pour ne pas avoir à remplacer votre baignoire actuelle, certains fabricants proposent des hamacs qui s'adaptent à elle. Bébé s'y trouve confortablement allongé.
Dans le même ordre d'idées, le fond de certaines baignoires a la forme d'un transat de bain. Là encore, votre enfant sera allongé ou, au mieux, demi-assis. Pour qu'il puisse se redresser, il existe un autre type de baignoire, encore peu répandu. Ronde et de faible diamètre, elle ressemble davantage à un bol. Le fond arrondi respecte le dos de bébé, qui est automatiquement calé en position fœtale assise. Elle permet également à bébé d'être bien plongé dans l'eau.

ON DÉCRIT le bain comme une vraie partie de plaisir. Avec mon fils, c'est vraiment loin d'être le cas. Que je le lave dans la baignoire ou au gant, il pleure sans arrêt. Je ne sais plus quoi faire !

Certains bébés sont très sensibles au froid et détestent être nus. Si tel est le cas, allongez bébé sur une cape de bain bien large et ne lui découvrez que la partie du corps que vous savonnez. Pour le rincer dans la baignoire, n'hésitez pas à le plonger dans l'eau toujours entouré dans sa serviette. Il n'aura plus le temps d'avoir froid !

NUTRITION ET SANTÉ

MON ENTOURAGE me dit que ma fille, qui n'a que 6 mois, est trop joufflue. Est-il possible qu'un bébé ait un problème de poids ?

En tant que parent, vous êtes forcément fière de voir votre bébé « profiter ». Pourtant, il est exact qu'un enfant peut, même avant 1 an, présenter des signes de surpoids qui seront normalement relevés par le pédiatre. Si vous vous posez des questions au sujet du poids de votre enfant, vous pouvez vous référer à la courbe de poids qui figure dans son carnet de santé.

MON FILS est en surpoids depuis ses 5 mois, mais il est bien évidemment hors de question pour moi de le mettre au régime.

Vous avez raison : il n'est pas souhaitable de frustrer bébé, ni même de faire de son poids une obsession. Il vous faut simplement respecter quelques règles. En premier lieu, les biberons de lait ne doivent pas systématiquement être épaissis. Par ailleurs, la quantité de viande ou de poisson nécessaire à votre bébé est très faible : elle se limite à 15 ou 20 grammes autour de 6 mois, au repas de midi uniquement. Enfin, vous devez limiter l'utilisation du beurre (une noisette seulement), et il n'est pas nécessaire de sucrer les purées de fruits.

QUAND DOIS-JE DONNER DE L'EAU à mon bébé et comment choisir l'eau en bouteille ?

Pendant les premiers mois de la vie, le lait répond à tous les besoins de bébé : il désaltère et il nourrit. Dès le début de la diversification, pensez à lui proposer de l'eau à tous les repas non liquides. Pour choisir la « bonne » eau, fiez-vous aux étiquettes. L'eau en bouteille que vous utiliserez pour bébé doit être faiblement minéralisée. Les fabricants qui remplissent les critères apposent sur leurs bouteilles la mention « convient à l'alimentation des nourrissons. »

JE SUIS PLUTÔT ÉCOLO et l'idée d'acheter de l'eau en bouteille alors que nous avons tous l'eau courante me dérange vraiment ! À partir de quel âge bébé peut-il consommer l'eau du robinet ?

Il n'y a pas d'âge pour apprécier l'eau municipale ! En effet, l'Afssa (Agence française de sécurité sanitaire des aliments) a établi depuis plusieurs années que l'eau du robinet, régulièrement testée, peut parfaitement être utilisée dans la préparation des biberons. L'agence fait cependant quelques recommandations : les canalisations ne doivent pas être en plomb, le robinet doit être régulièrement nettoyé, il ne faut utiliser que de l'eau froide et la laisser couler quelques instants avant de s'en servir.

DEPUIS QUELQUES JOURS, Vincent n'avale presque rien, malgré mon insistance. Je commence à m'inquiéter : de si petits repas plusieurs jours d'affilée, cela ne peut pas être normal.

Le plus souvent, la diminution de l'appétit est due à une petite infection de saison. Si tout va bien côté santé, alors, il vous reste à vous poser deux autres questions : peut-être avez-vous cherché à introduire des nouveautés qui ne passent pas dans l'assiette de bébé, ou peut-être avez-vous tendance à vouloir lui forcer la main alors qu'il n'a plus faim ?
L'anorexie du nourrisson existe : si la courbe de poids de bébé fléchit, il faut consulter.

POUR PRÉPARER les petits plats de bébé, je fais confiance à mon bon sens,

© Nataliya Hora - Fotolia.com

mais pour mieux me repérer, j'aimerais savoir quel est le déjeuner type conseillé pour un enfant de 6 mois.

Le déjeuner est le repas diversifié de la journée. Vous pouvez donner à votre enfant 15 à 20 grammes de viande ou de poisson maigres (évitez le porc, le saumon et le thon, un peu lourds à digérer), ou un demi-jaune d'œuf. En accompagnement, proposez-lui environ 150 grammes de purée de légumes à laquelle vous pouvez inclure de la pomme de terre et une petite noisette de beurre. En dessert, bébé consommera un yaourt ou une compote. N'oubliez pas de lui donner un peu d'eau pour faire passer tout ça.

MON BÉBÉ va bientôt avoir 1 an. Légumes, fruits, viande : il a goûté à tout. Peut-il dès à présent manger comme nous ?

À 1 an, en effet, les menus de bébé comment à ressembler à ceux de la famille, à quelques détails près : certains aliments, comme les légumes secs ou le chocolat (hors chocolat en poudre spécialement formulé) sont encore déconseillés à l'âge de 1 an, parce qu'ils sont difficiles à digérer. De manière générale, il faut saler, sucrer et beurrer avec parcimonie.

ALLAITEMENT : IDÉES REÇUES

J'AI UNE toute petite poitrine et pendant la grossesse, elle n'a pas trop pris de volume. J'aimerais bien allaiter mon bébé mais j'ai peur que mes seins ne suffisent pas à le nourrir convenablement.

La taille de votre poitrine n'a aucun rapport avec la quantité de lait qu'elle peut produire. Votre bébé stimulera vos seins en tétant et ceux-ci s'adapteront à sa demande. Si votre poitrine n'a pas trop évolué pendant la grossesse, attendez-vous à un changement de volume au moment de la montée de lait, environ trois jours après la naissance.

J'AI TOUJOURS entendu dire qu'allaiter faisait maigrir. Pourtant, cela fait à présent deux mois que j'allaite et je ne perds pas un gramme !

La majorité des mamans qui allaitent disent perdre du poids : produire du lait demande beaucoup d'énergie, environ 500 calories chaque jour. Tous les organismes ne réagissent cependant pas de façon identique. Tant que vous allaitez, ne vous lancez pas seule dans un régime draconien. N'hésitez pas, en revanche, à consulter un nutritionniste qui vous aidera à rééquilibrer vos menus, et faites davantage d'activité physique.

J'ALLAITE et je ne prends pas la pilule. Puis-je continuer à avoir des relations non protégées jusqu'au retour de mes règles ?

Ce n'est par parce que vous allaitez que vous ne pouvez pas être enceinte à nouveau, même si vous n'avez pas encore vos règles.
L'allaitement ne serait un moyen contraceptif efficace que dans les cas où : il est exclusif, bébé a moins de six mois, les tétées sont peu espacées (six heures au maximum) et le retour de couches (retour des règles) ne s'est pas encore produit. Il y a donc beaucoup de conditions à cumuler et la méthode n'est jamais efficace à 100 %.
Il est donc conseillé, dès la reprise des rapports, d'utiliser un préservatif ou un spermicide compatible avec l'allaitement. La pilule peut vous être proposée, mais certaines mamans estiment qu'elle nuit à la lactation.

JE SAIS que l'allaitement est une bonne chose mais je reste préoccupée par ma féminité. N'aurais-je pas de meilleures chances de récupérer une jolie poitrine en optant pour le biberon ?

Votre poitrine, comme le reste de votre corps, a été modifiée par la grossesse. Il est en fait très difficile de savoir ce qui, de la grossesse ou de l'allaitement, a le plus d'influence sur les seins, d'autant que chaque femme réagit différemment. En revanche, le fait de ne pas stopper brutalement la montée de lait et de prendre son temps pour sevrer bébé et perdre ses kilos superflus permet aux seins de retrouver leur volume initial progressivement, en évitant l'effet « gant de toilette » et les vergetures trop prononcées.

SI J'ATTRAPE un rhume, ou une autre maladie de saison, pourrai-je continuer à l'allaiter ?

Rhume, grippe… Quand vous êtes malade, votre organisme fabrique des anticorps que vous transmettez à bébé en l'allaitant, il ne faut donc pas arrêter de le nourrir au sein. Pensez, en revanche, à toujours préciser à votre médecin que votre enfant est allaité : il en tiendra compte dans ses prescriptions.

JE SAIS déjà que j'accoucherai par

césarienne. J'espère toujours pouvoir allaiter mais j'entends dire autour de moi que ça risque d'être plus compliqué. Est-ce vrai ?

Il est tout à fait possible d'allaiter après une césarienne. Les débuts de l'allaitement peuvent être perturbés après l'intervention par le type d'anesthésie que vous aurez subi, la fatigue et les douleurs abdominales. Demandez à prendre votre bébé au sein dès ses premières heures de vie et poursuivez jusqu'à ce que l'allaitement s'installe. Faites-vous aider pour trouver une position qui ne soit pas difficile à tenir : allongée sur le côté ou en « ballon de rugby » en glissant le bébé sous votre bras.

LA JAUNISSE de mon bébé n'est pas passée. J'ai appelé ma sage-femme; elle pense que ma fille fait un ictère au lait de mère. Comment puis-je en être sûre ? Faut-il que je la nourrisse au biberon ?

L'ictère au lait de mère est tout à fait bénin, il n'est pas nécessaire de stopper l'allaitement. Faites ce test : donnez à votre bébé du lait maternel préalablement chauffé à plus de 50 degrés. Si sa peau prend une coloration normale, votre diagnostic est confirmé. En cas de jaunisse persistante, il reste recommandé de consulter. Elle peut être le symptôme d'une autre maladie.

ALLAITER EN PRATIQUE

JE VOUDRAIS pouvoir soulager mon dos et mes bras qui sont mis à rude épreuve depuis que j'allaite. Comment pourrais-je m'y prendre ?

Quand vous allaitez assise, éviter de vous pencher vers bébé, ce qui occasionne, au fil du temps, des douleurs dorsales. Installée dans un fauteuil confortable muni d'accoudoirs ou à l'aide d'un coussin d'allaitement, rehaussez bébé afin de le mettre au niveau de votre sein. Vous pouvez également expérimenter d'autres positions, et allaiter couchée sur le côté, la tête de bébé relevée au creux de votre bras, ou par un coussin.

PENDANT toute ma grossesse, je n'ai pas consommé une goutte d'alcool et j'ai supprimé le petit café du matin. J'aimerais savoir si, tout en allaitant, je peux à nouveau reprendre mes petites habitudes.

Vous pouvez boire quelques gorgées de vin à l'occasion, et un café à la fin du repas, mais n'abusez ni de l'un ni de l'autre. Alcool et caféine passent dans votre lait. Autant que possible, si vous voulez boire un café qui ne soit pas décaféiné, buvez-le après la tétée, ce qui laisse le temps à ces substances de s'évacuer.

J'AI ENTENDU dire que ce qu'on mange peut donner du goût à notre lait maternel. Je n'ai pourtant pas vraiment l'impression que le mien change d'aspect !

Dans le ventre de sa mère, bébé était déjà sensible aux saveurs de l'alimentation maternelle que charriait le liquide amniotique.
Pendant l'allaitement, il continue sa découverte grâce au lait maternel dont le goût varie effectivement selon les repas.
Ce constat a amené des générations de spécialistes à recommander d'écarter certains aliments (chou-fleur, asperge, poireau notamment) pour éviter que bébé ne boude le sein. Depuis, des études récentes ont montré que les bébés allaités au sein sont, dans les mois suivant le sevrage, plus enclins à accepter le goût des légumes et des fruits.
On conseille donc aux mamans de manger équilibré, et varié.

UN COUP c'est un, un coup c'est deux. À la fin, on ne s'y retrouve plus : faut-il ou ne faut-il pas donner les deux seins à chaque tétée ?

Il est en général conseillé de donner les deux seins à chaque tétée jusqu'à ce que la lactation soit bien installée. Ensuite, tout dépendra de l'appétit de bébé : commencez par un sein, puis, au bout de quelques minutes, passez au deuxième, qu'il tétera moins goulûment. À la tétée suivante, commencez par le sein avec lequel vous aviez terminé la tétée précédente.

JE VAIS m'absenter pendant une semaine, et je ne pourrai pas emmener bébé avec moi. Pourrai-je allaiter en revenant ?

Pendant votre absence, utilisez un tire-lait, pour continuer à suivre le rythme des tétées et stimuler le plus possible la lactation.
À votre retour, tout dépendra de votre bébé : certains s'adaptent vite au biberon, et ont du mal à revenir au sein. Vous pouvez alors porter votre bébé en peau à peau, pour le réhabituer à l'allaitement maternel.
Quand vous devez vous absenter, préparez votre départ, en passant à l'allaitement mixte. Imposer le biberon du jour au lendemain serait un trop gros changement.

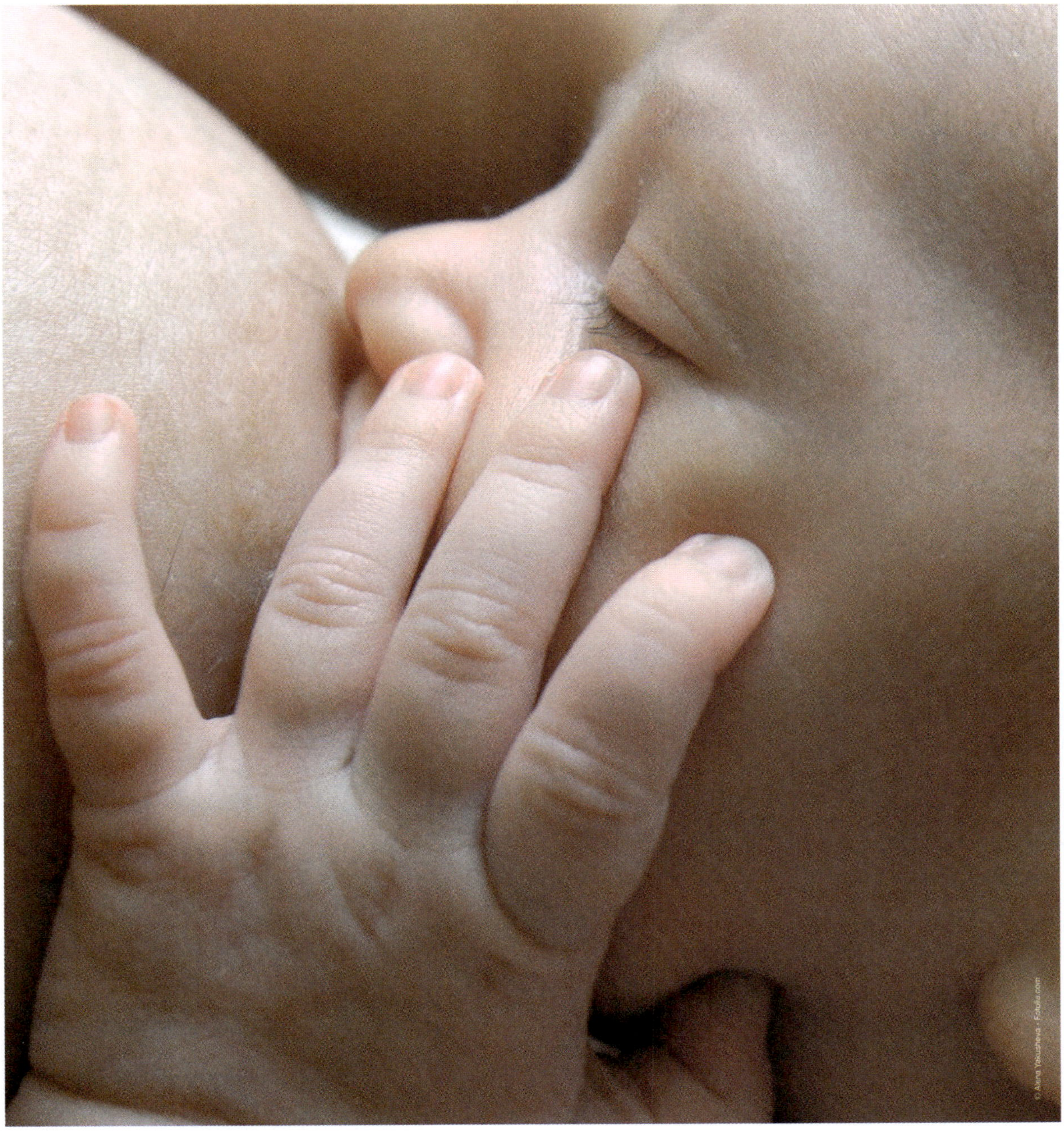

J'AI CHOISI l'allaitement, mais j'aimerais rester mobile, et pourvoir m'absenter ne serait-ce qu'une après-midi. Le lait maternel se conserverait-il au frais ?

Oui, le lait maternel peut se conserver une journée au réfrigérateur, et bien plus longtemps lorsqu'il est congelé. Il existe ainsi en France des lactariums, sortes de banques du lait, qui fonctionnent grâce à des mamans bénévoles qui congèlent leur lait, récupéré par l'organisme pour être redistribué à des mamans qui ne peuvent allaiter.
Attention toutefois, si vous voulez conserver votre lait de la journée, n'oubliez pas de stériliser les contenants, biberon ou autre. Une petite corvée que les mamans qui allaitent n'ont évidemment pas l'habitude de réaliser !

ALLAITER prend-il vraiment plus de temps que donner le biberon ?

Allaiter ne demande pas forcément plus de temps, en revanche la maman doit être, à l'évidence, plus disponible.
Une fois que le couple mère-enfant est bien rodé, la durée de l'allaitement est fonction du bébé, de son comportement et de son attitude. Pour les bébés goulus, il est vrai qu'il est plus facile de hâter la prise du biberon, mais cela n'est de toute façon pas recommandé à cause des régurgitations qui peuvent suivre.

BIBERONS : MODE D'EMPLOI

AVEC UN BÉBÉ à la maison, les tâches ménagères ne manquent pas et j'ai tendance à laisser s'accumuler les biberons dans l'évier. Est-il vraiment nécessaire de les stériliser ?

Ce ne sera pas pour déplaire aux parents : depuis quelques années, l'intérêt de la stérilisation est remis en cause pour plusieurs raisons. En premier lieu, le domicile ne peut pas être stérile. Dans ces conditions, il est illusoire de penser qu'un biberon peut l'être, et le rester. Ensuite, certains spécialistes pensent qu'à trop stériliser, les parents oublient qu'il est en premier lieu essentiel de bien laver les biberons. En juillet 2005, un rapport de l'Afssa (Agence française de sécurité sanitaire des aliments) pointait l'inefficacité de la stérilisation des biberons. Les professionnels de la petite enfance restent cependant nombreux à la recommander, jusqu'au moment où bébé se met à porter à la bouche tous les objets dont il se saisit.

ON ENTEND des choses assez effrayantes sur la dangerosité des biberons. Certaines crèches annoncent qu'elles reviennent aux biberons en verre : dois-je jeter tous mes biberons en plastique ?

Dans un grand nombre de pays, des études sont en cours pour identifier, parmi les composants des plastiques alimentaires, de potentielles sources de dangers. La présence de bisphénol A, aussi appelé BPA, dans les biberons et autres contenants, est régulièrement dénoncée. Sans confirmer les craintes du public, l'Afssa recommande depuis février 2010, de ne pas porter d'aliments à haute température dans un récipient contenant du bisphénol A. Pour éviter le BPA, vous pouvez vous tourner vers les biberons en silicone ou en verre.

JE TROUVE la stérilisation à froid bien plus pratique que la stérilisation à chaud, mais est-elle vraiment aussi efficace ?

A priori, oui : les auxiliaires de puériculture sont formées aux deux méthodes. Attention, cependant : les biberons doivent être entièrement immergés dans l'eau : vous devez en chasser les bulles d'air. Il faut également veiller à la bonne dilution des pastilles et utiliser la quantité d'eau recommandée sur leur notice.

JE STÉRILISE toujours les biberons et je respecte bien la notice de l'appareil. Cependant, celle-ci n'indique pas ce qu'il convient de faire des biberons après traitement.

Certains fabricants précisent que les biberons restent stériles trois heures, lorsque le stérilisateur n'a pas été ouvert. La stérilisation à froid est réputée efficace pendant 24 heures tant que les biberons sont immergés.
Deux gestes sont à éviter : il ne faut pas toucher l'intérieur du biberon, et il ne faut pas non plus l'essuyer avec un torchon. Pour l'égoutter, vous pouvez simplement le secouer, ou le disposer, avec tétines retournées et autres bagues, sur un égoutte-biberon. Pour conserver le biberon dans de meilleures conditions, on peut aussi le réserver dans la porte du réfrigérateur, sur une étagère régulièrement nettoyée.

JE ME SUIS RENDUE COMPTE qu'il y a plusieurs débits sur les tétines que j'ai achetées. À quoi cela peut-il bien servir ?

Les tétines à plusieurs « vitesses » ou débits peuvent essentiellement servir dans deux cas de figure. Certains bébés ont tendance à régurgiter parce qu'ils boivent trop vite. En

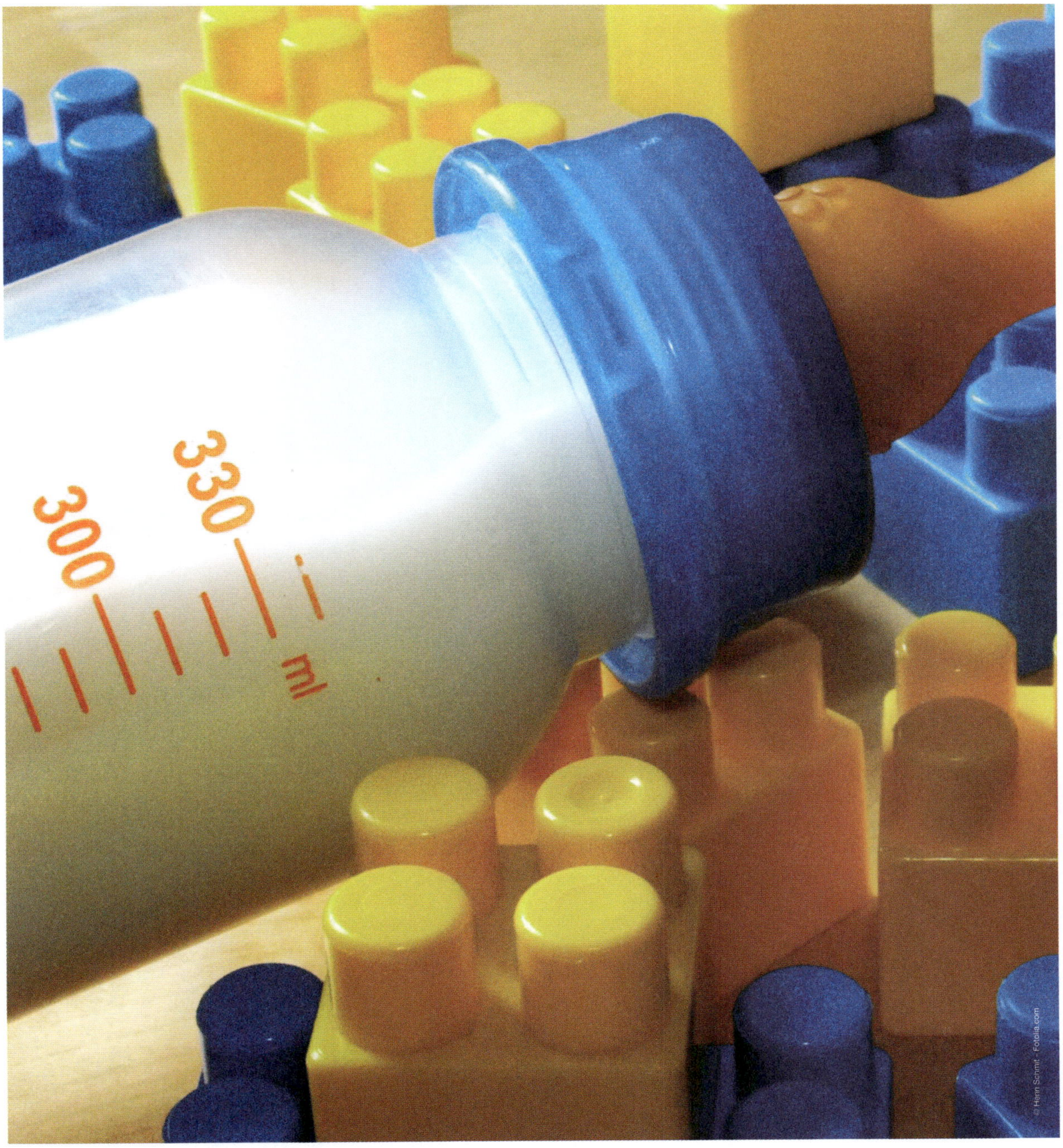

réduisant le débit de la tétine, ce problème est atténué. Lorsque le lait est épaissi, le débit de la tétine doit être augmenté afin d'éviter à bébé de téter dans le vide.

POUR GAGNER DU TEMPS, j'aimerais bien préparer les biberons le matin. Combien d'heures pourrai-je alors les conserver ?

Les biberons peuvent rester au maximum trente heures au réfrigérateur. En revanche, si vous les laissez à température ambiante, ils sont à consommer dans l'heure, et même dans la demi-heure si vous les réchauffez.

JE CHAUFFE toujours le biberon de mon fils, mais finalement, je me demande s'il n'apprécierait pas tout autant un biberon tiède, ou même froid !

Vous avez raison, il n'est pas nécessaire de chauffer le biberon, sauf bien sûr, si vous le sortez juste du réfrigérateur. On conseille de le porter à 35 degrés, mais 19 ou 20 degrés, soit la température ambiante, sont tout aussi acceptables. Réchauffez le biberon au bain-marie ou avec un chauffe-biberon, mais évitez le micro-ondes. Il ne chauffe pas de façon uniforme : certains points seront bouillants et d'autres froids.

Du biberon à l'assiette

AUJOURD'HUI, Julie a eu droit à sa première soupe de légumes, et c'est l'échec total : elle a tout recraché. Comment dois-je m'y prendre ?

Soyez plus progressive. Proposez-lui une soupe bien fluide et lisse : un nouveau goût, c'est déjà assez perturbant sans y ajouter en plus un changement de texture ! Et si la soupe ne passe pas, seule dans son biberon ou à la petite cuillère, essayez de composer un biberon de lait en remplaçant l'eau par de la soupe. Pour bébé, ce mélange n'a rien d'écœurant.

J'AI PRIS l'habitude de donner à ma fille un quignon de pain pour exercer ses dents. Ma voisine me dit que je ferais mieux de lui donner des biscuits pour bébé. Quelle différence ?

Bout de pain et boudoir n'ont rien de dangereux ; des générations de bébés ont appris par ce moyen à croquer. L'avantage des biscuits infantiles réside d'abord dans leur forme, tout aussi adaptée à la main de bébé qu'un boudoir, mais aussi dans leur composition : ils contiennent la juste dose de sucre et de matière grasse.

KARIM ADORE les légumes. Le problème, c'est qu'il en met partout. Puisqu'il mange comme un grand, j'ai envie de le faire passer du transat à la chaise haute, même s'il n'a que 6 mois.

Ce n'est pas une bonne idée. Vous ne devrez installer votre fils dans la chaise haute que lorsqu'il tiendra assis un bon moment sans effort. Si vous tentez d'aller trop vite, non seulement, vous lui ferez mal au dos, mais en plus vous risquez de perturber son bon appétit. Accordez-lui encore le confort du transat. Protégez l'assise avec une housse, ou une serviette de bain.

MON CONJOINT a plusieurs allergies alimentaires ; devrai-je prendre certaines précautions pour la diversification de l'alimentation de ma fille ?

En effet, votre bébé a sans doute un peu plus de chances que la moyenne de développer des allergies. C'est un sujet que vous devez aborder avec le médecin. Il vous recommandera certainement de retarder la diversification au sixième mois, pour minimiser les risques. Plus encore que les autres mamans, vous devrez veiller à n'introduire qu'un nouvel aliment à la fois, pour pouvoir détecter facilement ceux qui seraient mal tolérés. Dans un premier temps, donc, il vous faudra éviter les petits pots aux saveurs mélangées.

NOUS SOMMES végétaliens, et nous aimerions que notre fille le soit aussi. J'ai essayé d'aborder le sujet avec notre médecin, mais il n'a pas eu l'air emballé par cette idée…

Votre régime sort de l'ordinaire, il faut vous attendre à rencontrer des réticences. Vous avez eu le bon réflexe : parler avec un médecin est essentiel car le principal inconvénient du végétalisme est le risque de carences. Seul un professionnel de la santé peut vous aider à bien équilibrer le régime de votre enfant. Il vous faudra également rester ouverts et ne pas chercher à trop calquer son alimentation sur la vôtre. Un bébé de six mois a, par exemple, toujours besoin de laitages en abondance.

DEPUIS PEU de temps, quand je veux

lui faire goûter quelque chose de nouveau, mon fils prend un air renfrogné et refuse. Que se passe-t-il ?

La néophobie alimentaire, qui surgit en général après un an et demi, est une réaction de prudence : bébé redoute ce qu'il ne connaît pas. Cette période, qui peut être longue, doit être traversée avec beaucoup de patience. Il faut présenter l'aliment en question plusieurs fois à bébé, au besoin avec un autre légume qu'il apprécie pour « faire passer la pilule ». Il faut adopter une attitude positive à l'égard de l'aliment ; le goûter et l'apprécier devant bébé par exemple. Si après avoir goûté plusieurs fois, bébé fait toujours la moue, respectez ses goûts.

MON FILS a 5 mois et demi, et le pédiatre nous a donné le feu vert pour la diversification. Je souhaiterais poursuivre l'allaitement, mais j'ai peur que ces nouveaux goûts le détournent du sein.

On dit souvent que le biberon, très facile à téter, est rapidement privilégié par bébé. Mais pour votre enfant, l'odeur et le goût du lait maternel sont de solides repères, dont il ne risque pas de se couper en quelques repas. De nombreuses mamans continuent à allaiter, matin et soir, et ce même plusieurs mois après les débuts de la diversification. Il faut donc aborder la diversification avec sérénité et continuer à proposer le sein à votre enfant aussi longtemps que vous le pouvez ou souhaitez.

LA GARDE-ROBE DE BÉBÉ

MON BÉBÉ est né avec quelques semaines d'avance. Il nage dans la plupart des vêtements qu'on nous offre. Où puis-je trouver des tenues adaptées à sa taille ?

De grandes enseignes proposent aujourd'hui des vêtements conçus pour les bébés prématurés, à l'exemple des marques Vertbaudet, ou encore Jacadi.
Cette dernière a travaillé avec l'association SOSPrema pour créer des tenues adaptées aux soins (manches courtes et fermeture sur l'avant).
Certaines marques se sont spécialisées dans la confection de ces vêtements. Parmi elles, citons la boutique Anatole, présente sur Internet, qui conçoit notamment des barboteuses entièrement dépliables, comme un patron.

LES BÉBÉS grandissent vite et ils ne portent pas leurs chaussures très longtemps. Celles de mon fils aîné ne sont pas du tout abîmées. Puis-je les mettre aux pieds de son petit frère ?

Si ce ne sont que des souliers du dimanche, que bébé porte « pour faire joli » alors qu'il n'est pas en âge de trotter, aucun problème.
En revanche, remettre à un enfant les chaussures qui ont accompagné les premiers pas de son aîné est plus gênant.
Les chaussures s'usent et se déforment différemment selon la personne qui les porte, parce qu'elles s'adaptent à la fois à la forme du pied et au pas. Des chaussures usées peuvent légèrement compliquer l'apprentissage de la marche, en influençant les mouvements de bébé.

JE SAIS que certaines personnes ont des réactions cutanées avec certaines lessives et que les bébés ont la peau fragile. Faut-il, à titre préventif, que je change de lessive ?

Pour laver plus blanc que blanc, les industriels ont recours à certains produits qui peuvent être considérés comme allergisants. Bien sûr, tout processus de fabrication est contrôlé, mais si vous craignez d'irriter la peau de votre bébé, vous pouvez privilégier les lessives formulées pour les bébés ou plus généralement, les lessives dites hypoallergéniques. Autres précautions : mettez la juste dose de lessive et allongez les cycles de rinçage.

MON FILS commence à avoir envie de marcher. À certains moments, il s'appuie contre un meuble et se redresse. À chaque fois, ma mère insiste pour que je le chausse. Est-ce vraiment nécessaire ?

Les générations précédentes ont appris à chausser bébé dès les premiers pas pour éviter que ses pieds ne se déforment. Si habituer bébé à porter des chaussures est important, marcher pieds nus est en fait un bon moyen de muscler sa voûte plantaire, dès lors que le sol n'est pas glissant.

GIGOTEUSE, BARBOTEUSE, nid d'ange, dors-bien... Pour moi, tous ces mots se ressemblent. Quelle est la différence ?

La gigoteuse, parfois appelée turbulette, est une sorte de sac de couchage dans lequel on glisse bébé. Elle est retenue aux épaules et n'a pas de manches, afin que bébé puisse remuer. Une barboteuse est une grenouillère légère pour l'été, à manches et jambes courtes. Le dors-bien correspond à une combinaison à manches longues

© Pavel Losevsky - Fotolia.com

qui recouvre les pieds. Le nid d'ange est un sac de couchage molletonné, équipé d'une capuche, dans lequel on peut glisser bébé pour qu'il soit au chaud lors des promenades hivernales.

PEUT-ÊTRE QUE je m'y prends mal pour choisir les couches, toujours est-il qu'il se produit régulièrement des « fuites », et je n'arrive jamais à récupérer mon linge blanc.

Pour enlever ces salissures, il faut de la patience et une bonne dose d'huile de coude. Ne laissez pas sécher la tache ; frottez-la immédiatement au savon de Marseille, avant de passer le linge à la machine. Dernière astuce : laissez sécher le vêtement au soleil.

ON A ENTENDU PARLER de pyjamas importés qui s'enflamment facilement. Ça fait peur, mais nous n'avons pas tous les moyens d'acheter des vêtements bio. Comment être sûr qu'un vêtement est inoffensif ?

Plusieurs labels internationaux ont été créés. Le plus connu d'entre eux est l'Oeko-Tex Standard 100. Il définit quatre classes de protection. La plus sélective, la classe 1, concerne les produits destinés aux nourrissons.
Ce label permet de vérifier que certaines substances sont exclues ou strictement limitées, parmi lesquelles les métaux lourds, phtalates, pesticides ou certains colorants.

Bébé est de sortie

JE N'AIME PAS trop l'idée de mettre mon bébé dans un bac à sable où un tas d'enfants pataugent. Est-ce sans danger ?

Les bacs à sable sont connus de nombreux parents comme des nids à microbes et autres vers. Vous pouvez prendre quelques précautions. En premier lieu, choisissez bien votre aire de jeu. Allez-y tôt le matin, histoire de vérifier que le bac à sable est bien bâché pendant la nuit et ratissé avant l'ouverture. Votre bébé devra apprendre à ne pas grignoter de grains de sable et à ne pas se frotter la bouche ou les yeux avec les mains sales. Apportez un paquet de lingettes désinfectantes afin de procéder à un premier nettoyage des mains dès la sortie du bac.

À PARTIR DE QUEL ÂGE bébé pourra-t-il prendre l'avion et comment faire pour qu'il n'ait pas mal aux oreilles à bord ?

On déconseille en général les voyages en avion avec un nourrisson de moins de 1 mois, mais rien n'oblige à respecter cette indication. Pour éviter la sensation de pression, qui peut être douloureuse lors des changements d'altitude, vous pouvez donner sa tétine à votre enfant, au décollage et à l'atterrissage : le mouvement de succion devrait atténuer cette gêne.

Y A-T-IL des contre-indications à la baby gym ou aux bébés nageurs ?

Ces deux types d'activités sont évidemment réglementés : le matériel est adapté, un professionnel et un parent sont toujours présents pour encadrer les activités, et chaque établissement fixe un âge minimum à partir duquel les enfants sont acceptés. Avant de commencer, le club demandera que vous fassiez établir un certificat médical pour votre enfant. Le médecin pourra donc se prononcer sur toute contre-indication éventuelle. En général, les activités aquatiques sont déconseillées aux bébés qui ont des troubles fréquents de la sphère ORL, qui présentent certaines maladies de peau, ou qui se remettent juste d'une infection.

NOUS DEVONS nous rendre dans le Sud de la France cet été. Pour éviter la chaleur en voiture, nous avons pensé au train. Mon fils aura 8 mois, paiera-t-il son billet ?

Jusqu'à ses 4 ans, un enfant peut voyager gratuitement avec vous, à condition cependant de ne pas avoir de place réservée. En clair, cela veut dire qu'il voyagera sur vos genoux, ou sur un bon siège quand l'affluence est faible et que des places restent vacantes. Si vous souhaitez que votre enfant ait une vraie place, optez pour le « forfait bambin » : où que vous alliez, il vous en coûtera 8,20 euros, en première ou en deuxième classe.

MON MARI et moi adorons les longues balades à vélo. Aussi, je comptais emmener notre bébé avec nous. Il a six mois, est-ce qu'il est « assez grand » pour les porte-bébé classiques ?

Le vélo derrière papa-maman est déconseillé avant 1 an. À six mois, votre enfant serait bien trop ballotté. Choisissez un siège adapté à votre vélo et à votre enfant (le plus sage étant de l'essayer avec lui). Le port du casque est vivement conseillé. Même avec tout cet équipement de sécurité, évitez les chemins de traverse. Pour une balade tout confort, vous pourrez opter pour la remorque. Elle permet souvent de transporter deux enfants, mais l'investissement est important, autour de 200 euros.

QUAND NOUS prendrons l'avion,

© Bociek666 - Fotolia.com

trouverons-nous des équipements adaptés à bord ?

Tout dépend de la compagnie, il faut donc penser à demander. Sur un vol Air France, vous êtes autorisée à apporter à bord une poussette pliante, un couffin ou un siège auto. Sur les vols long-courriers (et moyen-courriers en classe affaires), vous pouvez demander, à la réservation, que l'on mette un berceau à votre disposition. Sur ce type de vols, des espaces sont aussi prévus pour le change.

NOUS ALLONS bientôt assister à notre première séance de bébés nageurs, mais je me pose une question toute matérielle : quel type de couches devrai-je mettre à mon bébé ?

Certains grands fabricants de couches ont lancé des modèles spécifiquement adaptés aux activités de bébés nageurs, censés ne pas gonfler. Leur inconvénient principal : leur prix.
Il existe des « maillots de bain-couches », que l'on trouve notamment sur Internet et qui fonctionnent sur le principe des couches lavables, mais dont le tissu sèche vite et dont la forme est bien resserrée autour des cuisses.
Selon les modèles, comptez de 10 à 20 euros environ. Avant de vous équiper, prenez le temps de contacter la piscine : cela peut surprendre, mais certains établissements ne demandent aucune protection particulière pour les fesses de bébé et autorisent le port du maillot de bain tout simple.

Le congé parental

J'Y AI bien réfléchi, et je préfère arrêter de travailler pour m'occuper de Mattéo. Comment bénéficier d'un congé parental ?

Pour prendre un congé parental d'éducation, il vous suffit d'envoyer un courrier recommandé avec accusé de réception à votre employeur, un mois avant la fin du congé maternité. Sur ce courrier, vous indiquerez le type de congé choisi (cessation d'activité ou temps partiel), la date de début du congé et sa durée (d'un an, renouvelable avant les 3 ans de l'enfant). Pour prolonger ou renouveler votre congé, il faudra procéder de la même manière.

MON TRAVAIL compte beaucoup pour moi, mais ma fille aussi. J'aimerais savoir comment faire, non pas pour suspendre mon activité, mais plutôt pour la réduire.

Pour travailler à mi-temps dans le cadre du congé parental, vous devez indiquer, sur le courrier que vous adressez à votre employeur, le nombre d'heures que vous souhaitez effectuer, et qui ne doit pas descendre en dessous de 16 par semaine. Votre salaire sera réduit à proportion du nombre d'heures travaillées. Attention, vous ne serez pas maître de votre emploi du temps. Votre employeur pourra planifier ces heures comme il le jugera utile.

J'AIMERAIS PRENDRE un congé parental, mais il faut que je pense au budget de la famille ! Si j'arrête de travailler, combien serai-je payée ?

Le congé parental n'est pas rémunéré. En revanche, vous pourrez demander à bénéficier, auprès de la Caisse d'allocations familiales, du CLCA ou Complément de libre choix d'activité. Pour cela, vous devez « justifier d'au moins 8 trimestres de cotisations vieillesse (en continu ou non) validés au titre d'une activité professionnelle » dans les deux dernières années, pour un premier bébé. Le CLCA vous sera alors versé pendant 6 mois (il n'est versé pendant trois ans qu'à partir du 2e enfant). Si vous interrompez toute activité, vous percevrez 379,79 euros par mois (tarif au 1er janvier 2011). Si vous travaillez à mi-temps, le CLCA sera de 245,51 euros, et si vous travaillez entre 50 et 80 %, de 141,62 euros. Si vous ne percevez pas l'allocation de base de la PAJE, le CLCA se montera alors à 560,40 euros (si vous cessez le travail), 426,12 euros (travail à mi-temps) ou 322,24 euros (travail entre 50 et 80 %).

COMME J'ENVISAGE de prendre un congé parental, je suis allée voir mon patron pour lui en parler. Il dit que je vais mettre en péril l'entreprise. Peut-il me refuser mon congé ?

Le congé parental est un droit, votre employeur ne peut vous le refuser. Votre seule obligation est de l'informer dans les temps, de manière appropriée. Si vous craignez de rencontrer des difficultés en « imposant » ce congé à votre employeur, n'hésitez pas à vous faire entourer par un syndicat dès à présent.

JE PENSAIS pouvoir tout mener de front, mais c'est trop dur. Mon fils a eu 1 an aujourd'hui, et franchement, je regrette de ne pas avoir pris de congé parental.

Il n'est pas trop tard ! Vous pouvez bénéficier du congé parental jusqu'aux 3 ans de votre enfant.
Comme vous avez déjà repris votre travail, vous devrez adresser le courrier recommandé deux mois avant la date souhaitée de début du congé. Il vous restera encore près de deux ans à passer avec votre bébé !

J'AI PRIS un congé parental mais malheureusement, le contrat de travail de mon conjoint n'a pas été prolongé. Financièrement, il vaudrait mieux que je retravaille. Est-ce possible ?

En cas de difficultés financières, vous pouvez demander à reprendre le travail de façon anticipée. Pour cela, il vous faut adresser à votre employeur un courrier recommandé avec accusé de réception motivant votre demande, c'est-à-dire expliquant de façon claire les raisons qui vous poussent à interrompre votre congé.
Sachez également que lorsque vous renouvelez, annuellement, votre congé, vous avez la possibilité de changer de formule, et de passer de la cessation complète d'activité au travail à temps partiel.

MES RESSOURCES me permettent de prendre un congé parental. En revanche, j'aimerais savoir comment ces années seront prises en compte pour le calcul de ma retraite.

Toute la durée de votre congé parental sera prise en compte dans le calcul de votre durée de cotisation. Une remarque cependant : vous ne pourrez pas bénéficier en même temps de l'attribution des trimestres « gratuits », accordés aux femmes qui ont élevé un enfant.

Savoir couper le cordon

CE WEEK-END, ma fille de 1 an va dormir pour la première fois chez ma mère. Mamie n'est pas du tout inquiète ; je ne peux pas en dire autant !

Pour ne pas stresser, établissez une check-list. Elle vous permettra de ne rien oublier, concernant notamment les produits d'hygiène ou les médicaments. Une fois arrivée chez votre mère, ne vous éclipsez pas en catimini. Restez un moment et parlez calmement à votre enfant. Laissez-lui le temps de s'habituer aux lieux et aux personnes. Rassurez-vous : une fois les larmes séchées, il passera sans doute une nuit plus sereine que la vôtre.

JE PRATIQUE le co-dodo depuis neuf mois avec notre fille mais mon mari ne supporte plus cette situation. Je ne peux pas me résoudre à la laisser dans une chambre.

Avoir sa propre chambre ou dormir avec papa-maman : pour votre fille, à cet âge, c'est égal. En revanche, le désaccord que vous rencontrez avec votre conjoint pose problème : il ne doit pas avoir l'impression que le co-dodo nuit à votre relation de couple et qu'en d'autres termes, vous utilisez votre enfant pour vous éloigner de lui. Vous devez discuter, et décider à deux pour que cette tension naissante ne soit pas préjudiciable à votre enfant.

JE VAIS bientôt devoir laisser Marie à la crèche alors que nous ne nous sommes jamais séparées. Comment puis-je l'aider à passer ce cap ?

Les professionnelles de la petite enfance connaissent sur le bout des doigts le comportement des bébés. Elles sauront planifier avec vous une période d'adaptation, pendant laquelle vous ne laisserez votre enfant que quelques heures, voire une demi-journée. Elles vous conseilleront sûrement d'amener avec vous un objet familier (doudou ou autre) qui permettra à bébé de retrouver la douceur et la bonne odeur de son chez-lui si le manque se fait sentir.

DEPUIS QUE MON FILS est à la crèche - cela fait environ une semaine -, il est particulièrement agité le soir. J'ai l'impression qu'il se sent mal, comme s'il avait été délaissé pendant la journée.

Votre enfant pleure peut-être davantage, mais cela ne veut pas forcément dire qu'il a passé une mauvaise journée. Simplement, un peu comme vous peut-être, il a vécu une « grosse journée ». Il est fatigué parce qu'il doit s'adapter à un nouveau rythme et à un nouvel environnement avec plus de monde, de bruits, de mouvements. Son agitation de fin de journée est donc tout à fait naturelle et compréhensible.

J'AI VU à la télévision qu'il était possible d'installer des caméras à son domicile pour surveiller la nounou. Si celle-ci est prévenue, cela pose-t-il problème ?

Cette idée pose la question de votre capacité à faire confiance : on ne peut pas tout contrôler. Il existe d'autres moyens de s'assurer du professionnalisme d'une personne, en demandant ses références, par exemple. Enfin, si l'idée de laisser votre enfant seul avec un adulte vous angoisse, peut-être devriez-vous privilégier les modes d'accueil collectif.

MA FILLE de 11 mois est littéralement

collée à moi en ce moment. Plus moyen de la poser dans son transat, ou même de la confier à sa grand-mère, sans crise de larmes. Que puis-je faire ?

Ce que vous prenez pour des sautes d'humeur porte un nom : c'est la crise des 8 mois qui, comme vous en faites l'expérience, peut très bien se produire plus tardivement, ou passer inaperçue. En ce moment, votre bout de chou est particulièrement angoissé dès que vous vous éclipsez. Il faut donc faire preuve de patience, prendre le temps de la tranquilliser quand vous la posez dans son transat, et jouer les médiateurs avec toute personne que bébé voit peu souvent.

ENZO AURA BIENTÔT 1 an, et je l'allaite encore. J'ai lu que certaines mamans donnent le sein jusqu'à 3, ou 4 ans. Aujourd'hui, j'ai bien envie de suivre leur exemple.

C'est un fait : l'allaitement prolongé ne fait pas partie de notre culture. Aussi, les mamans qui prennent cette option s'exposent-elles aux jugements et à l'incompréhension de leur entourage. Et c'est là que le bât blesse : l'enfant aura un jour immanquablement conscience, ne serait-ce qu'en parlant à l'école, que sa relation avec sa mère détonne. Enfin, il faudra veiller à ne pas « surcouver » votre enfant en général et fixer quelques règles : maman n'est pas un self-service !

Qui va garder bébé ?

ENTRE LA CRÈCHE, l'assistante maternelle ou la garde à domicile, j'ai vraiment du mal à choisir. Avec deux enfants, la crèche n'est peut-être pas le mode de garde le plus avantageux. Comment savoir ?

La Fédération des particuliers employeurs a mis en place sur son site www.fepem.fr un comparateur gratuit qui évalue avec précision le coût de la garde d'enfant, en prenant en compte vos revenus, le nombre d'enfants à charge et le nombre d'heures de garde souhaitées. En moins de trois minutes, vous obtenez ainsi une estimation du coût mensuel de la crèche, d'une assistante maternelle et d'une garde à domicile.

J'AIMERAIS EMBAUCHER ma nièce comme garde d'enfant à temps complet. Le fait qu'elle n'ait aucune qualification et qu'elle soit de ma famille remet-il en cause les prestations que je dois recevoir ?

Engager un proche est autorisé, sauf s'il s'agit de votre conjoint ou d'un autre de vos enfants (même majeur). Aucun diplôme n'étant requis pour exercer la profession de nounou, c'est à vous seule qu'il appartient d'évaluer leurs compétences et cela n'aura aucune incidence sur le montant du complément de libre choix du mode de garde.

J'AIMERAIS PRENDRE un jeune au pair pour s'occuper de Renaud. J'ai lu que ces jeunes ne perçoivent pas de rémunération, mais de « l'argent de poche ». Aurai-je bien droit aux prestations Paje ?

Votre jeune au pair va signer un contrat, et vous payerez des cotisations sociales calculées d'après les avantages en nature que vous lui procurez. Le complément de libre choix du mode de garde couvrira bien (sous conditions de ressources et jusqu'à un certain plafond) 50 % des cotisations. Une réduction d'impôts s'ajoute à cette aide.

JE VOUDRAIS embaucher une nounou, mais je ne suis pas un juriste ! Je n'ai aucune idée de la façon dont on rédige un contrat de travail.

Vous trouverez des modèles de contrats en annexe des conventions collectives. Attention, si vous souhaitez embaucher une garde à domicile, la convention collective des salariés du particulier employeur s'applique. Si vous engagez une assistante maternelle, il faut alors se reporter à la convention collective des assistants maternels du particulier employeur. Toutes deux sont téléchargeables gratuitement sur le site www.fepem.fr. Sachez également que, partout en France, des entreprises vous proposent d'assurer le recrutement de votre nounou. Le service est en général onéreux (plusieurs centaines d'euros auxquels s'ajoute un abonnement mensuel), mais il présente plusieurs avantages : l'entreprise suit le contrat dans la durée pour vous éviter tout problème, et peut même vous proposer une remplaçante en cas d'urgence.

J'AI LU que lorsque l'on paie une nounou avec des chèques emploi service, il n'est pas utile de rédiger un contrat de travail. Est-ce bien exact ?

C'est partiellement exact : la signature d'un contrat est impérative dès lors que votre garde d'enfants travaille pendant

© Yousuke Yano - iStockphoto.com

plus de 4 semaines, ou plus de 8 heures par semaine. Le seul moyen d'éviter cette formalité est donc de n'avoir recours à une nounou que de façon très exceptionnelle.

MON ENTREPRISE propose des Cesu préfinancés. Je voulais en prendre mais une collègue m'a dit que je ne pourrais pas payer l'assistante maternelle avec, et que je ne pourrais pas non plus percevoir la Paje.

C'est faux. Il existe deux types de chèques emploi service universels : les Cesu déclaratifs, et les Cesu préfinancés. Les Cesu déclaratifs ne permettent de payer qu'un salarié à domicile ; une assistante maternelle ne peut donc pas être rémunérée par ce biais. En revanche, les Cesu préfinancés, que votre employeur finance en partie, peuvent tout à fait être utilisés dans ce cadre, et ne vous empêcheront pas de percevoir les aides du dispositif Paje.

MA NOUNOU déménage. Il faut que j'en trouve une autre rapidement, mais je suis littéralement débordée...

Si vous avez la chance d'habiter dans une grande ville, sachez qu'il existe désormais des « Nounou datings » organisés par l'entreprise Babychou Services (www.babychou.com). Vous l'aurez compris, l'idée est bien d'appliquer le principe du speed dating au recrutement d'une garde d'enfant. Les entretiens sont courts : un quart d'heure seulement. L'avantage est de pouvoir rencontrer dans un minimum de temps un grand nombre de candidates.

L'ADOPTION, ET APRÈS ?

MON MARI et moi allons bientôt accueillir notre petite fille et j'aimerais connaître la durée du congé auquel j'ai droit.

Si votre fille est votre premier ou deuxième enfant, vous bénéficierez de 10 semaines de congés d'adoption, que vous pourrez prendre soit à l'arrivée de votre bébé, soit une semaine avant. Sachez en outre qu'il est possible de partager ce congé d'adoption avec votre mari. Dans ce cas, la durée totale du congé est augmentée de 11 jours.

NOUS VENONS tout juste d'accueillir notre petite Tia. Je sais bien qu'elle a 10 mois, mais avons-nous droit à une prime de naissance ?

En effet, il existe, dans le cadre du dispositif de la PAJE (Prestation d'accueil du jeune enfant), une prime à l'adoption que vous pouvez demander sitôt que vous accueillez votre bébé. Supérieure à la prime de naissance, elle se monte à 1806,14 euros.

CELA FAIT deux mois qu'Émilie vit avec nous. Naturellement, nous la considérons déjà comme notre fille, mais j'aimerais savoir quand cela sera le cas d'un point de vue légal.

Elle sera « officiellement » votre fille lorsque la décision du tribunal sera intervenue. Quand l'enfant vous est confié, vous devez déposer une requête en adoption auprès du tribunal de grande instance de votre lieu de résidence. Il est plus prudent de vous faire conseiller par un avocat. Du placement de l'enfant chez vous à la date de la décision de tribunal, il s'écoule légalement un délai minimum de six mois, qui peut malheureusement être beaucoup plus long pour certains tribunaux. Si la décision vous est défavorable, vous pouvez la contester sous 15 jours devant la cour d'appel.

NOUS AVONS adopté notre enfant à l'étranger, mais mon mari et moi-même sommes tous deux français. Notre fils le devient-il lui aussi automatiquement ?

Si l'enfant a rejoint votre famille par voie d'adoption plénière, et dès lors qu'au moins un de ses parents est français, alors il est considéré comme français de naissance. Les choses sont un peu plus complexes s'il s'agit d'une adoption simple. Dans ce cas, il faudra, avant sa majorité, réclamer la nationalité française devant le tribunal d'instance.

LORSQUE NOUS avons adopté notre fils, nous avons voulu qu'il garde une trace de son histoire et avons choisi l'adoption simple. Désormais, j'angoisse à la pensée que l'on peut m'enlever mon fils.

Contrairement à l'adoption plénière, l'adoption simple implique que l'adopté a tout à la fois des liens avec sa famille actuelle et sa famille d'origine. Néanmoins, vous êtes, d'un point de vue légal, tout autant ses parents que si vous l'aviez adopté de façon plénière. Il est vrai que le Code civil prévoit la possibilité d'une révocation, sous conditions, à la demande du parent ou de l'enfant. Mais cette demande doit être motivée par des motifs graves. Naturellement, le tribunal de grande instance sait apprécier la différence entre un comportement violent, par exemple, ou une simple brouille passagère.

DEPUIS QUE notre fille est arrivée à

la maison, mon moral est en dents de scie. J'ai l'impression que je fais tout de travers, que je ne saurai pas l'aimer suffisamment.

Beaucoup de parents vivent un épisode dépressif à la suite de l'adoption, mais, un peu comme avec le baby blues il y a quelques années, ce sujet est peu abordé, précisément parce que les parents censurent leurs émotions. Vous venez de vivre un bouleversement qui est, à de multiples égards, bien supérieur à celui d'une naissance et après des mois et des années d'attente, vous êtes finalement devenue maman du jour au lendemain. Épuisement, doutes… tout ceci est bien compréhensible, et doit être abordé avec le médecin sans craindre une remise en cause de la récente adoption.

QUAND JE SUIS TOMBÉE ENCEINTE, mon ami m'a quittée. Je vis avec un autre homme, qui s'occupe de Lilas comme si elle était sa propre fille. Sachant que son père ne veut pas la reconnaître, mon compagnon peut-il l'adopter ?

Pour pouvoir adopter votre fille, il doit devenir votre mari. Il faudra ensuite déposer une requête en adoption auprès du tribunal de grande instance. S'agissant de l'adoption de l'enfant d'un conjoint, la procédure est simplifiée : il suffit que votre mari ait dix ans de plus que votre fille, et votre accord sera bien évidemment requis.

BÉBÉ, SES FRÈRES ET SES SOEURS

J'AI TOUJOURS pensé que j'allaiterais mes enfants mais je viens d'avoir des jumeaux. Je ne suis vraiment pas sûre de pouvoir nourrir au sein deux bébés en même temps.

Si vous craignez de ne pas avoir assez de lait, détrompez-vous : les seins s'adaptent, et se sont déjà préparés pendant la grossesse. En revanche, il est vrai qu'allaiter deux bébés demande une sacrée disponibilité, et pas mal d'énergie. Vous allez passer plusieurs heures chaque jour avec un enfant au sein : il est indispensable que votre conjoint puisse vous prêter main-forte dans les tâches du quotidien. Essayez d'apprendre les positions qui vous permettent d'allaiter deux bébés en même temps, ou a minima une position qui vous permette d'allaiter allongée, pour reposer votre dos et vos bras.

Plus les semaines passent, plus je me rends compte que c'est difficile d'élever des jumeaux en étant parfaitement équitable : on ne peut pas se dédoubler !

Si vos enfants n'étaient pas jumeaux, vous vous poseriez certainement cette question de façon différente. L'égalité parfaite est en pratique impossible à établir. Je viens de faire un câlin de 5 minutes à l'un, je minute ma tendresse avec l'autre : vous ne pouvez pas agir en calculant sans cesse ; vos enfants attendent de vous que vous soyez équitable, certes, mais avant tout naturelle.

JE VOUDRAIS préserver et entretenir le lien qui unit mes jumeaux, sans pour autant chercher à en faire des copies conformes. Difficile de jongler entre ces deux impératifs…

Vous avez raison : vos enfants ont bien deux personnalités différentes. Ils ne sont pas à considérer comme « un lot », mais comme deux individus. Ils auront naturellement des échanges nourris ; inutile de chercher à tous crins à les entretenir. Nul besoin de les coucher dans le même lit, de leur acheter systématiquement les mêmes jouets ou les mêmes habits tant qu'ils ne vous font pas cette demande : laissez-les grandir à leur guise.

JE VIENS d'avoir des jumeaux ! Puis-je bénéficier d'une aide spécifique ?

Avoir des jumeaux vous permet de bénéficier d'un congé maternité plus long : de 10 semaines, le congé postnatal est porté à 22. Le congé paternité passe quant à lui de 11 à 18 jours. Pour obtenir de l'aide, renseignez-vous auprès de votre Caisse d'allocations familiales. Les parents de jumeaux peuvent bénéficier d'une aide à domicile ou d'une travailleuse familiale pour les assister dans la gestion du quotidien, ou les soins à apporter aux enfants. Le nombre d'heures (au minimum égal à 80) et le coût, fonction de vos ressources, varient d'une caisse à l'autre.

MES JUMEAUX ont 10 mois. Leur frère aîné, qui à presque 2 ans, semble toujours « hors du coup ». J'ai peur qu'il reste toujours en retrait.

Le lien qui unit vos jumeaux n'exclut pas les autres membres de la famille. Petit à petit, vos enfants partageront plus de jeux et votre aîné trouvera sa place dans cette petite famille avec d'autant plus de facilité que l'écart d'âge entre vos enfants est faible.

J'AI RAMENÉ Malik à la maison il y a quinze jours à peine. Depuis, Aubin, son grand frère, est devenu un vrai pot de colle. Il veut toujours que je le porte,

il remouille son pyjama... Quand tout cela va-t-il cesser ?

Lorsqu'un petit frère ou une petite sœur débarque à la maison, les phases de régression chez l'aîné sont fréquentes : il vous voit dorloter un plus petit que lui alors, tout naturellement, il cherche à retrouver le giron maternel. Il ne faut ni s'inquiéter, ni s'énerver : votre enfant ne « fait pas le bébé », il est encore un bébé. Soyez patiente, et valorisez-le chaque fois qu'il montre un peu d'autonomie, pour qu'il comprenne à quel point « c'est chouette d'être un grand ».

MA FILLE de 2 ans est agressive : elle lève la main sur moi et hier, je l'ai surprise marchant délibérément sur la main de Martin, son petit frère de 9 mois. Comment gérer cette situation ?

Il est important de ne pas tolérer ces agissements et de lui montrer que vous protégez son petit frère comme vous la protégez elle. Ne la mettez surtout pas à l'écart : cela ne ferait qu'accentuer sa jalousie et sa frustration. Gardez un peu de temps pour elle, et incluez-la dans vos échanges avec le bébé, en lui montrant comment s'occuper de lui.

LEXIQUE DES MOTS SPÉCIFIQUES

La connaissance de certains termes spécifiques liés au suivi de bébé vous sera utile lors de ses premières années. Décryptage des mots les plus utilisés.

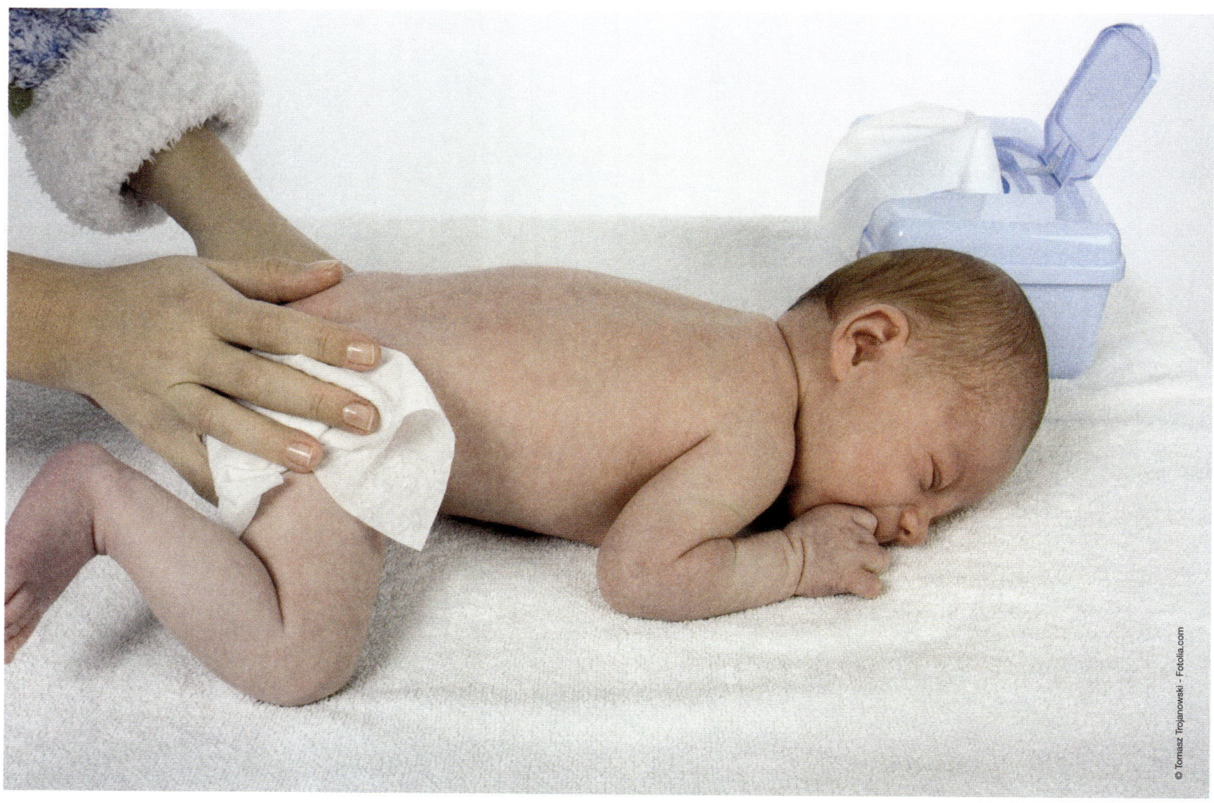

© Tomasz Trojanowski - Fotolia.com

DOSAGE DES BIBERONS

Un mauvais dosage des biberons peut rendre difficile la digestion de bébé. D'un autre côté, les biberons préparés à l'avance doivent être conservés bien au frais. Pour un long trajet en voiture, ou une sortie de plusieurs heures, on peut emporter avec soi un doseur de lait en poudre. Cette boîte, qui peut avoir des formes très différentes, permet de conserver séparément et dans de bonnes conditions d'hygiène trois ou quatre doses de lait en poudre pour préparer les biberons à la dernière minute.

ECTOPIE TESTICULAIRE

Les testicules du bébé descendent dans les bourses en fin de grossesse. Parfois, cette descente est retardée et se produit quelque part entre la naissance et le sixième mois. On confond souvent l'ectopie testiculaire, ou cryptorchidie, avec le « testicule ascenseur » qui remonte, par moments, du scrotum à l'abdomen, sous l'effet du froid par exemple. En cas d'ectopie testiculaire véritable, une intervention chirurgicale sera nécessaire pour mettre le testicule en bonne place. La cryptorchidie reste peu répandue et plus fréquente, il est vrai, chez les nouveau-nés prématurés.

ÉRYTHÈME FESSIER

L'érythème fessier est la conséquence désagréable mais sans gravité d'une irritation due au frottement de la couche et au contact prolongé avec l'humidité (urine ou selles liquides). Pour prévenir/faire disparaître ces rougeurs, il faut sécher très soigneusement et dans les moindres replis la peau de bébé avant de lui remettre une couche, qu'on choisira super-absorbante pour limiter l'humidité. On peut également mettre de l'éosine sur les

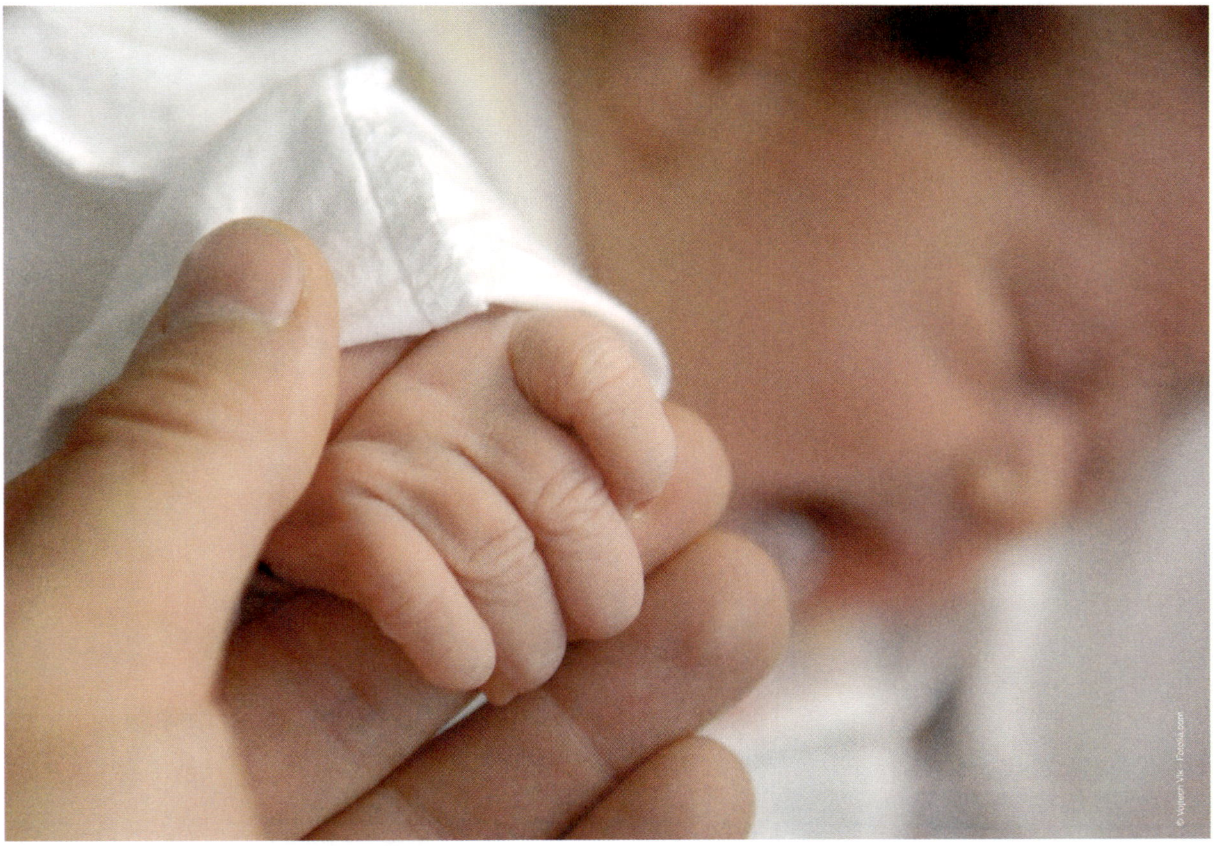

lésions et laisser bébé le plus souvent possible les fesses à l'air.

FILM HYDROLIPIDIQUE

Mélange de sébum, de sueur et d'eau, le film hydrolipidique protège la peau des agressions extérieures. Passées les premières semaines où l'excès de sébum fait naître sur le crâne de bien des enfants des croûtes de lait, leur peau devient au contraire excessivement sèche. Le film hydrolipidique ne joue pas son rôle protecteur. La peau de bébé est hypersensible aux irritations dues aux frottements mais aussi à l'emploi de produits inadaptés. Pour la toilette de bébé, il est donc très important d'utiliser des produits spécialement formulés pour les nouveau-nés, ou des produits simples, comme le savon de Marseille.

GANGLIONS

Les parents se font parfois de belles frayeurs en constatant qu'une ou deux « boules » ont poussé dans le cou de leur enfant. Ces ganglions permettent à son organisme de lutter contre bactéries et virus. Le gonflement des ganglions est généralement la conséquence d'une blessure (un panaris sur le bout du doigt fera gonfler le ganglion sous l'aisselle) ou d'une autre maladie (otite, angine, etc.). En cas de gonflement, surtout si l'enfant a de la fièvre, il faut donc consulter le médecin.

GLUTEN

Avant le sixième mois, bébé ne doit pas entrer en contact avec une farine contenant du gluten. Ces précautions sont prises pour prévenir l'intolérance à cette protéine présente dans le blé, l'avoine, l'orge et le seigle, à l'origine de la maladie cœliaque. Ces principaux symptômes sont diarrhées et douleurs abdominales. Cette maladie conduit à écarter le gluten de l'alimentation, ce qui signifie que l'enfant se trouve astreint à un régime excluant un grand nombre de produits et plats préparés, du poisson pané à certaines tablettes de chocolat.

GRASPING

Il fait partie des réflexes « archaïques » que présente tout nouveau-né en bonne santé. Si l'on place un doigt dans chaque main d'un nouveau-né, il serre avec tant de force qu'il peut soulever son propre poids. Apprendre à doser cette force pour manipuler des objets, ou réussir à lâcher prise, lui demandera en revanche plusieurs mois.

HERPÈS NÉONATAL

Il est à distinguer du bouton de fièvre. Le virus de l'herpès dont la mère est porteuse peut atteindre l'enfant, à travers le placenta, pendant la grossesse ou, plus simplement, lors de l'accouchement (herpès génital). Pour éviter cette contagion, une future maman ayant un herpès doit absolument en parler à son médecin. Des dispositions seront alors prises pour un accouchement par césarienne. Dans les cas extrêmement rares où le nouveau-né est touché par le virus, l'herpès peu parfois prendre un tour assez grave. Plus que la peau, qui d'ailleurs parfois, ne présente aucune lésion, c'est en effet le système nerveux qui est touché, dans le mois qui suit la naissance.

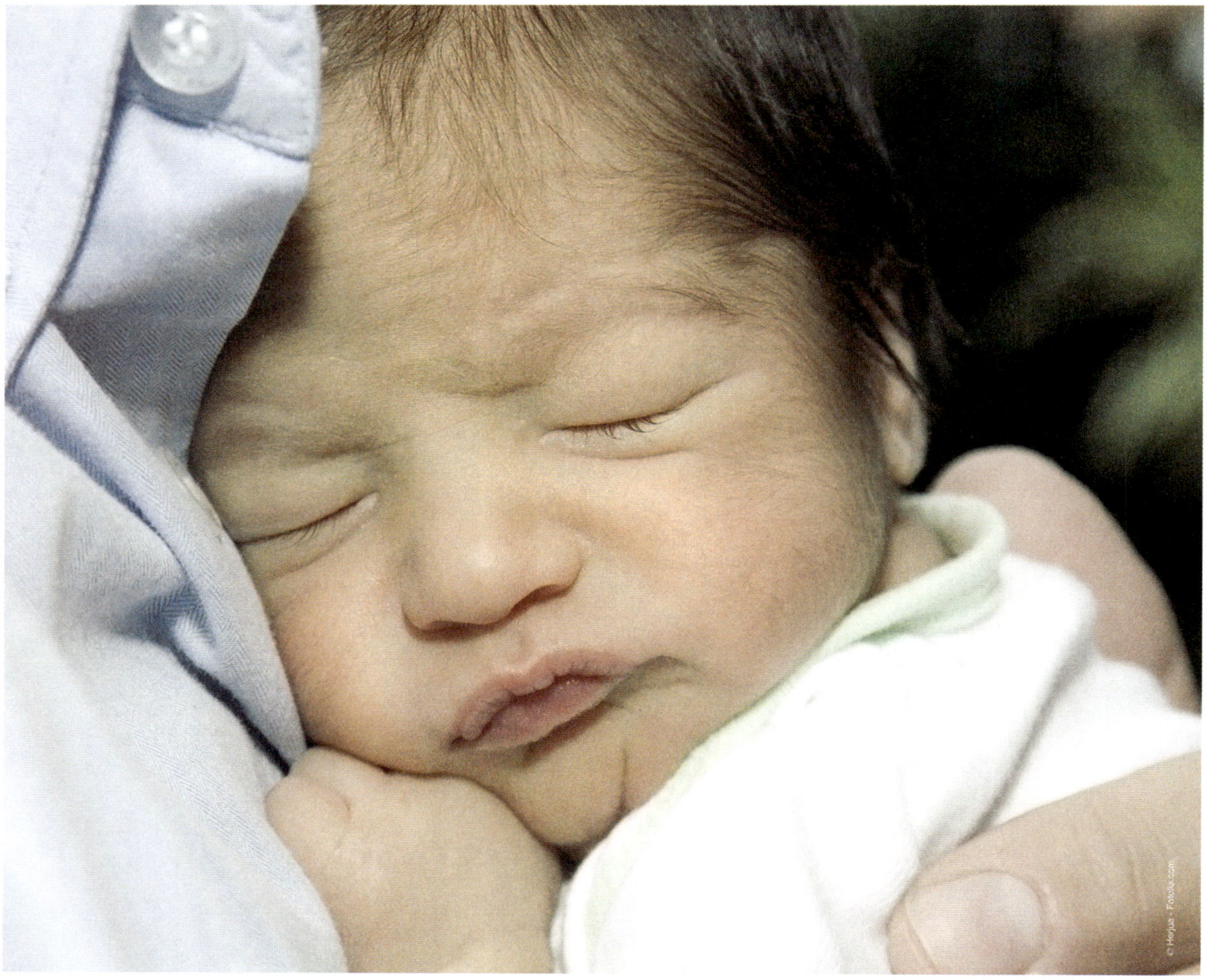

HIRSCHSPRUNG

Cette maladie rare touche la partie inférieure du côlon. Sur cette portion, les matières fécales ne sont plus propulsées par les muscles, parce que ceux-ci n'en reçoivent pas l'ordre : les cellules ganglionaires nerveuses qui les commandent sont absentes. L'enfant qui souffre de cette maladie est donc fortement constipé et ne parvient à aller à la selle que lorsque la pression des matières accumulées est forte, parfois au bout de 10 jours. Cette maladie se soigne par l'ablation de la partie « malade » du côlon.

HYPOSPADIAS

C'est la plus fréquente des malformations de l'urètre. Elle touche un garçon sur 300. Concrètement, l'orifice de l'urètre n'est pas à sa place, mais se trouve situé sur un autre point de la verge. L'hypospadias peut s'accompagner d'une courbure de la verge, et d'une malformation du prépuce. L'hypospadias se traite par chirurgie après le premier anniversaire. Dans certains cas, plusieurs interventions sont nécessaires.

ICTÈRE

L'ictère, plus communément appelé jaunisse, touche un tiers des bébés un à deux jours après leur naissance. Cet ictère dit « physiologique » est provoqué par une destruction massive de globules rouges à la naissance. En plus de la peau, le blanc des yeux et les urines peuvent se colorer. Cet ictère disparaît au bout de quelques jours et n'a aucune conséquence. L'ictère au lait de mère caractérise, comme son nom l'indique, une réaction sans gravité au lait maternel. L'ictère peut enfin avoir pour origine une incompatibilité sanguine entre mère et enfant. Dans ce cas, plus délicat, il fait l'objet d'un traitement par photothérapie (lumière bleue qui dégrade la bilirubine) ou exsanguino-transfusion.

INCUBATEUR

C'est l'autre nom de la couveuse, qui permet à l'enfant prématuré de retrouver des conditions idéales en termes notamment de température, d'oxygénation et d'humidité. Des hublots sont aménagés dans les parois de plexiglas pour facilité les soins. Ils permettent aux parents de câliner leur enfant.

KANGOUROU

La méthode Kangourou a été développée à la fin des années 1970 en Colombie par les docteurs Edgar Rey Sanabria et Hector Martinez Gomez pour accompagner certains prématurés et nouveau-nés de faible poids. Face au manque de moyens financiers, les pédiatres ont préconisé d'utiliser le corps de la mère comme incubateur. Le nouveau-né y est placé en peau à peau 24 heures sur 24 jusqu'à ce qu'il ait pris suffisamment de forces et de poids pour mener une existence « autonome ». Inspirées par cette méthode, certaines maternités développent une unité kangourou. Le concept n'est pas appliqué au pied de la lettre, mais l'équipe soignante de ces unités s'efforce de favoriser le contact et l'allaitement, dès que l'état du nourrisson le permet.

LANUGO

Certains bébés présentent à la naissance une pilosité fortement développée, quel que soit leur sexe. Un duvet, plus ou moins foncé et dense, pousse sur le front, les tempes, les épaules... Ce duvet, que l'on nomme le lanugo, disparaît peu à peu, sans aucune intervention, dans les jours qui suivent la naissance. Il n'a aucun rapport avec la pilosité future de l'enfant.

LIT À BARREAUX

Pendant les premiers mois de la vie de bébé, il passera le plus clair de son temps au lit. Cet espace doit donc être parfaitement sécurisé. Autant que possible, optez pour un lit fixe et réservez le lit parapluie aux voyages. Les barrières doivent avoir 66 cm de hauteur au minimum et l'espacement des lattes et des barreaux doit être aussi réduit que possible (inférieur à 6,5 cm). Il faut veiller à ce que le matelas soit parfaitement adapté au pourtour du lit, sans espace perdu. Si le lit à barreaux est évolutif, c'est-à-dire s'il dispose de plusieurs niveaux pour être progressivement baissé quand bébé grandit, veillez à ce que le système de fixation du sommier ne soit pas accessible.

MALADIE HÉMORRAGIQUE

À la naissance et à leur troisième jour, les nouveau-nés se voient administrer une dose de vitamine K. Cette supplémentation se poursuit, sur le conseil du médecin, tout au long de l'allaitement maternel. Cette précaution est prise pour prévenir une maladie aujourd'hui devenue peu courante : la maladie hémorragique du nouveau-né ou MHNN. Ses symptômes apparaissent entre le deuxième et le dixième jour : du sang dans les selles, dans le vomi, des hématomes, un saignement au niveau du nombril. Les conséquences peuvent être lourdes (hémorragie intracérébrale). La maladie se traite par injection de vitamine K ou transfusion.

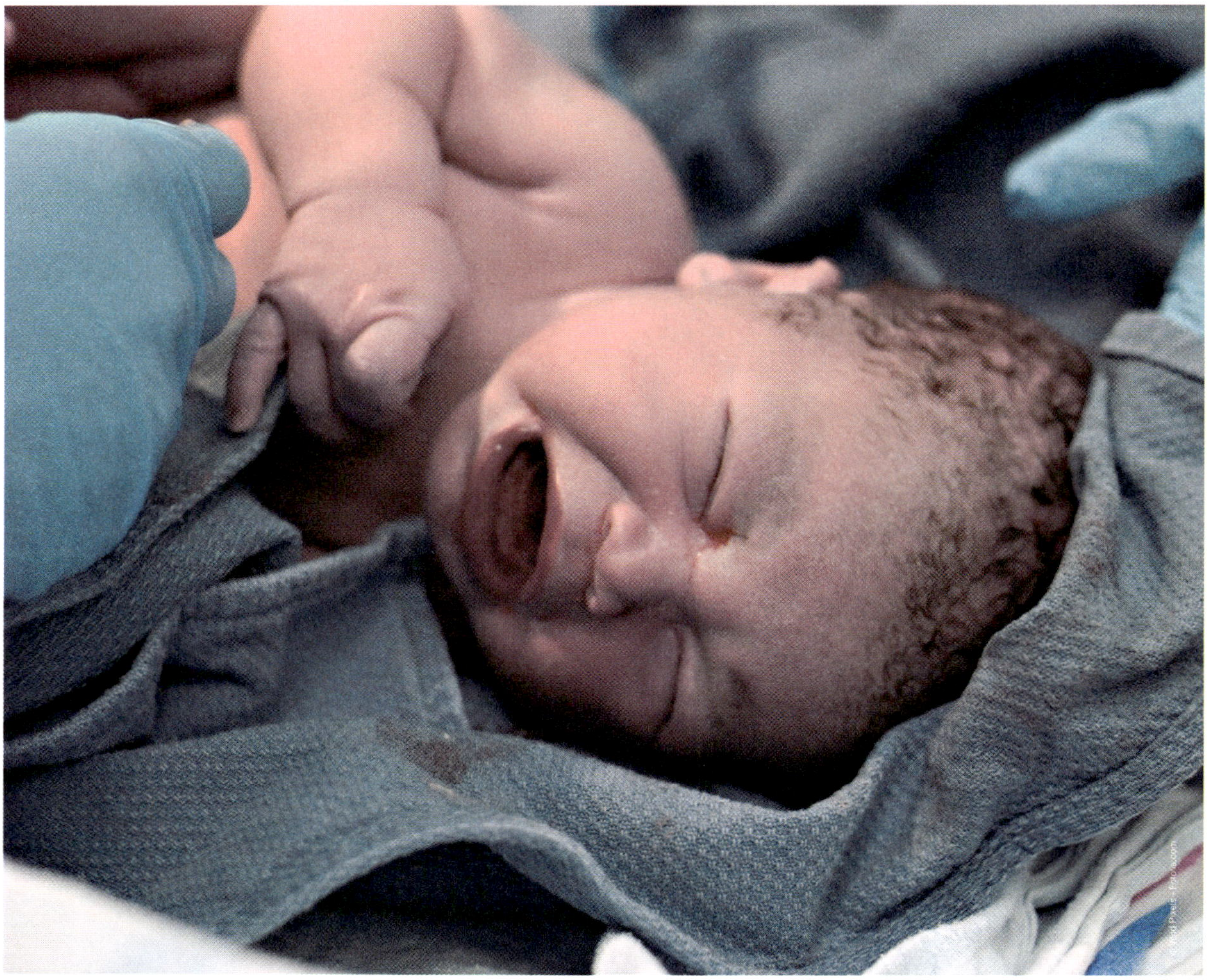

MATERNITÉ TYPE II A, B, C

Les maternités type II peuvent suivre les grossesses multiples ou légèrement à risque, notamment d'accouchement prématuré au-delà de 33 semaines. Ce niveau II est divisé en trois sous-groupes A, B et C en fonction du matériel et des compétences dont la maternité dispose.

MÉCONIUM

On appelle méconium les premières selles de l'enfant, expulsées après la naissance, avant même qu'il n'ait eu le temps de digérer sa première tétée. Ce sont en fait des résidus, du mucus et de la bile qui se sont déposés dans son intestin pendant la vie fœtale. Verdâtre et mou, peu odorant, le méconium n'est totalement éliminé qu'au bout de deux à trois jours. L'expulsion du méconium est suivie par l'équipe soignante. Avant ou pendant l'accouchement, une expulsion précoce est signe de souffrance fœtale et peut entraîner une détresse respiratoire. À l'inverse, une élimination tardive peut être associée à une anomalie du système digestif.

MIROIR (STADE DU)

Le stade du miroir est une étape importante du développement de l'enfant. Elle caractérise le moment où bébé reconnaît sa propre image, et a donc pris pleinement conscience de son corps et de son existence autonome, après des mois de fusion avec la mère. Vers 4 mois, bébé commence à réagir devant son propre reflet, qu'il prend alors pour un copain de jeu. Il s'étonnera ensuite de voir dans la glace l'image de son père ou de sa mère, cherchera à voir derrière la glace où se cache le « bébé », tentera de jouer avec lui. Ce n'est qu'à l'âge de 18 à 24 mois que l'enfant sera en mesure d'agir de façon appropriée face à son reflet : si on lui colle une gommette sur le nez, il est capable de comprendre que c'est bien sûr son nez qu'elle se trouve, et cherche à l'ôter.

MUCOVISCIDOSE

Cette maladie génétique rare (qui concerne dans le monde un enfant sur 2000 environ) touche les voies respiratoires et le système digestif. Elle peut être dépistée au quatrième jour de vie du bébé à l'occasion du test de Guthrie pratiqué à la maternité. Ce test permet une prise en charge précoce de la maladie. Elle reste incurable, mais l'espérance de vie des patients a considérablement progressé, dépassant les 40 ans.

NEZ (HYGIÈNE)

Les soins d'hygiène du nez de bébé doivent être quotidiens.

En effet, les nourrissons, s'ils peuvent très bien respirer en même temps qu'ils tètent, ne sont pas capables de respirer par la bouche. On imagine dès lors les effets que peut avoir un petit nez bouché sur l'appétit, ou le sommeil. Le nettoyage du nez permet également de prévenir, entre autres, les otites. Pour les grosses sécrétions, ou les croûtes, il existe deux méthodes : on peut utiliser un mouche-bébé, ou simplement laver son nez avec du sérum physiologique. Bébé est alors couché sur le dos, tête sur le côté. On introduit le sérum dans la narine du dessus, et on masse pour faire sortir les sécrétions. On procède de la même manière pour la seconde narine, en tournant l'enfant sur l'autre côté.

ŒDÈME

Cette affection rare se manifeste de façon spectaculaire chez l'enfant âgé de 5 mois à 2 ans. Elle se soigne cependant très bien, puisqu'elle a tendance à régresser d'elle-même. Après une poussée de fièvre, le visage et les membres de l'enfant gonflent et des bleus apparaissent sur son corps. En dépit de l'aspect inquiétant de ces lésions, l'enfant conserve un bon état général. Les symptômes disparaissent au bout de quelques jours, parfois accompagnés de maux de ventre.

ORGANES GÉNITAUX (HYGIÈNE)

Le nettoyage des organes génitaux se fait à chaque change avec une compresse ou un coton imbibé d'eau. Pour les filles, bien écarter les lèvres et toujours procéder d'avant en arrière, c'est-à-dire du méat urinaire vers l'anus pour éviter les infections dues aux germes de la flore anale. Pour les garçons, il est aujourd'hui fortement déconseillé de décalotter. Il faut bien nettoyer les petits plis, et les sécher soigneusement pour éviter les irritations.

PARACÉTAMOL

Les pédiatres le privilégient souvent à l'aspirine, car ses effets secondaires seraient moins importants. Le paracétamol est utilisable en automédication, mais à la première administration, il est préférable de demander conseil au médecin ou au pharmacien pour le dosage préconisé. Une étude réalisée en Nouvelle-Zélande a récemment fait le lien entre utilisation du paracétamol et asthme. On a tendance à oublier : aucun médicament n'est anodin.

© Jose Manuel Gelpi - Fotolia.com

PÉDICULOSE

Les enfants scolarisés, ou en crèche, peuvent tout à fait transmettre quelques poux au petit dernier même si celui-ci a les cheveux rares et fins. Il importe de traiter tous les membres de la famille en même temps, ainsi que la literie et les canapés. Draps et vêtements doivent être lavés à 60 degrés. Les traitements anti-poux sont agressifs ; pour les enfants de moins de deux ans, consulter le pharmacien aussi bien sur le choix du produit que sur le temps de pose. En complément du shampoing, frictionner le crâne au vinaigre pour décoller les lentes, et utiliser quotidiennement un peigne à poux. Renouveler le traitement au bout de six jours : c'est le temps que mettent les dernières lentes à éclore.

PHTALATES

Sous l'appellation de phtalates, on retrouve tout un groupe de plastifiants qui sont employés dans l'industrie depuis plusieurs décennies afin de rendre le plastique mou. Ces substances se retrouvent dans un grand nombre d'objets du quotidien, des cosmétiques aux rideaux de douche. De nombreuses études ont mis en avant l'effet nocif des phtalates sur l'organisme. Ces produits nuiraient notamment au bon développement des organes génitaux. L'Union Européenne a limité de façon très stricte le type et le taux de phtalates employés dans la fabrication d'objets que les bébés portent à leur bouche, comme les anneaux de dentition. Par mesure de prévention, il faut éviter les jouets d'éveil d'occasion, et empêcher bébé de suçoter les bouchons de stylos et autres objets de la maison.

POUSSÉE DENTAIRE

Les premières dents arrivent à partir du sixième mois. Il s'agit en général des incisives centrales inférieures. Les gencives durcissent, blanchissent, bébé a les joues qui rougissent, il salive et peut avoir le réflexe de porter son poing ou un objet à sa bouche pour « faire ses dents ». La poussée dentaire s'accompagne, selon les enfants, de fièvre, diarrhées, troubles de l'appétit, pleurs et difficultés à trouver le sommeil. La première dentition de l'enfant, les vingt dents de lait, ne sera au complet que vers le trentième mois, les molaires sortant en dernier.

QUALITÉ (LABELS et normes)

Élever un enfant, c'est être vigilant à chaque instant. Il est rassurant, pour les parents, de savoir qu'ils ont acheté du matériel de puériculture de qualité. Du lit à barreaux à la poussette en passant par la table à langer, faites confiance à la marque NF, pour « Norme française ». La qualité commence à la maternité : un label « Amis des bébés » a été lancé à l'initiative de l'OMS. Une poignée d'établissements hospitaliers français, qui ont obtenu le label, s'engagent entre autres à laisser le bébé 24 h/24 avec sa mère et à faciliter l'allaitement dès la première heure de vie du bébé.

RÉFLEXE COCHLÉO-PALPÉBRAL

Ce réflexe fait partie de ceux dont l'équipe soignante recherche la présence à la naissance de l'enfant. Le nouveau-né bien réveillé et calme cligne des yeux lorsqu'il est surpris par un bruit très fort. L'absence de réflexe cochleo-palpébral permet de diagnostiquer un trouble de l'audition.

REYE

Le syndrome de Reye, qui peut être fatal, est rarissime. Ses causes ne sont pas clairement identifiées, mais on l'associe aux suites d'une maladie virale (varicelle, grippe) et à la prise d'aspirine ou autre médicament contenant de l'acide acétylsalicylique. Les symptômes : des vomissements violents, des maux de tête auxquels succèdent des troubles du comportement (hyperactivité, confusion, agressivité). L'enfant présentant ces symptômes doit être conduit rapidement à l'hôpital : ce syndrome est mortel dans 1 cas sur 5, et l'enfant non soigné à temps peut garder des séquelles.

ROSÉOLE

Cette infection virale bénigne se diagnostique au moment même où elle disparaît : après 3 jours de forte fièvre difficile à calmer, de maux de tête et de pleurs, de petites taches roses font leur apparition sur le visage, le ventre et le dos de l'enfant. La fièvre tombe alors, et les tâches disparaissent. La roséole ne touche qu'une seule fois les enfants âgés de 6 à 18 mois. Passé 3 ans, elle est extrêmement rare. On l'appelle aussi « sixième maladie » ou « exanthème subit ».

SCOPE

Le scope fait partie de la palette d'appareils médicaux utilisés en pédiatrie et en néonatalogie, où on l'emploie notamment dans la surveillance des nouveau-nés prématurés. Au moyen d'électrodes fixées sur la peau du bébé et d'un brassard, le cardiomoniteur mesure la fréquence cardiaque, la fréquence respiratoire et la tension du nouveau-né.

© Wong Sze Fai - Fotolia.com

EDITIONS ESI

60 rue Vitruve, 75020 Paris

Auteur : Sonia de Sousa
Imprimé en France par l'imprimerie MAME Imprimeur
Copyrights couverture : fotolia.com, iStockphoto.com
© Éditions ESI - Dépôt légal : juin 2011 - Achevé d'imprimer : juin 2011
ISBN : 978-2-35355-773-8, N° Sofédis : S479355